Kupferstich von Matthäus Merian (1593–1650) gestochen um 1642

Catherine Meyer
Beben über der Reuss

Catherine Meyer

Beben über der Reuss

Historischer Roman

Die Autorin und der Verlag danken für
die Druckkostenbeiträge folgender Institutionen
Däster-Schild Stiftung Grenchen
Josef Müller Stiftung Muri
Fondation Emmy Ineichen Muri
Swisslos-Fonds Solothurn
Aargauer Kuratorium

© eFeF-Verlag Wettingen 2022
2. Auflage 2022
Alle Rechte vorbehalten
Umschlag, Satz: Sandra Walti www.belle-vue.ch
www.efefverlag.ch
ISBN 978-3-906199-23-8

Für Loya und meine Nichten und Neffen

Der Muri-Amthof richtet sich in Bremgarten schlossgleich über der Reuss auf.
Ereignisse sind an Orte gebunden. Mögen sie zeitlich noch so weit auseinanderliegen, sie durchdringen einander, hinterlassen Spuren.
Die Texturen der menschlichen Leben haben sich über die Jahrhunderte hinweg in diesem Haus ineinander verflochten.

1970 – Vor wenigen Wochen sind wir nach Bremgarten in den Muri-Amthof, das Haus meiner Grosseltern, gezogen.

Die Mauern umschliessen mich, sie sind Schutz, aber auch Bedrohung. Manchmal möchte ich das ganze Gebäude umarmen, als wäre es mein Liebstes, an gewissen Tagen zieht es mich so schnell wie möglich nach draussen, als müsste ich flüchten.

Treffen im Muri-Amthof

Selbstbewusst und zielstrebig schreitet Anna Adlischwyler Bullinger an einem Freitagnachmittag im März 1530 durch die Gassen von Bremgarten. Der Frühling lässt sich Zeit. Es ist noch frisch, Anna hält den bodenlangen, schwarzen Mantel eng umschlungen. Die innere Unruhe ist ihr nicht anzusehen. Das flache, schmalrandige Barett betont klein und keck ihren herzförmigen Haaransatz. Am Hinterkopf fasst ein feines Tuch ihr Haar. Ihre grossen mandelförmigen Augen sind geradeaus auf den Boden gerichtet. Das wohlgeformte, offene Gesicht mit der etwas langen Nase strahlt eine feinsinnige Klarheit aus, ein Grübchen im Kinn unterstreicht ihre liebenswürdige Ausstrahlung.

Sie hat nicht den kürzesten Weg gewählt, sondern steigt die steile Treppe hinter dem Kirchenbezirk in der Bremgarter Unterstadt hinauf in die Oberstadt. Leicht ausser Atem eilt sie durch die Villingergasse. Zur Linken bläst ihr die Hitze der Schmelzöfen aus den Schlossereien entgegen. Endlich beim oberen Stadttor angelangt, biegt sie in die belebte Marktgasse, wo offene Läden und Buden die Blicke anziehen. Sie schnappt Gesprächsfetzen auf und sieht Mägde miteinander lachen. Von den Bäckern dringt ein köstlicher Duft zu ihr. Kurz schaut sie zum Haus ihrer Schwiegereltern am oberen Ende der Marktgasse, schreitet jedoch gleich weiter, um beim grossen Spittel in die Schwyngasse zu kehren.

Sobald sie den Trubel hinter sich gelassen hat, atmet sie auf, niemand hat sie wahrgenommen. Sie ist auf dem Weg zu Abt Laurenz von Heidegg ins Bremgarter Amtshaus des Klosters Muri. Am anderen Ende der Gasse, hinter dem hölzernen Brunnen, erblickt sie bereits die Mauer mit dem Durchgang zum Muri-Amthof. Der Abt will die Frau des ersten reformierten Pfarrers in Bremgarten treffen, schiesst es ihr durch den Kopf – hoffentlich weiss Abt Laurenz, was er tut und wie er Geschwätz verhindert. Hinter der Häuserzeile zu ihrer Linken zieht die Reuss weit unten vorbei. Der Fluss umarmt die Stadt in einer grossen Schlaufe. Zwischen den Häusern der Schwyngasse und dem reissenden Wasser liegt die steile Hofstatt, wo Obst angepflanzt wird. Hier auf der oberen Stadtseite sieht und hört Anna den Fluss nicht. Sie muss laut lachen, als ihr das Antoniusschweinchen über den Weg rennt. Nach alter Tradition darf das Tier hier frei herumlaufen und sich an den Abfällen gütlich tun. Genüsslich grunzend macht es sich über ein paar faule Kohlblätter in einem offenen Hausdurchgang her. Es füllt sich den Bauch so lange, bis der klösterliche Metzger Gefallen an ihm findet. Eigentlich wäre Antonigasse ein würdigerer Name für die Adresse eines Amtshofs. Anna mag den heiligen Antonius, er wäre ein sympathischer Schutzpatron; seine Versuchungen machen ihn so menschlich. Doch der Geruch erinnert sie daran, wem die Schwyngasse ihren Namen verdankt. Ausserdem haben die Heiligen einen schweren Stand im jetzt reformierten Bremgarten.

Tief in Gedanken versunken schreitet Anna die Gasse hinunter in Richtung Brunnen, ihrem Treffen mit dem Abt entgegen. Ihr Blick heftet sich an die Eingangspforte in der Mauer.

Ist es tatsächlich erst ein halbes Jahr her, seit sie im Pfarrhaus von Bremgarten wohnt? Seit sie Heinrich geheiratet hat? In den letzten Monaten hat Anna sich an die Rolle der verheirateten Frau gewöhnt und sich hier eingelebt. Sie ist bereits 26 Jahre alt und hat die letzten Jahre im Dominikanerinnen Kloster Oetenbach in Zürich gewohnt. Seit ihrer frühen Jugend hatte sie dort zwischen Sihl und Limmat am Fusse des Lindenhofs die Schule besucht.

Und jetzt? Ihr Leben ist wie umgestülpt.

Schützend hält sie die Hand auf ihren Bauch; dass sie so schnell schwanger würde, hätte sie nicht gedacht. In den kommenden Monaten wird sie sich auf das Leben als Mutter einstellen können.

Anna erinnert sich in letzter Zeit häufig an ihre Jugendjahre. Sie und die anderen Mädchen im Kloster Oetenbach standen während vier Jahren zwischen den Fronten: Täglich fanden Nachrichten über den Machtkampf zwischen den Alt- und den Neugläubigen ihren Weg ins Kloster. In den Zürcher Gassen prügelten sich häufig verfeindete Anhänger, weil Gerüchte kursierten, dass die Klöster aufgehoben werden sollten. – Die Priorin, die Cantrix und allen voran ihr Seelsorger warnten sie vor den schrecklichen Folgen dieser Reformation.

Mit der rechten Hand streicht Anna sich über die Stirn. Sie hat unterdessen den Brunnen erreicht und atmet tief durch. Ungläubig betrachtet sie ihren Ehering. Sie hat nicht irgendeinen geheiratet, sondern Heinrich Bullinger, den berühmten Pfarrerssohn, einen der engsten Vertrauten des Zürcher Reformators Huldrych Zwingli.

Nachdem Bremgarten im April 1529 zum reformierten Glauben gewechselt hatte, wurde Heinrich als Pfarrer an die Stadtkirche berufen. Vier Monate später, im August, haben sie geheiratet. Nebst wohlwollender Aufmerksamkeit erlebt Anna hier auch Ablehnung. Die Anhängerschar des alten und diejenige des neuen Glaubens haben sich lange die Waage gehalten. Demzufolge ist der Religionswechsel für die Hälfte der Bremgarter Bevölkerung nicht freiwillig erfolgt. Machtkämpfe zwischen den Katholiken und den Reformierten, welche Zürich bereits vor sieben Jahren durchgestanden hatte, zerreissen die Reussstadt nach wie vor.

Unerwartet hat die Wolkendecke Risse erhalten, da und dort zeigt sich der blaue Himmel, einzelne Sonnenstrahlen dringen zu ihr durch. Die linke Hand auf ihrem Bäuchlein ruhend, kommt es Anna vor, als scheine die Sonne für sie allein. Hier in der Reussstadt wird sie ihre Kinder aufwachsen sehen. Bremgarten bietet mehr Geborgenheit als Zürich. Das Reusstal ist fruchtbar, die Menschen bewirtschaften die Felder, betreiben Handwerk und verkaufen ihre Ware in den Städten. Der Fluss, so gefährlich er ist, wirkt auch beschützend, wie eine Rüstung umgibt er die Stadt.

Den Religionswechsel hat auch Anna nicht fraglos vollzogen, manche Änderungen betrachtet sie kritisch. Im Zwiespalt ihrer Umgebung sieht sie ihre eigene Ambivalenz wie in einem Spiegel. Abt Laurenz möchte sie heute bereits zum zweiten Mal treffen. Ihn interessiert, wie sie die Entwicklung der Gesellschaft einschätzt, und über Missstände in den Frauenklöstern will er sprechen. Sie ist gespannt auf das heutige Treffen, die Gespräche mit dem Abt sind anregend. Gerne sucht sie nach Argumenten, um ihn zu überzeugen, warum die geistigen Fähigkeiten von Frauen auch ausserhalb der Klöster dringend benötigt werden.

Wie wird die Begegnung heute verlaufen? Sie kann es sich nicht erklären, aber der Abt von Muri hat etwas Unberechenbares an sich. Viele Äbte stammen aus adligen Familien, Laurenz trägt dies jedoch deutlicher zur Schau als andere. Mit einer Mischung von Neugier und Zurückhaltung nähert sie sich dem Muri-Amthof.

1870 kaufte Josef «Leonz» Meyer, mein Ururgrossvater, im Alter von 47 Jahren zusammen mit seiner Frau Elise Meyer-Weidemann den Muri-Amthof in Bremgarten. Zusätzlich erwarb er ein grosses Stück Land am oberen Stadtrand beim Spittelturm. In Wohlen, wo die Familie Meyer seit vielen Generationen gewohnt hatte, fühlte er sich als Reformierter nicht mehr sicher. Die Stimmung zwischen Katholiken und Protestanten war angespannt.

Leonz Meyer hatte in das Strohgeschäft investiert. Der Markt war international und beinah unerschöpflich. In Fritz Dürst fand Leonz einen Associé, der das begehrte Material bereits seit elf Jahren in Bremgarten verarbeitete. Der Muri-Amthof bot mitten in der Reussstadt Platz für eine Bleicherei und schöne Geschäftsräume. Hüte, Kappen, Taschen, Zierbänder und sogar Schuhe wurden hergestellt.

Laurenz von Heidegg kommt immer gerne in den Muri-Amthof. Das Kloster Muri, eines der reichsten in der Eidgenossenschaft, liegt etwa eineinhalb Wegstunden südlich, reussaufwärts. Es ist die Grabstätte der Grafen und Könige von Habsburg sowie derer Gemahlinnen. Und auch wenn die Kontakte des Klosters zum Gründerhaus in Österreich derzeit lose sind, versucht der Abt das Band aufrechtzuerhalten, wie es schon seine Vorgänger getan haben.

Wegen der mächtigen Ländereien benötigte das Kloster vor gut hundert Jahren ein zusätzliches Gebäude für die vielen Zehntenabgaben. Zentral gelegen und gut erreichbar wurde der Muri-Amthof um 1400 gebaut und dient seither als Amtsgebäude, wo die Bauern ihre Zehnten abliefern.

Laurenz sitzt an seinem ausladenden Arbeitstisch im Eckzimmer, das gegen das Höfchen und die Schwyngasse liegt. Hier steht auch die schwere Geldkassette. Meistens ist sie wie die Zehntenscheune und der Keller gut gefüllt. Der zweistöckige Riegelbau ist stattlich, jedoch nicht so repräsentativ, wie er sich das wünscht. Die Lage hoch über der Reuss mit direktem Blick auf die strategisch wichtige Brücke – den einzigen Übergang weit und breit – vermittelt ihm ein Gefühl von Freiheit. Der Fluss führt ihn gedanklich in die weite Welt: nach Rotterdam, wo er sich auf einen stolzen Dreimaster steigen und über das Meer davonziehen sieht.

Nicht dass er unglücklich ist in den Freien Ämtern, wie die Gegend zwischen den fünf inneren Orten um den Luzernersee im Süden, dem prosperierenden Zürich im Osten sowie dem massiv expandierten Bern im Westen genannt wird. Aber Laurenz ist mehr den weltlichen Dingen zugeneigt, was dazu führt, dass er lieber in Bremgarten als im Kloster Muri verweilt. Hier wohnt auch sein Freund, Dekan Heinrich Bullinger. Von der Reussstadt aus gehen sie zusammen auf die Jagd, eine Leidenschaft, die sie schon über 20 Jahre teilen. Der von Haus aus wohlhabende Bullinger lebt mit seiner Konkubine Anna Wiederkehr alles andere als bescheiden. Sie pflegen einen aufwendigen Lebensstil, empfangen häufig Gäste.

Regelmässig nimmt Laurenz bei den Bullingers an Tafelrunden teil. – Und jetzt wartet er auf die Schwiegertochter seines Freundes. Ein Lächeln zieht über sein Gesicht.

Seit seiner Wahl zum Abt vor über 20 Jahren nutzte der junge Laurenz Bremgarten als seinen Zufluchtsort. Noch heute entzieht er sich hier den kritischen Blicken seiner Murianer Schäfchen. Während er dort ununterbrochen beansprucht wird, sei es von den Mönchen mit ihren ewigen Streitereien, einem Novizen, einem Bauern aus der Gegend oder seinem Schaffner, heckt er über der Reuss ungestört Ideen aus, wie er sich in diesen schwierigen Zeiten vor Intrigen schützen kann. Früh schon plante er, den Muri-Amthof zu seinem Hauptsitz auszubauen.

Das Tauziehen um die «richtige» Religion hat in Bremgarten schon einige Opfer gefordert. Die Stimmung ist angespannt, auf die katholischen Würdenträger wird besonders aufmerksam geschaut: Wie werden sie sich entscheiden? Er selbst ist als Abt von Muri eine Schlüsselfigur im Machtspiel um die neue Gesellschaftsordnung. Bleibt er dem Katholizismus treu oder wendet er sich der Reformation zu? Wie eine Lawine ist der Wandel angestossen, in welche Richtung er sich bewegen wird und in welchem Ausmass, hängt von den Meinungsträgern ab. Es gilt, die richtige Strategie zu finden, um seinen Einfluss zu stärken und dabei seine humanistischen Prinzipien nicht zu verraten. Die alten Philosophen hielten die Kardinaltugenden fest: Mit Weisheit, Gerechtigkeit, Tapferkeit und Mässigung können sich die menschlichen Fähigkeiten optimal entfalten.

Laurenz erhebt sich und schreitet in seinem Tresorzimmer hin und her. Der anstehende Besuch macht ihn nervös. Welche Meinung hat Anna Bullinger wohl von ihm? Es ist ihm nicht gleichgültig. – Wenn es nach ihm ginge, sollten die zwei Glaubensrichtungen nebeneinander bestehen, sich aneinander reiben können. Mit Unbehagen hört er katholische Pfarrer die Reformierten allesamt als Ketzer beschimpfen. Von der Kanzel herunter verkünden sie ewige Verdammnis. Selbstverständlich muss auch er die Abtrünnigen verurteilen, aber ihm ist es wichtig, die Rhetorik nicht zu überspannen.

Die Aufbruchsstimmung in Bremgarten gab Leonz Meyer Grund zur Hoffnung. Die noch junge reformierte Glaubensgemeinschaft plante, eine eigene Kirche zu errichten.

Leonz Meyers Sohn Heinrich zog es indessen in die Welt hinaus. In jungen Jahren verbrachte er viel Zeit in Sumatra, damals eine niederländische Kolonie, wo sein Vater eine Sisal-Plantage besass.

Auch nach Leonz' Tod 1888 blieb Heinrich in Südostasien. Erst vier Jahre später vermählte er sich. Seine schüchterne, jedoch weltoffene Braut Betty Ganzoni war 18 Jahre jünger als er. Die Nichte des Geschäftspartners Dürst war bereit, Heinrich in die Kolonie zu begleiten. 1893 gebar sie dort den ersehnten Stammhalter Walter Meyer, meinen Grossvater. Erst nach weiteren drei Jahren zog die junge Familie definitiv in die Schweiz. Sie wohnte mit Elise Meyer-Weidemann, Leonz' Witwe, im Muri-Amthof.

Laurenz richtet seinen Blick durch das Fenster auf die Bäume im Wäldchen vor dem Waschhaus. Ein starker Wind ist aufgekommen, die Zweige peitschen hin und her. Der Hof davor ist leer, noch kann er Anna Bullinger nicht sehen. Der Ruf eines milden und freundlichen Manns begleitet ihn. Seine Gegner sehen ihn aber auch als charakterlich schwach, zu wenig streng gegenüber den Neugläubigen. Bis vor Kurzem schien ihm das unwichtig. Seine Gäste hier im Muri-Amthof, seien es Geistliche aus ganz Europa, Kurfürsten und Dienstmannen aus dem benachbarten Deutschland oder eidgenössische Junker, sie alle geniessen die stilvollen Abende, den köstlichen Wein, erlesene Speisen und auch die ausgelassene, dennoch geistreiche Stimmung. Laurenz ist rundum beliebt, weil er gesellig und gewandt ist.

Mit seinem stattlichen Erbe war er dem Kloster als junger Abt willkommen gewesen. Er hat immer wieder, zum Teil auch aus der eigenen Tasche, in den Bau und die Ausstattung des Klosters investiert. Dem heiligen Antonius widmete er in Muri gleich nach seiner Designation eine neue Kapelle mit kunstvoller Decke. Sie dient ihm zur persönlichen Andacht.

Durch die zunehmende Kluft zwischen den katholischen und den reformierten Orten ist er unter Druck geraten: Seine humanistische Einstellung gefällt nicht allen. Manch einem ist er zu offen für Neues und zu tolerant. Seine Widersacher in den eigenen Reihen sehen dadurch die katholischen Werte gefährdet. Solange Zürich den Landvogt stellte, stand Laurenz' Haltung nicht im Widerspruch zum Gericht. Dieses Amt wird im Turnus von sechs eidgenössischen Orten bekleidet. Seit sechs Jahren liegt die Hoheit jedoch in katholischen Händen, was eine strenge altgläubige Führung zur Folge hat. Diese zwingt Laurenz, sich deutlicher von der Reformation zu distanzieren.

Anna geht die letzten Schritte auf die Pforte zu. Ihr Blick streicht nochmals der Mauer entlang, welche die Gasse abzuschliessen scheint. Abt Laurenz von Heidegg ist für sie eine schillernde Figur. Vor sechs Jahren sah sie ihn zum ersten Mal im Kloster Oetenbach, seine noble Erscheinung hinterliess einen tiefen Eindruck: Mehr Ritter als Geistlicher, eher Städter denn Abt auf dem Land.

Manchmal platzt Anna beinah der Kopf, wenn sie über die Entwicklungen in den letzten Jahren nachdenkt. So viel Veränderung. Was ist richtig, was falsch? Mehr denn je erkennt sie, dass der Glaube nicht einfach existiert, sondern geschaffen werden muss. Es tut ihr gut, mit ihrem Gatten Heinrich über gesellschaftliche und religiöse Fragen zu sprechen. Dank seiner Eltern weiss er, was es bedeutet, mutig gegen unhinterfragte Dogmen aufzubegehren. Sie haben ihm das vorgelebt. Aber auch bei der Arbeit in Zürich an der Bibelübersetzung mit Zwingli lässt er es zu, sich verunsichern zu lassen. Heinrich Bullinger ist gleichzeitig Intellektueller und Menschenfreund. Ihm geht es nie bloss um die Sache, sondern um das Wohl aller. Er ist Annas Ausführungen gegenüber aufgeschlossen und will hören, was sie über die Koexistenz des alten mit dem neuen Glauben zu sagen hat. Auch wie Anna über die Bildung der Mädchen ausserhalb des Klosters denkt und die Rolle der Frauen in der Gesellschaft sieht, interessiert ihn. Er bewundert ihre erstaunliche Gelehrtheit, die sie sich in Zürich dank ihrer frühen Einschulung in der klösterlichen Tagesschule und dann in ihren Studien im Kloster Oetenbach angeeignet hat. Ihrem Wissensdurst konnte sie in den letzten Klosterjahren ausgiebig nachgehen. Aus diesem Grund hat er sie gefragt, ob sie Lust habe, die Mädchen in Bremgarten zu unterrichten. Nicht nur die religiöse Früherziehung der Kleinkinder ist ihr anvertraut, sondern auch die Bildung der Töchter von Stadtbürgern, Familien, die das Lernen nicht als

Zeitverschwendung betrachten. Heinrich ist ein Anhänger von Erasmus von Rotterdam, der sich seit vielen Jahren für die Frauenbildung stark macht: Die Moralphilosophie, die die Grundlagen und das Wesen der Sittlichkeit umfasst, soll auch vom weiblichen Geschlecht studiert werden. Die Ethik kann aber nur reflektiert werden, wenn auch ein Grundwissen in Theologie, Philosophie, Geschichte, Lyrik und Prosa vermittelt wird. Frauen seien, so Erasmus, die Hüterinnen der Menschenwürde.

Der Durchgang zum Hof besteht aus einem Holzbogen mit zwei Torflügeln, gerade so breit, dass ein Pferd mit Karren hindurchfahren kann. Mit entschlossener Miene klopft Anna an die Pforte. Ein Mönch erscheint. Sie betreten den Vorhof und gehen auf das Hauptgebäude zu.

Natürlich hatte der Abt einen Boten mit einer schriftlichen Vorladung gesendet, damit ihr Besuch im Muri-Amthof nicht zu Gerüchten führt. Am frühen Morgen stand ein Klosterbruder an ihrer Türe und übermittelte ihr, sie werde um vier Uhr nachmittags von Abt Laurenz von Heidegg erwartet. Anna überflog den Brief: Die Mädchenbildung sei ein wichtiges Thema, das sowohl Alt- als auch Neugläubige beschäftigen müsse. Weil ihr Gatte als Pfarrer der Stadt Bremgarten sie gleich bei ihrer Ankunft mit dem Unterricht für Mädchen ausserhalb der schützenden Mauern eines Nonnenklosters betraut habe, würde er, Abt Laurenz von Heidegg, sich gerne über diese neuzeitliche Idee mit ihr unterhalten. Als Vorsteher des Frauenklosters Hermetschwil wolle er sich ein umfassendes Bild machen.

Eigentlich müsste ihr das Treffen unangenehm sein, möchte ihr Mann doch, dass sie das Haus jeweils nur kurz für die nötigsten Besorgungen verlässt. Sein Vergleich mit der Schildkröte, die ihren Kopf nur zum Fressen aus dem Panzer streckt, belustigt sie dennoch. Anders als die Schildkröte, kontert sie, würde sie zum Glück nicht ihr ganzes Haus mit sich herumschleppen, wenn sie auf dem Markt einkaufen gehe. Darüber müssen sie beide lachen. Aber Heinrich

Bullinger ist zurzeit der wichtigste Mann in Bremgarten, das muss sie bei allen Entscheidungen berücksichtigen. Er hat die Aufgabe, die reformatorischen Neuerungen so einzuführen, dass möglichst viele Katholiken sie gutheissen. Wobei ein wichtiger Grund für den Zulauf der Sittenzerfall in den Städten ist. Das wüste Treiben, die Zurschaustellung von Prunk und auch die aufreizenden Erscheinungen der Weiber genauso wie der Frauen aus höheren Ständen überborden. Anna versteht, dass sich die Menschen durch neue Regeln wieder auf eine der Kardinaltugenden besinnen sollen, nämlich auf die Mässigung. Zu Hause mit ihm über das Bild der Schildkröte zu witzeln, ist in Ordnung, aber in der Öffentlichkeit muss sie deutlich hinter allem stehen, was er vertritt.

Anna hat sich dennoch entschieden, die Bitte des Abts nicht abzuschlagen, und Heinrich ist damit einverstanden. Schon bei ihrer Verlobung waren sie sich einig gewesen, dass Anna ihr Wissen nutzbringend einsetzen darf. Die angespannten Verhältnisse in Bremgarten sind durch den Kappeler Landfrieden nur vordergründig beigelegt, sie erfordern spezielle Massnahmen. Ihr Gemahl schätzt Abt Laurenz als einen aufgeschlossenen Katholiken. Und obwohl der Abt seit etwa drei Jahren zunehmend eine harte Hand gegenüber übertretenden Pfarrern führt, weiss sie, dass er Heinrich bewundert und sich gerne mit ihm über die zeitgenössischen Ideen austauscht. Die Mehrheit aus den beiden verfeindeten Lagern sieht das nicht gerne. Abt Laurenz' Aufgeschlossenheit gegenüber Heinrichs Ideen verdankt sie diese Einladung.

Anscheinend ist auch Hochwürden interessiert an Annas Fähigkeit, sich in aller Bescheidenheit aktiv am Zeitgeschehen zu beteiligen. Aber bei ihrem ersten Treffen vor drei Monaten hat er halb abwesend gewirkt, als sie begeistert über ihre Erziehungsideen sprach. Erst als sie ihr Wunschbild einer neuen Gesellschaft erläuterte, weckte sie Abt Laurenz' volle Aufmerksamkeit. Sie sprach von Frauen, die über ausgeprägte Intelligenz verfügten, von Männern, die gemeinsam mit Frauen über Recht und Unrecht und gesellschaftlichen Wandel nachdachten. «Worin seht Ihr Ungerechtigkeit gegenüber den Frauen?», wollte er wissen. Und ob sie in Zürich andere Erfahrungen gemacht habe.

Solche Fragen verunsichern Anna. Empfindet der Abt ihre kühnen Ideen als anmassend? Keinesfalls darf sie die Aufgabenteilung zwischen Mann und Frau, die das gesellschaftliche Leben massgeblich bestimmt, anzweifeln. Den vorbestimmten Unterschied predigt auch ihr Gatte. – Was will Abt Laurenz von ihr? Worum geht es ihm bei ihren Begegnungen?

Sobald sie den freundlichen zweistöckigen Riegelbau erblickt, wird Annas Aufmerksamkeit wie beim letzten Besuch von diesem Ort gefangen genommen. Sie hält kurz inne. – Ein Schwindelgefühl überkommt sie, denn das Gebäude verändert für einen Augenblick seine Gestalt. Ihr erscheint ein grosszügiges Eingangsportal zu einem wehrhaften Treppenturm, darüber drei Zwickelwappen. Ein blondes Kind huscht aus dem Haus über den Hof und verschwindet im Wäldchen gegenüber. Alles ist verschwommen. Dennoch erkennt sie links den Habsburger Löwen, im mittleren Wappen einen schwarzen Hund, einen Rüden auf seinen Hinterbeinen, und rechts davon das bekannte Wappen des Klosters Muri: eine weisse Mauer mit drei Brüstungen auf rotem Grund. Eine Jahreszahl kommt ihr noch schwach ins Bewusstsein, aber sie ist Anna bereits wieder entwischt. – Solche Trugbilder kennt sie von ihren nächtlichen Meditationen im Kloster. Sie versucht, sich schnell wieder zu fassen.

Das Jahr 1901 markierte Heinrich Meyers Zenit. Er war an der Errichtung der neuen reformierten Kirche in Bremgarten beteiligt und sein Traum einer Eisenbahnverbindung nach Zürich befand sich in der Umsetzung. Dafür gab er gerne ein Stück Land an der Zürcherstrasse für eine grosse Einstellhalle ab. Seine persönliche Bedeutung für die Stadt demonstrierte er mit dem Umbau des Muri-Amthofs. Den ehemals ehrwürdigen Sitz der Äbte wandelte er um in ein romantisches Schlösschen mit Turm, Orangerie und Zinne. Das Gebäude entwickelte sich zu Bremgartens Wahrzeichen. – Mein Grossvater war damals acht Jahre alt.

Leicht benommen blickt sich Anna um, der Mönch, der sie in den Vorhof geführt hat, bemerkt nichts. Er öffnet die massive schwarze Eingangstür aus Eichenholz mit einem grossen Schlüssel. Sie betreten einen dunklen Gang. Da kommt ein stattlicher Mann auf sie zu. Die einzige natürliche Lichtquelle ist das Fenster in seinem Rücken. Im Gegenlicht erhält seine Gestalt etwas Erhabenes. Erst als er ihr gegenübersteht, erkennt sie sein Gesicht. Sie ertappt sich, dass Abt Laurenz ihr gefällt. Seine klugen dunkelbraunen Augen liegen weit auseinander, hohe Wangenknochen betonen den markanten Ausdruck. Die schmale, wohlgeformte Nase wirkt würdevoll und der kurze Spitzbart lässt auf eine Spur Eitelkeit schliessen. Er ist gross gewachsen, die schlanke Figur entspricht seiner Herkunft aus einer Junkerfamilie, nicht schwammig aufgedunsen wie manche Würdenträger. Sie fragt sich, wie alt er wohl ist. Anna weiss, dass er 1508 zum Abt gewählt wurde. Man sagt, er sei noch zu jung gewesen und habe sich einiges erlaubt, was sich nicht zieme. Sie nimmt an, dass er bei seiner Berufung noch keine 30 Jahre alt war und jetzt gegen 50 ist. Für Bauern und Handwerker ist dies ein hohes Alter, nicht jedoch für geistliche Würdenträger. Diese ziehen weder in den Krieg, noch rackern sie sich körperlich ab. Ihnen zeichnet sich die Zeit nicht im gleichen Mass ins Gesicht.

«Herzlich willkommen, liebe Anna. Wie schön, dass Ihr es habt einrichten können, mich zu besuchen. Wie geht es meinem Freund Heinrich? Wie ich höre, hat er alle Hände voll zu tun.» Freundlich empfängt er sie und führt sie links durch den Gang.

«Danke, hochwürdiger Herr, mein Gemahl gibt sich sehr Mühe, das Vertrauen aller Bürger von Bremgarten zu verdienen. Er tut dies mit grosser Freude.» Anna fragt sich, wie es dem Abt wohl gehen mag. Die Reformation in Bremgarten bedeutet doch auch einen herben Machtverlust für ihn. Er führt sie in einen gemütlichen Raum mit einer Feuerstelle. Das Refektorium ist ganz mit Holz ausgekleidet, an der Wand links von der Tür steht eine schwere Anrichte, in der Mitte beherrscht ein rechteckiger Holztisch mit einer eingelegten Schieferplatte den Raum. Die Fenster geben den Blick frei auf den Fluss, der sich weit unten lautstark bemerkbar macht. Der Abt führt sie, während sie spricht, nahe ans Fenster, wo sie gemeinsam einen Blick nach draussen werfen. Der Anblick der überdachten Reussbrücke von hier oben hat sie schon beim letzten Besuch stark berührt. Sie vermittelt ein Gefühl der Sicherheit. Auf der gegenüberliegenden Flussseite bedeckt dichter Mischwald, wo die Wildschweine sich durch die Erde wühlen und nach Eicheln suchen, das ansteigende Gelände. Annas Augen schweifen über den schmalen Garten entlang des Gebäudes und die steile Böschung zum Ufer hinab und wieder zurück. Schneeglöckchen, Winterlinge und Primeln bilden gepflegte Blumengrüppchen. Ihr Blick bleibt plötzlich hängen. Entzücken und Grauen überkommen sie gleichzeitig. In einem Blumenbeet entdeckt sie eine Blüte, die sie nicht mehr loslässt. Aus ihrer Kindheit kennt sie diese neuartige Blumenpracht. Sie erinnert sich genau: Es war bei Ulrich Trinkler gewesen, dem ehemaligen Abt und Leiter der Äbtissinnenwahl im Kloster Frauenthal. Bei ihm hatte Annas Vater die Funktion des Leibkochs innegehabt. Ein Schatten legt sich unweigerlich auf sie und es wird ihr eng in der Brust. Bilder von ihrem Besuch als kleines Mädchen bei Ulrich Trinkler schwirren ihr durch den Kopf.

«Welch seltene Kostbarkeit!», mit unsicherer Stimme wendet sich Anna ihrem Gastgeber zu und möchte eine Bemerkung zu der schönen Blütenfarbe machen, als sie erschrocken innehält. Er muss sie beobachtet haben. Seine Miene ist jedoch undurchdringlich. Sofort bemerkt er ihr Unbehagen und ändert seinen Gesichtsausdruck. Freundlich nimmt er das Gespräch auf: «Offensichtlich seid Ihr schon vertraut mit diesem wunderbaren Gewächs. Der Bischof von Konstanz hat mir höchstpersönlich eine dieser Pflanzen geschenkt, da er meine Leidenschaft für schöne Gärten kennt. Konrad Grünemberg, ein Patrizier aus Konstanz, brachte dem Bischof dieses Wunder mit. Er hatte sie auf seiner

Pilgerreise entdeckt, als er von Jerusalem über Venedig nach Hause zurückkehrte. Ein armenischer Christ, mit dem er Geschenke austauschte, habe sie aus seiner Heimat dorthin gebracht. Nur die wenigsten Menschen hier im Okzident haben jemals eine solche Blume erblickt. Liebe Anna, Ihr macht mich neugierig. Woher kennt Ihr sie? Ich habe gehört, dass nur einzelne Exemplare fern von ihrer Heimat überlebt hätten. Auch habe ich sie noch in keinem Werk der Neuzeit abgebildet gesehen, obwohl unsere Humanisten jegliches Wissen sammeln.»

Anna ist froh um die Ausführungen, so hat sie Zeit, sich zu sammeln und ihre Gedanken zu ordnen.

Sie muss etwa sechs Jahre alt gewesen sein, als Ulrich Trinkler ihren Vater eines Tages zu sich rief. Weil Annas Mutter mit der Magd auf dem Markt war, nahm der Vater sie kurzerhand mit. Der Gastgeber war noch im Morgenrock, was ihr höchst peinlich war. Und irgendetwas war mit seinem Mund nicht in Ordnung. Er konnte nur mit grosser Mühe sprechen. Wie wenn ein Stück Stoff auf seiner Zunge läge, schien diese sich selbst im Weg zu sein. Schnell wurde klar, dass sie unerwünscht war. Anna durfte im Garten spielen, während die Männer im Innern des Hauses miteinander sprechen wollten. Und da entdeckte sie an diesem Frühlingsmorgen eine noch nie gesehene Blume: Ein roter Kelch umgab das gelb leuchtende Innere. Die Blütenblätter endeten spitz wie bei einem Krönchen. Entzückt betrachtete sie dieses Wunder und streichelte sanft über die seidenglänzenden Blätter. – Wenige Tage nach ihrem Besuch beging Trinkler Selbstmord.

Erst viel später erfuhr Anna die Umstände: Der Abt von Kappel war zum Rücktritt gezwungen worden, weil er dermassen verschwenderisch gehaushaltet und ein solch tyrannisches Gehabe an den Tag gelegt hatte, dass das Generalkapitel, die Versammlung aller Äbte, ihn nicht länger hatte dulden können. An jenem Tag, als sie in seinem Garten auf den Vater wartete, muss Trinkler schwer betrunken gewesen sein.

Anna ist auf einmal, als müsse sie ersticken, so sehr fühlt sie sich in eine Ecke gedrängt. Unmöglich kann sie mit Abt Laurenz über diesen Mann sprechen. Ein Suizid ist immer noch etwas Unerhörtes! Er bedeutet ewige Verdammnis für den Täter und bringt Unglück über die Gemeinde. Als Wiedergänger könnte der Sünder sogar aus dem Grab steigen und Krankheiten verbreiten.

Sie reisst sich aus der Erstarrung und erklärt mit einem entschuldigenden Lächeln, den Kopf leicht geneigt, sie könne sich nicht mehr genau erinnern. Es müsse einmal in ihrer Kindheit gewesen sein. Der Herr Abt wisse ja, dass ihr Vater viele vornehme Herrschaften in Zürich gekannt habe.

Laurenz belässt es dabei und bietet ihr einen Becher Wein an. «Ihr Vater, liebe Anna, war ein bemerkenswerter Mann. Er verstand es, mit den schwierigsten Menschen seiner Zeit vernünftig umzugehen. Und ich habe das Gefühl, Ihr habt diesbezüglich einiges von ihm gelernt. Aber jetzt, bitte erzählt mir von Eurem Unterfangen in der neuen Mädchenbildung. Dafür seid Ihr ja gekommen.»

Anna berichtet von ihrer Idee, den älteren Mädchen auch etwas über Geschichte beizubringen. Sie ist froh, über dieses Thema sprechen zu können. Bald entspannt sie sich, und selbstbewusst argumentiert sie für ihre Sache. Sie fragt den Abt, wie die jungen Frauen ihre zukünftigen Männer denn unterstützen könnten, wenn sie keine Ahnung, weder von der Eidgenossenschaft noch von den Machtstrukturen in den Nachbarländern hätten. Als Haushaltsvorsteherinnen müssten sie nicht nur die Finanzen überblicken, die neusten Techniken im Ackerbau kennen, ihre Nutzpflanzen wählen und pflegen, nein, sie müssten auch den Hintergrund ihrer Gäste kennen, ob diese aus einem Länder- oder einem Stadt-Ort kämen, ob sie katholisch oder reformiert seien. Alles ändere sich so schnell, da brauche es aufgeweckte Geister, die sich den Herausforderungen ihrer Zeit stellen wollten.

Abt Laurenz erwidert nicht viel, nickt hin und wieder zurückhaltend mit dem Kopf. Er ist beeindruckt von Anna Bullinger, geborene Adlischwyler. Noch aus anderen Gründen interessiert er sich für sie. Endlich kann er sie in diesen direkten Kontakten unter vier Augen kennenlernen und staunt, über welche Kraft sie verfügt. Er mag sie und freut sich über seine Strategie, sie als Verantwortliche der Mädchenbildung regelmässig zu treffen.

Seine Aufenthalte in Bremgarten haben an Leichtigkeit verloren, seit die Stadt reformiert ist. Jeder seiner Schritte wird genau verfolgt, er muss auf der Hut sein. Er wägt gut ab, wie weit er gehen, was er von sich preisgeben kann. Abtasten, Suchen und Taktieren gehören zu seinem Amt als Abt, sie zählen zu seinen Stärken. «Ihr seid eine überzeugende Kämpferin», schmunzelte er. «Bestimmt habt Ihr auch von Erasmus' Idee eines Frauensenats gehört. Ich befürchte aber, wir sind noch weit entfernt von einer solchen Entwicklung.» Sein Lachen ist ansteckend und Anna weiss, dass er recht hat. Etwas ernster fährt er fort: «Was die Frauenklöster jedoch an Bildung zu vermitteln vermögen, sollte unbedingt auch in reformierten Gegenden weitergeführt werden. Ich bin froh um Euren Gatten, der dies fördert und Euch darin unterstützt.»

Unterdessen haben er und Anna die Becher geleert. Trotz des unangenehmen Gesprächsbeginns prägt ein gegenseitiges Wohlwollen auch diese Begegnung. Der Abt bringt sie zum Ausgang, von wo aus wiederum ein Mönch sie zum Durchgang in der Mauer geleitet. Schnell macht Anna sich auf den Weg nach Hause, nur eine gute Stunde hat die Unterredung gedauert, und die Tage sind bereits lange hell. Sobald sie die Schwyngasse betritt, wendet sie sich nach links und geht das kurze Stück hinunter zur Marktgasse, wo sie bei der Gaststube Sonne auf die Treppe in Richtung Unterstadt zusteuert. Ihre Gedanken drehen sich um das Gespräch. Noch einmal fragt sie sich: Was will dieser Abt Laurenz von mir? Sie kann sich nicht erinnern, dass ein Mensch sie je so verwirrt hat. Zwischendurch, wie beim letzten Besuch, hat sie eine Vertrautheit gespürt. Diese Momente haben sie an gemütliche Abende in ihrer Kindheit und an ihren Vater erinnert. Doch scheint ihr das Verhalten des

Abts etwas merkwürdig. Sie wird das Gefühl nicht los, dass er etwas zu verbergen hat. Deshalb nimmt sie sich vor, besonders wachsam zu sein. Sie hat es nicht gewagt, über den Schatz aus Oetenbach zu sprechen. Hat er ihn tatsächlich in Sicherheit gebracht, wie er es versprochen hatte?

Unauffällig dringt aus einer Tür wenige Schritte vor dem Eingangsportal mattes Tageslicht in den dunklen Gang. Wuchtig thront hier im Schlafzimmer meiner Eltern ein Tresor, so gross wie ein Backofen. Er ist in die Wand hinter dem Ehebett eingelassen. Der sorgfältig aber einfach geschmiedete Wächter, mit dem die schwere schwarze Eisentür beschlagen ist, steht mit offenem Mund über dem Schlüsselloch. Unauffällig harrt er dort der Dinge. Nur etwa zehn Zentimeter misst er. Sein breitkrempiger Hut, sein spitzer Bart, der übergrosse Kopf auf dem leicht gedrungenen Körper in Ritterkleidung, alles demonstriert Wehrhaftigkeit. Die linke Hand hält den Schwertgriff an seiner Hüfte, der rechte Arm ist anklagend nach vorne ausgestreckt.

Er hält schweigend Gericht über die Menschen, die in diesem Haus ein- und ausgehen.

Laurenz kehrt zurück ins Tresorzimmer. Dort setzt er sich abermals an seinen schweren Schreibtisch. Seit über zwanzig Jahren ist er nun Abt des Klosters Muri. Noch nie hat er eine dermassen herausfordernde Zeit erlebt.

Seine Ahnen und Verwandten waren vorwiegend Höflinge des deutschen Kaisers und der Habsburger Herzöge von Österreich gewesen. Der Vater aus dem Adelsgeschlecht der von Heidegg vertrat die Kienburger Linie. In der Nähe der Salhöhe, nicht weit von Aarau entfernt, befand sich die Burg, wo Laurenz die ersten Jahre seiner Kindheit verbracht hatte. Der Vater starb früh, und für die sieben Kinder musste gesorgt werden. Vier davon wuchsen in Klöstern auf. Er und seine zwei jüngeren Brüder erhielten einen Vormund. – Was wäre wohl aus ihm geworden ohne seine Tante Barbara von Heidegg. Zusammen mit der überforderten Mutter wurden die drei Knaben liebevoll von der reichen Schwester des Vaters aufgenommen. Am Tag ihrer Ankunft zeigte Barbara ihnen die einmonatigen Welpen einer Hündin aus ihrer Zucht. Laurenz erinnert sich, wie die Winzlinge noch unbeholfen immer wieder versuchten, aus der Kiste zu steigen. Die Tante, seine liebe Muhme, erklärte ihm, dass sie die Augen erst seit einer Woche geöffnet hatten und jetzt umso neugieriger waren, ihre Umgebung zu entdecken. Wie gebannt beobachtete er sie, bis Barbara kurzerhand den kräftigsten herausfischte und ihm entgegenstreckte: «Ich schenke ihn dir. Er gehört dir. Pass gut auf ihn auf.» Ungläubig hielt er den kleinen schwarzen, noch leicht runzligen Hund in seinen beiden Händen. Er drückte ihn an die Brust, damit der Winzling mit übergrossem Kopf nicht hinunterfallen konnte. Sogleich wollte das zappelige Ding an seinem roten Kleid hochsteigen. Barbara lachte über dieses Schauspiel und riet Laurenz, dem Welpen seinen Daumen hinzustrecken. Entzückt entdeckte er, dass sein kleiner Freund den Daumen abschleckte und daran zu saugen begann. Am folgenden Tag beschloss Laurenz, ihn Fides zu nennen, weil dieser ihm treu folgte und an seinen Schuhen knabberte. Fides war verspielt und forderte seine volle Aufmerksamkeit. Sobald der Welpe acht Wochen alt war, konnte er bei ihm in der Kemenate schlafen. Im ersten Jahr bei der Muhme Barbara drehte sich für Laurenz alles um seinen Hund. Mit sechs Jahren besuchte er täglich die Lateinschule und durfte seine erste Hose tragen. Laurenz verbrachte ein paar unbeschwerte Jahre, dafür war er seiner Tante dankbar.

Mit zehn Jahren begann für Laurenz der Pagendienst bei einem fernen Verwandten. Fides musste er allerdings bei Barbara lassen. Traditionsgemäss sorgte er für die Pferde und Hunde, reinigte und pflegte die Waffen und begleitete seinen Herrn überall hin, damit er ihm zur Hand gehen konnte. Auch beim Ankleiden half er seinem Junker mit grosser Aufmerksamkeit. Er liebte es, in der Kampfkunst unterrichtet zu werden. Das höfische Betragen war ihm in die Wiege gelegt worden, und er fügte sich gut in die Junkersfamilie ein. Weil er aber keine Burg erben konnte und wissbegierig war, studierte er nach seiner schulischen Grundbildung an der jungen Universität Basel Theologie. Mit seinem familiären Hintergrund waren die Aussichten gut, einmal Abt oder sogar Bischof zu werden.

Seine Tante setzte sich für die Rechte des Adoleszenten ein, indem sie ihn regelmässig besuchte. Manche Züchtigung wäre wohl härter ausgefallen, hätte die einflussreiche Tante sich nicht beschwichtigend für ihn eingesetzt. Für ihn war die Muhme Barbara wie ein Schutzengel, auf den er sich verlassen konnte. Als sie starb, war Laurenz 17 Jahre alt. Er und zwei seiner Brüder erbten den Besitz der wohlhabenden Witwe. Von ihrem Vater besassen sie zwar österreichische Lehen, aber die Kienburg war unterdessen zerstört. Er entschied sich für das Leben im Kloster. Das ansehnliche Vermögen und die Verbindung der Familie zum Hause Habsburg halfen ihm, seine steile Laufbahn im Kloster Muri in Angriff zu nehmen.

Der Abt reisst sich aus seinen Erinnerungen. Der Waffenruhe in Bremgarten traut er nicht. Seine Feinde sind überall. Trotz seiner Sympathie zu manchen Ideen des neuen Glaubens ist ihm bewusst, dass seine Sicherheit von den katholischen Kräften in der Eidgenossenschaft abhängt. Als humanistisch gebildeter Mann würde er gerne eine Kirche leiten, die auch Entwicklung zulässt. Trotzdem ist er Katholik und in mancherlei Hinsicht skeptisch gegenüber der Reformation. Was sich politisch zusammenbraut, erfährt er seit Jahren bei der Herrengesellschaft der «Schildner zum Schneggen» in Zürich, wo der Kern des katholischen Widerstands im Herzen der reformierten Stadt weiterhin wirkt. Dank diesem zuweilen auch aufmüpfigen Gegenpol hat die Stadt ein Regulativ.

Nur wenige Kleriker, die sich ebenfalls gewisse Freiheiten herausnehmen, wissen von seinem Geheimnis. Ein Geheimnis, das ihn sehr glücklich macht. Er ist sich sicher, seine Verbündeten werden zu ihm halten und seinen kleinen Sohn weiterhin grosszügig ignorieren. In Bremgarten kann er ihn regelmässig sehen, denn er lebt in der Oberstadt bei seiner Amme. Vier Jahre alt ist er bereits und lernt fleissig, wenn er nicht gerade mit seinen Pflegegeschwistern Ritter spielt. Laurenz hängt sehr an dem kleinen Energiebündel. Der Bub ist fröhlich, ungestüm, wenn er spielt, dann wieder hoch konzentriert. Seine Mutter hat ihm diesen Charakterzug vererbt. Ihn dabei zu beobachten erfüllt Laurenz bisweilen mit starker Sehnsucht.

Es gibt noch einen Grund, warum der Abt den Muri-Amthof in Bremgarten über alles schätzt. Sein Hofnarr Heini Dreyer kann ihm und seinen Gästen hier ungestört Kurzweil verschaffen, während er in Muri zunehmend der Rachsucht des gemeinen Volks und der Unbill einiger Klosterbrüder ausgesetzt ist. Laurenz liebt die kluge, freche Zunge dieses Manns. Er erachtet es als Kunst, wie sein Hofnarr eine «Wahrheit» auftischt, nur um ihm gleich darauf einen Widerspruch dazu unter die Nase zu reiben. Diese Form der Unterhaltung kann allerdings recht anstrengend sein, nicht jeder Gast ist solchen geistigen Herausforderungen gegenüber aufgeschlossen. Allgemeine Begeisterung erntet Heini als Akrobat. Mit seinen Verrenkungen und seiner Geschicklichkeit verblüfft er die Zuschauer immer wieder von Neuem. Dieses Andenken aus der Junkerzeit sorgt zwar überall für Gelächter, stösst aber auch auf Kritik.

Vor allem sein ehemaliger Konkurrent Georg Flecklin missbilligt den Freiheitsdrang und das Bedürfnis nach Weltlichkeit. Zur Zufriedenheit der inneren Orte hat Flecklin das Amt des Priors übernehmen können. Er vertritt den Abt bei dessen Abwesenheit. Der Prior gilt als beflissen, allen Vergnügungen abhold. Laurenz' Unterkiefer versteift sich kurz. Flecklin hatte auch zu den Anwärtern des Abttitels gehört. Nur knapp fiel die Wahl damals zugunsten von Laurenz aus. Seither giesst der Konkurrent seine Missgunst subtil, aber grosszügig über die Bruderschaft. Keine Angriffsfläche lässt er ungenutzt. Die Freundschaft zu Dekan Heinrich Bullinger, dem Älteren, und auch die Beziehung zu dessen Sohn Heinrich Bullinger, dem Jüngeren, ist für Flecklin Ausdruck für Laurenz' Unreife. Ein Abt müsse seine Bekanntschaften sorgfältiger wählen, verkündet er seit Jahren im Kloster. Ein Pfarrer, der mit seiner Konkubine fünf Söhne gezeugt habe, sei kein angemessener Umgang. Laurenz kümmert sich jedoch nur noch wenig um Flecklin, meistens ignoriert er ihn. Geschickt überträgt er seinem Prior im Alltag und bei Feierlichkeiten viele Aufgaben, sodass dieser beschäftigt ist und sich wichtig fühlt. Flecklin darf unter anderem sicherstellen, dass die jungen Mönche beim Ablegen des Gelübdes tatsächlich reif für diesen Schritt sind und der katholischen Kirche angemessen dienen.

Mit den Bullingers verbindet Laurenz die Überzeugung, dass jedermann ein Mass an Eigenverantwortung behalten soll: Nur wenn der Einzelne gewisse Entscheidungen selbst trifft, seien diese noch so klein, bleibt das System dynamisch lebendig. Selbstverständlich können genau diese Schritte das System auch bedrohen. Der Ungehorsam ist eine treibende Kraft und garantiert, dass sich die Gesellschaft weiterentwickelt. Laurenz erkennt darin ein Paradoxon, das ihn fasziniert. Auch Anna Bullinger scheint dieser Meinung zu sein, was ihn im ersten Moment bestürzt hat.

Mein Grossvater Walter Meyer reiste 1921 nach Manila. Auf den Philippinen arbeitete er über zehn Jahre mit seinem Diplom für «höhere Handelswissenschaften» als Kaufmann in einem schweizerischen Unternehmen.

Bei einem Besuch in der Heimat verbrachte Walter ein paar Tage am Genfersee. Dort lernte er bei einem Spaziergang am See die 17-jährige Wilhelmina Hioolen mit ihrem dicken blonden Zopf kennen. Mit seinen Abenteuern in Übersee beeindruckte er das aufgeweckte holländische Mädchen, das in der französischen Schweiz ein Internat besuchte. Die Bekanntschaft wurde schriftlich vertieft. 1926 heirateten die beiden in Bremgarten in der Kapelle des Muri-Amthofs. Kurz darauf bestieg das Paar ein Schiff in Marseille, das sie auf die Philippinen brachte.

Annas Kindheit in Zürich
Die Schatten Waldmanns und Göldlis

Elisabeth Stadler Adlischwyler, Annas Mutter, hatte das Leben genossen, bevor ihre Tochter zur Welt kam. Das war nun 26 Jahre her. Damals konnte sie sich in den gehobenen Kreisen bewegen. Ihr Gatte Hans Adlischwyler verwaltete neben seiner Verpflichtung als Leibkoch von Hans Waldmann, einem der zwei Bürgermeister von Zürich, zwei mächtige Zünfte. Nicht zuletzt verdankte er seiner Aufgabe als Obrigkeitlicher Weinschenk zum Elsässer einen angemessenen Respekt. An verschiedenen Festivitäten durfte deshalb auch seine Gemahlin teilnehmen. Sie war eine ausgesprochen anziehende Erscheinung und mischte sich ohne Scheu unter die edlen Gäste, darunter auch die Notabeln, Patrizier und den Landadel. Die Männer fühlten sich geschmeichelt, wenn sie sie mit ihrer Anmut umgarnte. Hans Adlischwyler war um einiges älter, er konnte das Bedürfnis seiner zauberhaften Gemahlin, sich ein wenig in Szene zu setzen, verstehen. Die Augen strahlten vor Stolz über die Anziehungskraft seiner zweiten Gattin. Wegen seines beachtlichen Bauchumfangs und der bescheidenen Körpergrösse wurde er Hänsli Köchli genannt. Den Spitznamen trug er mit Gelassenheit.

Elisabeth erfreute sich an der neuzeitlichen Kleidung und besprach diese mit Gleichgesinnten. Sie sah, wie die Damen zunehmend reichverzierte Gewänder aus den italienischen Stadtrepubliken oder aus Frankreich trugen. Die neuen Stoffe waren viel feiner als die herkömmlichen aus der Region. Aber auch die komplizierten Bordüren, Fächerungen und Rüschen konnten die Fräuleins nur noch zum Teil selbst herstellen, zu hoch war der Anspruch an Originalität. Selbstverständlich konnte sich Elisabeth nicht gleichermassen herausputzen. Sie hielt die Standesregeln grösstenteils ein und verzichtete auf die dem Adel vorbehaltenen Halskrausen.

Einmal jährlich veranstaltete die Stubengesellschaft der Schildner zum Schneggen einen Anlass, den sie Carneval nannten. Diese Herrengesellschaft der Adeligen und wohlhabenden Bürger Zürichs nahm starken Einfluss auf die Politik, zudem besass sie bei inneren Angelegenheiten Gerichtsobrigkeit. Der Carneval war ein Fest der Sinne, wo es hoch zu- und herging. Die obere Zürcher Gesellschaft geizte nicht mit den neusten Kleiderschöpfungen. Jedes Jahr wurden an diesem Abend üppig gefertigte Gewänder aus Samt und Brokat sowie spezielle aus Venetien herbeigebrachte Masken getragen.

Annas Vater erhielt auch lange nach Waldmanns Tod Aufträge von den Schildnern. So kam es, dass er einmal auch mit seiner Gemahlin den berühmten Carneval miterlebte.

Als Anna zur Welt kam, änderte sich Elisabeths Leben schlagartig. Hans war vernarrt in die Kleine und wollte nur das Beste für sie. Seiner Frau untersagte er von da an, sich ausgelassen zu verhalten. Er war ein guter Ehemann, aber traute ihr nicht. Wenn er als Koch für einen Zürcher Feldmarschall unterwegs im Kriegsdienst war, versicherte er sich, dass sie sittsam zu Hause blieb. Vor der Abreise bestimmte er einen Vormund, der über Elisabeth wachte. Sie wusste, dass dies üblich war, dennoch kränkte sie diese Anordnung, und insgeheim machte sie die Tochter dafür verantwortlich. Sie fühlte sich sehr einsam.

Das Ehepaar Meyer-Hioolen lebte fünf Jahre auf den Philippinen. Wilhelmina, die Frischvermählte, verbrachte die meiste Zeit allein. Ein Ausflug nur in Begleitung des Chauffeurs endete in einem Desaster. Walter war dermassen erzürnt, dass er sie wochenlang schnitt. Danach unternahm sie nie mehr etwas ohne die Erlaubnis ihres Ehegatten.

Weil die Handelsgeschäfte einbrachen, liessen sie 1931 die Koffer packen. Das Paar zog zurück in die Schweiz in den Muri-Amthof. Die Baisse der 20er Jahre schien überwunden, Walter gründete die Privatbank W. Meyer und Cie. in Zürich. Im selben Jahr kam Bettina zur Welt. Zwei Jahre später, 1933, erhielt Bettina einen Bruder: Hans-Ueli.

Die Tochter entwickelte sich zu einem kräftigen Mädchen, der Bub blieb feingliedrig mit Engelslocken.

Elisabeth war streng mit Anna. Das gespaltene Verhältnis zu ihr spiegelte sich in ihren Stimmungen, oft wirkte sie abweisend und reizbar. Schon als kleines Kind hatte Anna sich für die Unzufriedenheit ihrer Mutter verantwortlich gefühlt. Umso tröstlicher waren die Stunden, die sie mit ihrem Vater verbringen konnte. Jedes Mal, wenn der Vater verreist war, vermisste sie ihn stark. Anna war verträumt und hörte leidenschaftlich gerne Geschichten. Aus diesem Grund suchte sie Ursula auf. Seit Anna denken konnte, war die einfache Magd bei ihnen. Deren grosses, rundes Gesicht leuchtete oft rot vor Anstrengung, aber die Augen verloren nie ihr freundliches Lächeln. Manchmal schlich Anna sich in die Waschküche, wo sie helfen konnte, die Flecken auf der Weisswäsche mit einer Bürste und Gallseife zu schrubben. Jedes Mal fing die Magd unvermittelt an, sie in ihre Welt von Helden und mutigen Weibsbildern, von verwunschenen Burgen und treuen Gefährten mitzunehmen. Der Geruch der scharfen Lauge aus dem Bottich steigt ihr sofort wieder in die Nase, wenn sie sich an Ursula erinnert.

Während den seltenen Ausflügen beim Einkauf traute Anna ihren Augen nicht, es gab unendlich viel zu bestaunen. Der Haushalt der Familie Adlischwyler war nicht gross und meistens herrschte Ruhe. Hier draussen jedoch wimmelte es von geschäftigen Menschen. Die Marktweiber ordneten ihre Ware, während sie sich die neusten Gerüchte erzählten. Sie lachten schallend in einem Moment, im andern schrien sie Rotznasen an, die sich zu nahe an ihren Stand heranwagten. Entdeckten sie eine Kundin, legte sich sogleich ein unterwürfig freundliches Lächeln auf ihre Gesichter und beflissen priesen sie dann ihre Äpfel, Wurzelgemüse oder Fische an. Bei den Webern, Tuchmachern und Huttern verweilte Anna besonders gern, dort kam sie sich vor wie eine kleine Prinzessin. Unten am Fluss warf sie immer einen Blick hinauf zu den 52 Linden auf der andern Seite der Limmat. Im Schatten der Bäume auf der ehemaligen Königspfalz erhaschte sie Liebespärchen, die sich kurz von ihren Pflichten hatten wegstehlen können.

Im Marktgetümmel fiel ihr Margarete zum ersten Mal auf. Das Gesicht des fröhlichen Mädchens wurde von dunkelbraunen Locken umspielt. Sie hüpfte mit ihren sechs Jahren in wertvollen Gewändern durch Zürich, wenn sie mit ihrer Mutter den Markt besuchte. Ursula schaute ebenfalls gebannt auf sie und beugte sich zu Anna hinunter: «Das ist das Fräulein Margarete Göldli, die Enkelin des Bürgermeisters.» Anna musterte das Kleid des Mädchens und beneidete sie darum. Sie konnte ihren Blick kaum von diesem wertvollen dunkelblauen Brokatstoff lösen. Darauf leuchteten, leicht erhaben, samtene Lilien im selben Farbton; diese verliehen dem schweren Tuch eine königliche Würde. Das Gewand umhüllte Margaretes kleinen Körper bis zum Boden, vorne bei den Füssen war es etwas kürzer und abgerundet, so dass sie sich nicht darin verfangen konnten. Darunter kam wie bei den erwachsenen Frauen das feine Unterkleid zum Vorschein. Rot war es und strahlte leuchtend. Auch unter den weiten Ärmeln, die sich wie Kelche gegen die Hände zu öffneten, war dieses kräftige Rot sichtbar. Ursula bemerkte spitz: «Ein Stoff in dieser Farbe muss ein Vermögen gekostet haben.» Das viereckig ausgeschnittene Korsett des nachtblauen Oberkleids unterstrich die damenhafte Erscheinung dieses ansonsten verspielten Mädchens.

Anna und Margarete waren etwa gleich alt und begegneten sich auch danach gelegentlich, sie sprachen aber nie miteinander. Ihre Väter waren beide aktiv im Zunftwesen, wenn auch auf verschiedenen Ebenen. Während der eine für das leibliche Wohl seines Herrn verantwortlich war, strebte der andere seinem berühmten Vater nach und versuchte die Ritterwürde zu erlangen.

Lange bevor Anna und Margarete zur Welt kamen, waren ihre Schicksale bereits miteinander verknüpft.

Um 1480 wollten Hans Waldmann und Heinrich Göldli, Margaretes Grossvater, beide in Zürich das Sagen haben; sie hatten alternierend das Amt des Bürgermeisters inne. Der eine hatte sich von einem Handwerksgesellen durch heldenhaften Kriegsdienst und geschickte Manöver hochgekämpft, der andere war dank seiner adligen Herkunft in den Zürcher Stadtrat gerutscht. Heinrich Göldli empfand seine Wahl zum «höchsten Zürcher» als sein angestammtes Recht, da er der Constaffel angehörte, dem alteingesessenen Rat der Junkerfamilien. Waldmann war für ihn ein Emporkömmling, ein unrechtmässiger Eindringling.

Beinah hätte Heinrich Göldli nicht nur Waldmann, sondern auch Annas Vater in den Ruin getrieben. Als dessen Leibkoch rechnete Hans Adlischwyler mit dem Schlimmsten. Wie ein Damoklesschwert hingen die Geister dieser zwei mächtigen Männer noch Jahrzehnte nach deren unerbittlichem Kampf um die Herrschaft über ihm und seiner Familie.

Waldmann hatte eine Schneider- und Gerberlehre durchlaufen, bevor er sich als Söldner hervortat. Dank der Heirat mit Anna Landolt, wohlhabender Witwe des Amtmanns von Einsiedeln, übernahm er nicht nur dessen Besitz, sondern auch das Amt. Damit verbunden war die Aufnahme in die noble Gesellschaft zur Constaffel. Dachte er, damit endgültig in der höheren Gesellschaft angekommen zu sein, täuschte er sich. Es bedeutete noch lange nicht, dass man ihn dort auch respektierte und willkommen hiess. Erst neun Jahre nach seiner Heirat errang er das Amt des Zunftmeisters der Zunft zum Kämbel. Somit fand er auch Eingang in den Kleinen Rat, wo die höchsten Amtsträger von Zürich die Stadtpolitik massgeblich prägten. Die grösste Anerkennung erhielt Hans Waldmann jedoch erst in den anschliessenden Jahren als Feldherr. Er führte das Hauptkontingent der eidgenössischen Söldnerheere. Kein Eidgenosse vor ihm hatte seinen Auftraggebern und der Heimat so viel Reichtum gebracht wie Waldmann in den Burgunderkriegen. 1477 schlugen die eidgenössischen Heere das Herzogtum endgültig. Diese Leistung wurde mit dem Ritterschlag honoriert. Waldmann führte seine Heerscharen für verschiedene Mächte so geschickt, dass er zum Gesandten der Alten Eidgenossenschaft wurde. Die vier Bündnispartner: das Königreich Frankreich, das Herzogtum Mailand, der Papst und die Habsburger machten sich ihre Territorien streitig. Alle buhlten um die erfolgreichen Söldnerheere, alle bezahlten Höchstpreise, und mit allen verhandelte der etwas grobschlächtige, aber scheinbar unbezwingbare Hans Waldmann. Während sein Konkurrent Göldli sich für die traditionellen Vorrechte des Adels im Rat stark machte, vertrat dieser die bürgerliche Seite. Vor allem die Handwerkszünfte sollten verstärkt Einfluss erhalten.

Annas Vater hatte jahrelang unter der Persönlichkeit des herrischen Arbeitgebers gelitten. Als der Glanz des «Ritters aus dem Volk» verblasste und sowohl die Bauern als auch Bürger von Zürich Waldmanns persönliche Machtgier erkannten, bekam der Leibkoch deren Verachtung und Wut ebenfalls zu spüren. Aber er hatte Glück und konnte dank seines guten Rufs bei den Zunftleuten in der Stadt bleiben. Weder die Herren der Zunft Zur Meisen noch die Zum Weggen wollten auf ihn verzichten und setzten sich für ihn ein. Solange Annas Vater lebte, kam er regelmässig auf Heinrich Göldli und dessen Söhne zu sprechen. Sie waren damals die Drahtzieher hinter Waldmanns Fall und spielten nach wie vor eine wichtige Rolle in der Stadtpolitik. Auch wenn sie Waldmanns despotische Herrschaft beendeten, waren sie keinesfalls besser. Sogar die kleine Margarete trug ihren Familiennamen mit einer Spur Hochnäsigkeit.

Oft erlebte Anna ihren etwas fettleibigen, klein gewachsenen Vater nachdenklich und traurig. Einerseits war er zeitlebens dankbar für die finanzielle Absicherung durch Waldmann und fühlte sich zu Loyalität verpflichtet, andererseits empfand er Abscheu gegenüber diesem skrupellosen Mann. Immer wieder wollte Anna etwas über den berühmten Hans Waldmann hören. Sie spürte, dass diese Figur ihren Vater auf eine sonderbare Weise verfolgte.

«Warum waren die Bauern so wütend auf Waldmann?», fragte sie ihren Vater, obwohl sie die Geschichte schon oft gehört hatte. «Stell dir vor, eine einzige Person besitzt so viel Macht, dass sie dir das Liebste nehmen kann», begann der Vater zu erzählen. «Das Liebste? Meinst du die Familie?»

Er blickte nachdenklich auf das Mädchen. Es berührte ihn merkwürdig, dass seine siebenjährige Tochter so fasziniert war von diesem schauerlichen Ereignis, das vor 20 Jahren stattgefunden hatte.

«Söhne, Familienväter, Töchter, Ehefrauen, Hans Waldmann drang in viele Häuser, indem er seine Söldnerpolitik verfolgte. Die Männer schickte er in Kriege, die nichts mit Zürich zu tun hatten. Starben sie in der Schlacht, verkuppelte er die Witwen oder vermittelte sie als Mägde an Freunde, wo sie meist ein schweres Los hatten.»

Noch war Anna zu klein, um zu verstehen, was Ausbeutung der einfachen Leute bedeutete. Aus der Not heraus wurden die Menschen zu Verbrechern, sie stahlen, manche raubten Reisende aus, einige versuchten mit Wildern ihren Familien wieder einmal ein Stück Fleisch auf den Teller zu bringen. Mit welcher Grausamkeit die Mächtigen gegen diese Untertanen vorgingen, bekamen die Kinder aber schon früh mit. Die öffentlichen Bestrafungen bis hin zu den Hinrichtungen wurden wie Volksfeste begangen, sodass möglichst viele Menschen das Spektakel besuchten. Die Kirche sowie die Stadtoberen wollten, dass die Kleinen beiwohnten. Sie sollten hören, welche Vergehen begangen und wie diese bestraft wurden: Wiederherstellen der Ordnung und Abschreckung waren die Ziele.

«Aber das waren Einzelschicksale», erzählte der Vater weiter. «Was die Wut schliesslich zum Überlaufen brachte, war Waldmanns schrecklicher Befehl, alle Hunde der Bauern zu töten. Diese schützten damals wie heute nicht nur den Hof, sondern halfen, ein Kaninchen oder sogar ein Reh aufzuspüren. Aus diesem Grund sind die Hunde für die Bauern unendlich wertvoll, sie betrachten sie als ihre Freunde. Aber du weisst, der Wald gehört der Obrigkeit, dem reichen Adel oder den Klöstern. Ein Tier zu jagen ohne Bewilligung ist strengstens verboten.»

Mit grossen Augen stellte sich Anna vor, wie die armen Hunde auf brutale Weise erschlagen und mit Schwertern niedergemetzelt wurden. Mit ihren kleinen Händen verdeckte sie ihr Gesicht, damit das Bild verschwinden möge. Sie liebte Tiere über alles. «Dieses Schlachten war für alle ein Albtraum. Noch Monate danach verfolgte uns das Gejaule der sterbenden Hunde», bemerkte Hans Adlischwyler bekümmert. «Und dann haben sich die Bauern gewehrt?», fragte Anna.

Der Vater nickte. «Ja, nicht nur die Bauern wollten diesen machtgierigen Bürgermeister loswerden, auch einige im Rat waren nicht mehr zufrieden mit der Politik des Hans Waldmann. Er hörte zu wenig auf sie und regierte zu eigenwillig. Der Aufstand der Bauern kam einigen Widersachern gelegen. Bewaffnet marschierte eine grosse Menschenmenge zum Rathaus, wo Waldmann versuchte, die Wogen zu glätten. Aber da waren zu viele Feinde: Eine Delegation angeführt vom zweiten Bürgermeister Heinrich Göldli, unterstützt von der Masse der aufgebrachten Bauern aus der Umgebung Zürichs, unterbrach die Ratszusammenkunft. Die eidgenössischen Tagsatzungsgesandten rieten dringend, Waldmann und andere Ratsmitglieder gefangen zu nehmen. Die wütende Menge liess nicht locker, bis Waldmann mit dem Boot zum Wellenberg, dem Gefängnisturm in der Limmat, gebracht wurde. Nach vier Tagen grässlicher Folter stand seine Schuld fest. Die Liste der Anklagepunkte war lang, wobei einer hervorstach: Waldmann habe einen unehelichen Sohn Heinrich Göldlis zum Tod verurteilt, und zwar unrechtmässig.» Der Vater machte eine lange Pause, bevor er fortfuhr: «Auf der Hegnauermatte köpfte man den ehemals bewunderten Ritter, der im Burgunderkrieg zu seinem Titel gekommen war. Am Südhang des Zürichbergs und in der Altstadt stand die Menschenmenge dicht an dicht, um dem Ende dieses Manns beizuwohnen. Er hatte der Stadt unermesslichen Reichtum beschert, aber zu welchem Preis? Tausende Männer waren von ihm im Solddienst in den Tod geschickt worden. Eidgenossen gegen Eidgenossen hatte er kämpfen lassen, um die Kasse zu füllen. Leider sind wir heute keinen Schritt weiter. Der Erfolg Waldmanns verfolgt unsere Kinder. Noch immer ziehen wir für die Grossen in den Krieg, um unsere mageren Kühe auch nach einer schlechten Ernte den Winter hindurch füttern zu können.»

Nach Waldmanns öffentlicher Enthauptung durch das Schwert im Jahr 1489 hatte Heinrich Göldli wieder freie Bahn. Die Niederlage im Zusammenhang mit einer schauerlichen Geschichte um Sodomie, die er drei Jahre zuvor erlitten hatte, schien vergessen. Hans Adlischwyler wurde verschont vor der gnadenlosen Rache, welche die Unterdrückten an Waldmanns Familie und Haushalt übten. Drei Zunftmeister wurden in Folge des Waldmann-Sturzes hingerichtet. Nach Waldmanns Tod nahm Ulrich Trinkler, Abt des Zisterzienserklosters zu Kappel, Hans Adlischwyler in seine Dienste. Als der umstrittene Geistliche sich 1510 ein jähes Ende gab, musste Annas Vater für verschiedene Feldherren als Koch mit in den Krieg ziehen. Nur zwei Jahre später kam Hans Adlischwyler bei der Schlacht von Pavia ums Leben.

Der Zweite Weltkrieg bescherte der jungen Bank W. Meyer & Cie. keinen Aufschwung. Der Tresor leerte sich zusehends, der Hausherr des Muri-Amthofs verzweifelte.

Meine Grossmutter Wilhelmina wandte sich indessen mehr und mehr von den Geschehnissen um sie herum ab. Sie kümmerte sich um den Haushalt, gab den Dienstmädchen Anweisungen, überwachte die Küche. Die Entbehrungen im Ersten Weltkrieg hatte sie noch zu gut in Erinnerung. Deswegen musste das Zimmermädchen im Estrich eine Unmenge an weisser Blockseife für die Wäsche lagern und die Küchenhilfe stapelte Kondensmilch und Fleisch in Konservendosen. Im Städtchen liess sich Wilhelmina kaum blicken. Walter begab sich viermal im Jahr im Gehrock mit Hans-Ueli an der Hand in die reformierte Kirche, sie blieb zuhause.

Elisabeth Stadler Adlischwyler bereitete ihre Tochter nach dem Tod ihres Gatten noch energischer auf das Leben als zukünftige Ehefrau vor. Die Näh- und Stickarbeiten nahmen für das achtjährige Mädchen kein Ende. Immer wieder musste sie ein Muster wiederholen, bis die Mutter damit zufrieden war. Annas Vater hatte seiner Tochter ein beachtliches Vermögen hinterlassen, das verzieh sie ihr nie. Noch heute klingen die Worte in ihren Ohren: «Hätte dein Vater mir ein anständiges Erb hinterlassen, könnte ich nochmals heiraten.» Fein säuberlich hatte er aufgeschrieben und notarisch beglaubigen lassen, was in Annas Besitz gehen sollte, sobald sie entweder heiratete oder alt genug wäre, um selbst darüber zu verfügen. Solange sie aber dem Hausrecht der Mutter und deren Vormund unterstellt war, durfte sie ihr Vermögen nicht anrühren.

In sich gekehrt und traurig versuchte Anna alles zu tun, damit ihre Mutter sie liebhaben könnte. Fleissig und brav erfüllte sie die täglichen Aufgaben, sie half Ursula, der Magd, Brot zu backen, fütterte die Hühner im Hof und übte wiederum stundenlang sticken und nähen.

Elisabeth träumte davon, dass ihre Tochter einmal einen edlen Herrn aus dem Umfeld des katholischen Zürcher Adels heiraten würde. Ein ihr wohlgesinntes Familienoberhaupt zu finden, war die einzige Chance für Elisabeth, aus ihrer unangenehmen Lage herauszukommen. Wäre der zukünftige Schwiegersohn Elisabeth gegenüber verpflichtet, hätte sie endlich wieder einen grösseren Spielraum. Das Gesetz war unerbittlich: Als nicht wohlhabende Witwe hatte sie keine Rechte. Gleich nach dem Tod ihres Gemahls hatte sie wiederum einen Vormund erhalten. Dank der Bekanntheit ihres verstorbenen Gatten in den Zürcher Zünften unterhielt sie jedoch auch nach seinem Tod wichtige Beziehungen. Sie konnte deshalb für ihre Tochter auf eine gute Partie hoffen. Aus diesem Grund versuchte Elisabeth, das Mädchen auf ein Leben als Dame vorzubereiten. Als sie herausfand, dass die Junkertöchter nicht mehr ausschliesslich Fertigkeiten in der Näharbeit erwarben, sondern zunehmend auch deren geistige Fähigkeiten gefördert wurden, entschied sie, ihrer unterdessen neunjährigen Tochter ebenfalls eine schulische Bildung zukommen zu lassen. Sie schickte sie in die Tagesschule des Klosters Oetenbach.

Im Kloster Oetenbach

Der Unterricht in der Klosterschule von Oetenbach bedeutete für Anna eine willkommene Abwechslung, sie lernte Lesen und Schreiben sowie Latein. Die meisten Schülerinnen stammten aus adligen Familien, einige waren schon mit sechs ins Kloster geschickt worden. Diese blieben unter sich. Anna beneidete die Kinder, die im Kloster wohnten, weil die Gemeinschaft für sie zu einem neuen Zuhause geworden war. Diese Mädchen genossen eine innige Vertrautheit untereinander. Gerne hätte auch Anna die Abende mit ihrer Freundin Eva Straessle verbracht. Aber sie kehrte, wie ein paar andere, jeden Tag um 15 Uhr nach Hause zurück, wo sie Löcher in den Tischtüchern stopfen und an ihrem Wandteppich nähen musste. Nach und nach band die Mutter sie auch in die Planung der Einkäufe und die Führung des Hauses ein. Sie besassen einen Stall mit zwei Pferden, einem Esel und zwei Schweinen, zu denen ein Knecht schaute. Ein paar Hühner begrüssten Anna und Ursula fröhlich gackernd, wenn sie sie am Abend in den Stall trieben.

Am meisten freute sich Anna auf die Klosterschule am Donnerstag. In Oetenbach stellte der Unterricht in Französisch eine Besonderheit dar. Nur die besten Schülerinnen durften einmal die Woche in einem kleinen separaten Kämmerchen mit einer Nonne die romanische Sprache lernen. Aufgeregt eilte Anna nach dem Mittagsgebet zu ihr. Schwester Odilie war infolge der Burgunderkriege in die Eidgenossenschaft verschleppt worden. Sie hatte ihre Eltern verloren und war auf der Flucht vor den feindlichen Soldaten gewesen, als ein Zürcher Feldmarschall sie aufgriff. Er behielt sie in seinem Lager und sie half in der Feldküche. Der Zürcher nahm sie nach der Kapitulation der Burgunder Fürsten mit in die Eidgenossenschaft. Er behandelte sie anständig. Sie diente ihm als Magd, und gelegentlich wollte er sie in seinem Bett. Nach seinem Tod klopfte sie an die Klosterpforte von Oetenbach, wo sie aufgenommen wurde.

Vom ersten Moment an liebte Anna das Fremde an der französischen Sprache, die Melodie der Aussprache, das Höfische der Texte. Wie ein Schwamm sog sie alles auf, was ihr Schwester Odilie beibrachte. Wenn Odilie über ihr Leben vor der Zeit im Kloster erzählte, kam sich Anna schon fast erwachsen vor. Sie begann die Welt mit anderen Augen zu betrachten.

Damals erkannte sie die Herrschaftsverhältnisse nochmals deutlich: Beinah alles gehörte den Feudalherren und der Kirche. In den eidgenössischen Orten besassen die Junker-, Patrizierfamilien und die Klöster Felder, Wälder, Flüsse und alles, was dort lebte. Zusätzlich schuldeten ihnen die Bauern und Untertanen ihre Arbeitskraft. Nur wenige Bürger waren zu eigenem Besitz berechtigt, so zum Beispiel erfolgreiche Handwerker, also Zunftleute, die Mitglieder im Rat waren.

Wie schrecklich die Herrschaft reagierte, wenn ihr etwas gestohlen wurde, wusste Anna aus ihrer Kindheit. Ihr war die Bestrafung eines Wilderers noch gut in Erinnerung. Die unmenschlichen Schreie des armen Manns verfolgten sie jahrelang. Er wurde erwischt, als er einen Hirsch tötete. Immer wieder tauchte das Bild dieses Bauern vor ihr auf, wie er zwei Tage lang mit zerschundenem Körper am Pranger stand. Davor hatten sie nicht nur die Jagdhunde auf ihn gehetzt, der Ritter hatte den Dieb, nachdem die Hunde ihn bereits schändlich zugerichtet hatten, gefesselt und an einem langen Seil hinter seinem Pferd nachgeschleift. Als er ihn der Bevölkerung vorführte, war der Bauer blutüberströmt, die offenen Wunden klafften weit auseinander, Haut und Überreste der Kleidung hingen nur noch in Fetzen an ihm. Ein Bein war merkwürdig verdreht, die rechte Hand hing wie rohes lebloses Fleisch an seiner Seite. In diesem Zustand wurde er an dem toten Hirsch befestigt und als Mahnmal zur Schau gestellt. Der Hirsch wurde nicht etwa verspeist, sie liessen den Kadaver in aller Öffentlichkeit verrotten. Die Untertanen mussten diese Vergeudung mit knurrenden Mägen erdulden.

Auch die Wildererkappe brachte Anna zum Schaudern: Die eiserne Kopfbedeckung wurde den Wilddieben aufgesetzt und festgenietet, sodass sie längere Zeit damit leben mussten. Mit solchen abschreckenden Methoden sicherte sich die Herrschaft erfolgreich den Respekt, die Untertanen hielten Abstand.

Mit Odilie konnte sie über alles sprechen und ihr von ihrer Kindheit erzählen. Die Bilder von damals mit jemandem teilen zu können, befreite Anna. Täglich nahm sie den Weg über die Limmat hinüber zum Kloster Oetenbach gerne unter die Füsse. So machte sie schnell Fortschritte, vor allem in Französisch.

Anna hatte sich in den ersten drei Jahren in der Klosterschule an die strengen Regeln gewöhnt. Sie war zwölf, als die gleichaltrige Margarete vor dem Klosterportal erschien. Sofort erkannte sie das hübsche dunkelhaarige Mädchen, dem sie früher manchmal auf dem Markt begegnet war. Auch Margarete würde nun zu den Glücklichen gehören, die im Kloster wohnen und im Dormitorium neben ihren Freundinnen schlafen konnte.

🌷

Margaretes Vater strebte auf dem Kriegsfeld danach, zum Ritter geschlagen zu werden. Ihr Grossvater Heinrich Göldli war ein strenger Patriarch, den sie zum Glück nicht oft zu Gesicht bekam. Zu Hause wäre Margarete gerne überall gleichzeitig gewesen, um nichts zu verpassen. In den Stallungen war es besonders spannend, wenn ein Fohlen zur Welt kam. Aber auch im Waschhaus, wo die grossen Bottiche mit der Lauge warteten und das Feuer unter den Kupferkesseln loderte, fühlte sich Margarete geborgen. Manchmal setzte sie ihre Puppe auf einen Schemel neben dem heissen Bottich und erzählte ihr eine Geschichte. Sie hätte gerne ihre Abenteuer mit jemandem geteilt, aber die Göldlis gaben sich nicht mit Fremden ab.

Schlagartig fanden Margaretes Exkursionen auf dem elterlichen Gut nach dem Tod ihrer Mutter ein Ende. Der Vater heiratete sogleich wieder, und ihre Stiefmutter entschied: Margarete sollte Nonne werden, eine Aussteuer wäre zu teuer. Als Margarete Göldli nun mit Eintritt ins heiratsfähige Alter ins Kloster Oetenbach gesteckt wurde, änderte sich für die standesbewusste, freiheitsliebende Junkertochter alles. Der Wechsel kam für sie einem Abtauchen in die Tiefe des Zürichsees gleich. Innerlich erstarrte sie angesichts der Feindseligkeit der Nonnen gegenüber der Freude und dem Leben überhaupt. Äusserlich gab sie sich ungebrochen und eigensinnig.

Im Kloster Oetenbach herrschte Disziplin. Die Mädchen konnten sich nur heimlich verständigen. Margarete Göldli war bekannt dafür, dass sie ihr Temperament schlecht zügeln konnte. Einmal, als sie ein Zettelchen mit frechen Bemerkungen im Mund verschwinden liess, bevor die strenge Cantrix, die Lehrerin, es lesen konnte, ging alles schief. Bemüht, das aufkommende Lachen zu unterdrücken, lief Margaretes Gesicht rot an. Sie bekam einen Hustenanfall und die beleidigenden Worte landeten direkt vor der Cantrix. Die Mädchen erstarrten vor Schreck, denn die Strafen waren unerbittlich. Sie musste eine Ewigkeit neben ihrem Pult auf dem Lineal knien und beten. Dieses Mal war die Cantrix milde gestimmt, sie beliess es dabei. Nicht selten war sie aber schlecht gelaunt und die Züchtigung ging viel weiter: Stockschläge, Peitschenhiebe oder sogar mehrere Tage in einen dunklen Raum einsperren – alle diese Methoden waren gerechtfertigt, um ein Kind von seinem sündhaften Verhalten zu erlösen. Die Klosterschülerinnen wurden aufgefordert, jegliche Überschreitung zu melden. Nicht nur ihr eigenes Seelenheil konnten sie dadurch sichern, sondern auch das ihrer fehlbaren Schwestern. Die Bestrafung galt als wohlwollende Massnahme zur Läuterung. Sie geschah nur zum Besten der Mädchen, führte sie sie doch wieder zu Gott.

Der Sünden gab es viele: Hochmut, Ungehorsam, Brechen des umfassenden Schweigegebots, Unaufmerksamkeit und vor allem Unkeuschheit. Damit sie sich nicht selbst berührten, mussten sie in ihren Kleidern aus grobem Wollstoff schlafen. Diese bestanden aus mehreren Schichten. Die grässlich kratzenden Wollfasern juckten am ganzen Körper.

Margarete war von zu Hause eine schöne Badestube gewohnt, wo sie alle drei bis vier Wochen in einer grossen Kupferwanne ins warme Wasser mit wohlriechenden Essenzen eintauchte. Als sie noch klein war, durfte sie häufiger baden. Aber seit der letzten Pestepidemie verzichteten auch die Göldlis auf häufiges Eintauchen ins Wasser. Die Ärzte sagten, dass die Krankheit über das Wasser in die Haut eindringe. Der Rat sprach sogar darüber, die öffentlichen Badestuben zu schliessen. Was Margarete nun aber im Kloster durchmachte, hätte sie sich nie vorstellen können: Monatelang, Tag und Nacht in denselben Kleidern zu stecken, ohne sich waschen zu können, war für sie ein Albtraum. Sie beneidete die Schülerinnen, die nur tagsüber im Kloster den Unterricht besuchten. Heimweh, Wut und Trauer verdichteten sich im ersten Jahr zu einer dunklen Wolke, die sie jeden Abend im Bett umhüllte und nur unruhig schlafen liess. Niemand wusste etwas von ihrer grossen Einsamkeit, denn sie war ein tapferes Mädchen und mochte ihre Schwäche nicht zeigen. Dank Margaretes starkem Willen und ihrem Selbstbewusstsein fand sie nach und nach in den Gleichaltrigen eine neue Familie.

Natürlich war es strengstens verboten, zueinander ins Bett zu steigen. Trotzdem schlich Verena Wirz eines Nachts, nachdem Margarete wieder einmal gezüchtigt worden war, durch die schmalen Gänge und schlüpfte zu ihr unter die klammen Laken, beide in ihrer Nonnentracht. Sie wisperte ihr ins Ohr: «Hast du schlimme Schmerzen? Du musst nicht traurig sein. Alle Mädchen bewundern dich, weisst du das? Die Cantrix ist eine vergrämte, böse Jungfer. Ich hasse sie, wenn sie so gemein zu dir ist.» Zum ersten Mal seit dem Tod ihrer Mutter konnte Margarete sich an jemanden schmiegen und sich trösten lassen. Es blieb nicht bei diesem einen Besuch, gelegentlich hielten sie sich in den Armen und wärmten sich.

Ohne zu verstehen, akzeptierte auch Margarete die gängige Meinung, dass sie nun sündhaft sei. Die Gelehrten hielten schriftlich fest: Mädchen hätten mit zwölf, Knaben mit vierzehn vermehrt den Drang zur Sünde. In stetiger Angst, diesem Bild zu entsprechen, bemühte sich Margarete, eine gute Novizin zu sein. Während die jüngeren Mädchen zwischendurch auch ein wenig Milde erfuhren, gab es für eine Novizin keine schonende Behandlung. Es war das Jahr der schlimmsten Entbehrungen, der Eignungsprüfungen und Erniedrigungen. Jedes Vergehen wurde streng gemassregelt. Margarete stellte sich vor, sie sei unter einer Eisdecke im See, unerreichbar für jeglichen Schmerz. Die wenigen Freundschaften und die heimliche nächtliche Vertrautheit halfen ihr, nicht komplett in ihre Unterwasserwelt abzutauchen. Und nach ein paar Monaten rüttelten auch wieder Wut und Trotz an ihr.

Die grosse Entscheidung nahte: Mit der Profess bestätigte sie ihren Willen, eine Braut Christi zu sein. Im Grunde genommen, hatte sie keine Wahl, weil sie sich sonst nirgendwohin wenden konnte. Das Kloster war ihr einziges Zuhause. Obwohl Margarete das Leben als Nonne verabscheute, fügte sie sich in die klösterliche Gemeinschaft ein.

Die Missgunst gegenüber den Tagesschülerinnen blieb bestehen. Anna, das brave Mädchen, das jeden Nachmittag nach Hause gehen durfte, kam ihr verweichlicht und verwöhnt vor. Im Gegensatz zu ihr selbst schien diese sich in die Bücherwelt zu stürzen, sogar in den Französischunterricht ging sie freiwillig.

Drei Jahre lang spielte sich das Leben im Kloster Oetenbach im Rahmen der traditionellen Regeln ab. Die Nonnen hielten sich an ihren Tagesablauf. Auch Margarete hatte sich in ihrem neuen Leben eingerichtet. Dank verschiedener Schlupflöcher war das Kloster erträglich geworden. Zwei- bis dreimal im Monat versteckte sie Nachrichten auf dem Abort. Mit Hilfe einer Laienschwester gelangten diese zur Magd aus Margaretes Elternhaus. So besorgte sich Margarete Informationen und Gegenstände. Sogar ein besseres Leibchen liess sie sich auf dem Markt kaufen, sodass sie nicht mehr dauernd unter dem kratzenden Tuch litt. Dank ihrer Herkunft vermochte sie sich weitere kleine Privilegien zu beschaffen, wie zum Beispiel ein grösseres Stück Fleisch in der Suppe. Geschickt baute sie ihren heimlichen Einfluss aus.

Indessen fühlte sich Anna zunehmend bedrückt, weil ihre Mutter sie unablässig bedrängte, sie müsse nun heiraten. Mit grossem Eifer suchte diese für die Tochter einen passenden Ehemann. Die Abende mit ihr wurden zur Qual. Am liebsten hätte Anna sich verkrochen, damit sie sich die eintönige Rede nicht anhören musste.

Die religiösen und gesellschaftlichen Umwälzungen kamen Anna zu Hilfe, denn innert kurzer Zeit beherrschten sie das Leben in der Stadt. Der Reformator Huldrych Zwingli war im Begriff, Zürich zu erobern. Sein Einfluss nahm stetig zu, indem er in den verschiedensten Gotteshäusern der ganzen Gegend predigte. Gleichzeitig verloren die Katholiken an Macht. Die Gerüchte, dass Zwingli sich in eine schöne junge Witwe verliebt habe und ihr den Hof mache, war Wasser auf die Mühlen der Gegner: Ein Geistlicher sollte keine solchen Begehrlichkeiten hegen, darin war sich die grosse Mehrheit immer noch einig.

Seit 1518 war Zwingli Leutpriester am Grossmünster in Zürich. Er und junge Hilfsprediger, die Prädikanten, besuchten gelegentlich die Klöster in der Stadt und Umgebung. Anna war 15 Jahre alt, als die Anhänger des neuen Glaubens auch nach Oetenbach kamen. Für die Mädchen im Kloster begann eine aufregende Zeit, denn auf einen Schlag schien ihre Zukunft nicht mehr vorbestimmt, es gab eine Alternative zum Leben im Kloster. Anna belauschte eines Tages Margarete und ihre Freundin Verena beim Mittagstisch:

«Denkst du, Zürich lässt tatsächlich alle Klöster schliessen? Ich würde mir einen hübschen Junker anlachen. Mir scheint, diese reformierten Prädikanten sind auf Brautschau, aber sie wirken alle so vergeistigt.» Margarete kicherte leise und flüsterte: «Ja, sie verdammen die Hurerei und suchen ein Töpfchen für ihren Schwengel.» Verena hätte beinah laut losgeprustet und tat, als hätte sie sich verschluckt. Zunächst, als die ersten Gerüchte über den neuen Glauben unter den Klosterschülerinnen die Runde machten, zerbrach Anna sich noch nicht den Kopf über ihre Zukunft. Das Lernen und die täglichen Arbeiten in der Nonnengemeinschaft gefielen ihr, deshalb konnte sie sich damals deren Auflösung nicht vorstellen. Erst zögerlich begann sie wie die anderen Mädchen heimlich über die ketzerischen Ansinnen zu flüstern: Die reformierten Prädikanten behaupteten, das Leben als Nonne sei eine Verschwendung. Was den einen Schwestern gefiel, bereitete den anderen grosse Sorgen. Während sich einzelne Nonnen bereits für gutaussehende Männer und ein Leben ausserhalb des Klosters begeisterten, fühlte sich Anna noch geborgen in den Strukturen, die ihr Leben bestimmten.

Hans-Ulrich, mein Vater, studierte in den 1950er Jahren Jurisprudenz in Basel. Einer seiner Freunde war Zimmerherr bei der Witwe Leonie Panizzon. Dort lernte er deren Tochter Graziella, eine ruhige, besonnene Jugendliche, kennen. – Sie hatte ein katholisches Internat besucht. Eines Samstags kam sie verstört nach Hause. Die Nonnen hatten ihr beigebracht, dass nur katholische Menschen in den Himmel kämen. Ihre Tante jedoch war durch die Heirat mit einem Protestanten konvertiert.

Mit 19 heiratete Graziella Hans-Ulrich Meyer. Ein reformierter Pfarrer schloss das Ehebündnis am katholischen Altar im Muri-Amthof unter Aufsicht von frühbarocken Heiligenfiguren und Engeln. Fortan war auch sie reformiert. Doch Religion spielte in der Familie Meyer schon lange keine Rolle mehr.

Nach jedem Besuch Zwinglis oder eines Prädikanten im Kloster Oetenbach gab es unter den Nonnen heftige Diskussionen über deren Ansichten. Hatten sie recht, dass das Nonnenleben eine Verschwendung sei? War eine Predigt auf Deutsch ebenso erfüllend wie die lateinische Liturgie? Sie erkannten den Gewinn daraus, bedauerten aber auch einen Verlust. Die Schwestern schienen Anna wie ein aufgescheuchter Bienenschwarm. Das auferlegte Schweigen wurde nicht einmal von den strengsten Ordensschwestern eingehalten. Überall standen sie in kleinen Gruppen zusammen und redeten aufgeregt durcheinander. Anna war als Auswärtige anders betroffen und hielt sich im Hintergrund. Während sie die Kräuteraufgüsse in der Siechenküche zubereitete, hörte sie eines Tages die Priorin zur Cantrix sagen: «Wir müssen etwas gegen diese Eindringlinge tun, die Neugläubigen untergraben nicht nur unsere Autorität, sondern unsere Existenz. Sie nehmen uns die Schäfchen weg. Alle schauen zu, niemand gebietet Einhalt. Ich werde sofort den geheimen Rat für ein Treffen einladen.» Geschickt stellte Anna es an, dass die Küchenmeisterin sie fragte, ob sie an jenem Abend zu Diensten sein könne. Sie wusste, dass sie als genügsame und pflichtbewusste Schwester galt, auf die sich die Meisterin gerne verliess. Noch am selben Tag wurden sie und eine ältere Laienschwester mit einer langen Einkaufsliste angewiesen: «Geht schnell, wir müssen eine festliche Tafel vorbereiten.» Anna hatte noch nie vom geheimen Rat gehört, wer mochte da gemeint sein? Was hatte die Priorin vor? Dachte sie wirklich, sie könne sich gegen die Zürcher Obrigkeit stellen?

Die Gästeliste des geheimnisvollen Abendmahls bei der Priorin in Oetenbach war eindrücklich: Kaspar und Georg Göldli erschienen in schweren Umhängen. Als sie diese ablegten, kamen weite zweifarbige Pluderhosen zum Vorschein, welche wie die Ärmel geschlitzt waren. Die darunterliegenden Beinkleider waren eng über Knie und Unterschenkel gezogen und leuchteten beim einen rot, beim andern gelb. Ihre Wamse waren mit kostbaren Knöpfen verziert. An diesem Abend sah Anna Abt Laurenz von Heidegg zum ersten Mal, er war ebenfalls weltlich gekleidet, wenn auch nicht ganz so üppig wie die Göldli Brüder. Die Herren Johannes Honegger und Doktor Burckhard aus Bremgarten kamen in langen schwarzen Roben, wie auch drei weitere Herren aus Luzern, Schwyz und Zug. Ebenfalls anwesend war Katharina von Zimmern, die Äbtissin des Fraumünsters. Sie trug ein Kleid aus einem golddurchwirkten dunkelroten Brokatstoff und einen reichen Kopfputz. Verstohlen bewunderte Anna die prächtigen Gewänder der Anwesenden. Es herrschte eine fröhlich festliche Stimmung.

Welch üppiges Mahl liess die Priorin zusammenstellen! Fünf Gänge mit je drei oder vier Gerichten wurden aufgetragen. Die erste Tafel versprach bereits viel Gaumenfreude und die farblichen Akzente wurden sorgfältig gesetzt: Augen vom Ochs in grüner Gallerte, Fischpastete, gelbe Hirse und gebratenes Huhn mit Zwetschgen. Die Gäste waren begeistert und der exzellente Wein trug dazu bei, dass sich alle wohl fühlten.

Die Priorin ordnete an, erst nach einer Stunde den zweiten Gang hereinzutragen. Dieser bestand aus zwei Fischgerichten: Gesottener Aal begleitet von gedämpften Apfelringen und Stockfisch mit Öl und Rosinen. Als Anna den Raum betrat, waren die Anwesenden in ein heftiges Gespräch vertieft. Einzelne Wortfetzen wie «Opfer» und «verhandeln» konnte sie gerade noch aufschnappen, bevor die Runde ihrer gewahr wurde und über Belangloses sprach. Nach diesen Speisen räumte die Priorin wiederum eine längere Pause ein.

Als Anna und zwei andere Schwestern eintraten, um den dritten Gang aufzutafeln, verstummte das Gespräch im Refektorium augenblicklich. Die Stimmung war angespannt und es schien Anna, als hätte die Äbtissin Katharina von Zimmern eine Träne weggewischt. Beim Anblick des Festmahls heiterten sich die Gesichter aber wieder ein wenig auf: Anna trug einen gefüllten Fasan mit buntem Gemüse hinein, zusätzlich gab es eine Teigpastete gefüllt mit Hoden vom Bock und dazu rot gefärbte Roggengrütze. Der schwere Rotwein wurde willkommen geheissen. Erleichtert wandten sich die Gäste den köstlichen Speisen zu, die Spannung löste sich langsam.

Es dauerte lange, bis Anna zum Abräumen gerufen wurde, und als sie eintrat, lag etwas Neues in der Luft. Eine Einigkeit war zu spüren, als ob eine wichtige Entscheidung gefällt worden wäre. Anna richtete die Tafel wieder her und stellte anschliessend kleine, in Schmalz gebackene Vögel mit Rettich in die Mitte, links davon das Pökelschwein in Sulz mit schwarzem Weintraubenmus und saure Gurken, rechts davon blaue Hirse mit Rosinen. Auch dieser vierte Gang wurde bewundert, die Gesellschaft war wieder zu kleinen Spässen aufgelegt.

Zum Schluss verwöhnte die Priorin ihre Gäste mit einer Lammkeule und gefüllten Birnen, dazu gab es Nusspaste und Beerenmus. Die gefüllten gebratenen Hühner mit Safran vergoldet, angereichert mit Rosenwasser, wurden kaum mehr angerührt, so satt waren alle.

Wie gerne wäre Anna den ganzen Abend hindurch unter einem Tarnmantel in einer Ecke gestanden und hätte gelauscht.

Margarete in Hermetschwil

Kurz nach dem geheimen Treffen bei der Priorin in Oetenbach entschied Kaspar Göldli, seine Tochter Margarete ins Kloster Hermetschwil im ländlichen Freien Amt zu versetzen. Dort hatten die traditionellen Länderorte Zug, Luzern, Schwyz und die Waldstätten das Sagen. Göldli wollte seine 16-jährige Tochter in einer sicheren Distanz zur Stadt Zürich und den Reformierten wissen. Die Nähe zu Laurenz, dem Abt von Muri, beruhigte den Katholiken, obwohl das Frauenkloster einen zweifelhaften Ruf hatte. Margarete hatte sich zunächst der erneuten Umsiedlung widersetzt. Wie mutig sie an jenem kalten Montagvormittag im Januar 1520 dem Boten ihres Vaters gegenübergetreten war! Anna war voller Bewunderung und wusste auch, weshalb die Gleichaltrige sich vehement wehrte. Margaretes Widerstand lag in der Hoffnung begründet, dass sie in ein bis zwei Jahren in der Krankenabteilung oder in der Küche arbeiten und die Meisterin auf den Markt begleiten könnte. Endlich wieder unter die Leute zu kommen, war ihr sehnlichster Wunsch. Hübschen, stattlichen Junkern schöne Augen machen, das Leben in sich spüren. Anna kannte Margaretes Wünsche. Weit weg von der Stadt musste für sie das Leben noch trostloser aussehen.

Margarete erkannte indessen schnell, dass ihr die neue Heimat ungeahnte Freiheiten bot. Anfangs war sie erstaunt gewesen über die Sitten in diesem Kloster, das so nah bei den streng katholischen Orten und in der Nachbarschaft der Abtei Muri lag. Die Offenherzigkeit einiger Mitschwestern, wenn männlicher Besuch aus Muri kam, verblüffte sie. Das Tuscheln und Lachen, wenn auch hinter vorgehaltener Hand, gab der jungen Frau neuen Lebensmut. Schnell lernte sie Vorschriften zu umgehen. Sie genoss die Ausflüge nach Bremgarten auf den Markt, wo sich neben den einfachen Leuten vereinzelt auch Damen und Herren in prunkvollen Gewändern zeigten. Der Bremgarter Markt war weithin bekannt. Hier deckten sich die Leute der Freien Ämter mit allem ein, was sie jahraus, jahrein benötigten: Nahrungsmittel, Stoffe, Metallwaren, Tiere und vieles mehr. Auf der Reuss wurde die Ware von Luzern hierher und weiter nach Norden geschifft; praktisch jeder Händler übernachtete in der sicheren Stadt mit der überdachten Holzbrücke und den vielen Gasthöfen. Von einfach bis würdevoll fand jeder die passende Unterkunft.

Sowohl den Kampfgeist als auch die etwas überhebliche Haltung hatte Margarete von ihrem Vater geerbt. Sie gestaltete ihren Alltag in Hermetschwil innert Kürze nach eigenem Gutdünken, ohne sich der klösterlichen Ordnung zu fügen. Bei ihren Mitschwestern verschaffte sie sich dadurch Respekt. Margaretes selbstbewusste, lebenslustige Art führte schnell zu grosser Beliebtheit bei ihren Mitbewohnerinnen. Nach nur zwei Jahren wählte die Mehrheit der Nonnen sie zur Meisterin. Selbstverständlich kam ihr dabei auch das Vermögen der Familie Göldli zugute. In dieser Stellung trug sie die Verantwortung für das Kloster und setzte die Massstäbe für die Einhaltung der Regeln. Sie hatte ihre eigenen Räume, liess sich schöne Kleider schneidern und hatte sogar eine Magd. Endlich konnte sie wieder ihre eigene Badestube geniessen.

Graziella und Hans-Ulrich waren 1962, zwei Jahre nach der Vermählung, bereits Eltern von zwei Söhnen. Walter Meyer sah ein, dass die sanitären Anlagen im Muri-Amthof, sie waren 60 Jahre alt, eine umfassende Renovation benötigten. Im ersten Stock sollte ein zusätzliches kleines Badezimmer und eine Küche für die Familie des Sohnes eingebaut werden. Eine Zentralheizung würde die alten Kachelöfen ablösen. Die junge Mutter freute sich darauf, am frühen Morgen nicht mehr mit Holz heizen zu müssen.

Das dritte Kind, ein Mädchen, kam im Frühjahr 1964 noch im Spital in Muri zur Welt, ein gutes Jahr später erfolgte meine Geburt. Vier Kinder in vier Jahren. – Die sechsköpfige Familie wohnte die folgenden Jahre in Basel. Die Wohnung war zwar enger als der Muri-Amthof, bot aber modernen Komfort. Ausserdem waren Graziellas Verwandte: Schwester, Schwager, Mutter und Grossmutter in unmittelbarer Nähe. Hans-Ulrich trat eine Stelle in einer Bank am Rheinknie an.

Erst fünf Jahre später erfolgte die Rückkehr in den Muri-Amthof.

Das Benediktinerinnenkloster Hermetschwil war der Abtei Muri unterstellt. Regelmässig kamen der Prior oder der Abt selbst, um nach dem Rechten zu sehen. Wer ausserhalb des Klosters Margaretes Lebenswandel kannte, zerriss sich den Mund über sie. Manche hätten sie am liebsten an den Pranger gestellt, weil sie dem Ansehen der katholischen Kirche schadete. Bald schreckte sie auch nicht davor zurück, Männerbesuch im Kloster zu empfangen. Dennoch, dieser Lebenswandel war nicht selbstgewählt. Wenn es nach Margarete gegangen wäre, hätte sie einen Junker geheiratet und würde statt des Klosters einen herrschaftlichen Hof führen. Die abschätzigen Blicke in Bremgarten und die peinlichen Visiten des Priors von Muri, der ihr ins Gewissen redete, nagten an ihr. Sie liess sich aber nichts anmerken.

Während in Hermetschwil der Sittenzerfall seinen Lauf nahm, änderte sich im Kloster Oetenbach das Leben rasant. Am 29. Januar 1523 schaffte Zwingli den Durchbruch. Er war der Ketzerei angeklagt worden, konnte aber die Mehrheit der 600 Anwesenden in der Disputation von seinen Thesen überzeugen. Der Zürcher Rat sprach Zwingli den Sieg zu, somit war er von der Anklage befreit. Mit diesem Entscheid schloss sich die Stadt der Reformation an.

Elisabeth Adlischwyler passten die Entwicklungen nicht, vor allem die zunehmende Papstfeindlichkeit empörte sie. «Anna», sagte sie oft zu ihrer Tochter, «diese Neugläubigen sind der Untergang unserer Stadt! Schau nur, wie sich die Gesellschaft entzweit. Unsere Männer ziehen in den Krieg für fremde Herrscher, derweil in der Heimat ein Chaos herrscht. Es ist höchste Zeit, dass du nun endlich einen anständigen Katholiken ehelichst. Seit vier Jahren suche ich mit all meiner Macht nach einem angemessenen Kandidaten. Ein Witwer wäre ideal. Ich habe da einen im Auge.» Auf einen Schlag wusste Anna, dass sie jetzt handeln musste. Mit fester Stimme kündigte sie an: «Mutter, ich habe mich entschieden. Ich werde ins Kloster Oetenbach ziehen.» Die Mutter schlug die Hände vor den Mund. Sie atmete heftig. Ungläubig starrte sie ihre Tochter an. Schnell senkte Anna ihren Blick. – Jetzt nicht nachgeben! – Sie verliess die Stube ohne ein weiteres Wort.

Anna tat diesen Schritt zu einer Zeit, als die Reformation bereits heftig an den Autoritäten der Frauenklöster rüttelte. Es war der perfekte Zeitpunkt: Dank der Unruhen rund um die Existenz der Klöster und der Flucht von vielen strenggläubigen Katholikinnen in die inneren Orte veränderte sich das Leben in Oetenbach markant. Löcherige Regeln bedeuteten neue Freiheiten. Unter anderem würde sie in der Klosterbibliothek ihren Wissensdurst stillen können. Sie war mündig und konnte sich dank ihres Erbes einen angenehmen Lebensstandard leisten. Ihr Vater hatte ja dafür gesorgt, dass sie nie aufgrund der äusseren Umstände ins Kloster gehen musste. Aber mit dem eigenen Vermögen dort zu wohnen, bedeutete für Anna, sich der Mutter zu entziehen. Erst mit den Jahren wurde ihr bewusst, wie viel Freiheit in den Schatullen, gefüllt mit rheinischen Gulden und guten Zürcher Münzen, lag. Sogar ein Haus, Silbergeschirr, Betten und weitere Haushaltsgegenstände konnte sie ihr Eigen nennen. Für den Moment war jedoch Oetenbach die richtige Wahl, unter anderem auch weil sie sich hier nicht einem männlichen Vormund unterordnen musste. Sie verliess mit 19 Jahren das mütterliche Haus und liess sich innerhalb der Klostermauern nieder. Durch den Umzug veränderte sich ihr Blick auf die vertraute Umgebung. Jede Nische erhielt eine neue Bedeutung; das war nun ihr Zuhause.

Ich bin fünf Jahre alt, als wir 1970 von Basel nach Bremgarten ins Haus meiner Grosseltern ziehen. Schon das Hausinnere ist eine Welt für sich. Meine Schwester ist ein Jahr älter als ich. Wir teilen uns das Schlafzimmer. In der Ecke steht ein Kachelofen mit einer schmalen Bank. Unsere Betten stehen weit auseinander. Vorher hatten wir ein kleines Zimmer mit Etagenbett. Das dunkle Holz der Zimmertür und ihr lautes Schloss mag ich gerne. Wenn wir es öffnen, ertönt ein metallisches Schleifen. Am spannendsten ist der dreistöckige Estrich. Dort erleben wir vier Geschwister die meisten Abenteuer. Schritt für Schritt nehmen wir ihn in Beschlag. Der grosse Garten besteht aus drei Terrassen, weit unten fliesst die Reuss.

Oft verbringe ich viele Stunden allein, während meine Geschwister in der Schule sind. Der Wächter am Tresor im Schlafzimmer meiner Eltern bietet mir Trost, er verlässt mich nie.

In den vergangenen vier Jahren hatte sich Anna neben den katholischen gelegentlich auch die Predigten der jungen reformierten Prädikanten angehört. Die Ehe sei die erste, von Gott gestiftete Ordnung. Jede Frau und jeder Mann fände in dieser Lebensform eine reine Sexualität. Ausserhalb der Ehe gebe es nur Unzucht und Unreinheit, während die Ehe sündenfrei bleibe. Vor allem könne die Frau nur in der Ehe ihrer angeborenen Aufgabe nachgehen: Das Kindergebären sei ihre heilige Pflicht. Die Reformierten vertraten die Ansicht, Mann und Weib seien einander in Liebe «Gehülfen», wobei die Frau dem Mann natürlich untergeordnet blieb. Jetzt, da sie im Kloster wohnte, fragte sich Anna, ob sie überhaupt heiraten und so in die weltliche Unmündigkeit zurückkehren wollte. Ausserdem waren ihr Zwingli und dieser Luther in Deutschland nicht sympathisch. Beide wirkten zu sehr von sich eingenommen. Der Zürcher trat zu laut und provokativ in Erscheinung, Luther wirkte zu verbissen.

Ganz anders erging es ihr mit Heinrich Bullinger. Sie begegnete ihm ein Jahr nach ihrem Umzug ins Kloster zum ersten Mal. Auch er pries die Ehe als «anthropologische Ordnung» und somit spirituelle Weiterentwicklung eines jeden Menschen. So wie Bullinger diesen Gedanken formulierte, fand sie ihn aber nicht nur schmeichelhaft, sondern auch glaubwürdig. Sie dachte da an die Studenten und Handwerksgesellen, die Mägde schlecht behandelten und regelmässig Prostituierte besuchten. Ja, manchmal erdreisteten sie sich sogar, eine Bürgersfrau oder ein Fräulein anzupöbeln. Wäre die Ehe erst einmal als moralische Pflicht für jeden Menschen festgelegt, müsste sie neu auch für alle erschwinglich sein. Vielleicht würde dieser Schritt aus manchem Junggesellen einen besseren Bürger machen. Die Realität sah zurzeit anders aus. Nur Leute mit einer festen finanziellen Grundlage konnten es sich leisten, zu heiraten und eine Familie im christlichen Sinne zu gründen.

Als der junge Prädikant Bullinger in Oetenbach auftauchte, schien er sich nicht wie andere Reformierte in erster Linie nach einer passenden Gattin umzusehen. Er wirkte beinah schüchtern. Seine feinen Augenbrauen zeichneten eine Verlängerung der langen schmalen Nase. Diese endete spitz über dem etwas kleinen, aber wohlgeformten Mund. Trotz der hohen Wangenknochen wirkte sein Gesicht freundlich warm. Den scharfen Verstand konnte man hinter seiner hohen Stirn erahnen. Schon mit 20 Jahren brachte er seine Gedanken mit einer unvergleichlichen Gradlinigkeit auf den Punkt. Er erklärte das Testament auf einfache, verständliche Weise; bei ihm wirkte das Wort Gottes tatsächlich wie Balsam. Seine Zurückhaltung gefiel ihr und ermutigte sie, sich zu informieren. Anna konnte einiges über den jungen Lehrer in Kappel in Erfahrung bringen: Es hiess, er habe erst neulich Pfarrer Frey in Wohlen vom neuen Glauben überzeugt und dabei den ehrwürdigen Dr. Johannes Burckhard in Bremgarten schrecklich erzürnt. Dass er aus der Verbindung eines Pfarrers mit dessen Konkubine stammte, konnte sie zunächst kaum fassen. Obwohl recht verbreitet, empfand Anna die uneheliche Mutterschaft in ihren Kreisen als anrüchig. Immer wieder kreisten ihre Gedanken um diesen ungewöhnlichen jungen Mann.

Kurz nach dem Übertritt Zürichs zur Reformation setzte der Stadtrat definitiv einen neuen Konventseelsorger in Oetenbach ein, der das Evangelium im reformierten Sinn verkündete. Die katholischen Predigerbrüder wurden zum Teufel gejagt. Fortan wurde die Heilige Schrift, das Evangelium, als Gottes Wort ausgelegt. Anna nahm die Veränderungen im Kloster neugierig wahr. Zu beobachten, wie die Machtstrukturen wankten, war sowohl fesselnd wie auch erschütternd. Niemals hätte sie sich vorstellen können, dass sich Erwachsene in kürzester Zeit vom Mass aller Dinge in gejagte Mäuse verwandelten. Die Reformatoren waren draufgängerisch, was Annas Charakter eigentlich nicht entsprach, dennoch beeindruckten sie diese meist jungen Männer, die mit solcher Überzeugung für etwas Neues kämpften. Was hatte Zwingli bei seiner ersten Predigt gesagt? Keine römisch-katholischen Verzerrungen sollten den Geist der

Klosterschwestern verwirren. Zürich, eine der ersten reformierten Städte der Eidgenossenschaft, halte nichts von den Sitten respektive Unsitten der Klöster. Die Nonnen und Mönche lebten meist fürstlich von den hart erwirtschafteten Erträgen der Bauern, die die Pfründe bewirtschafteten. Dies sei ein Machtmissbrauch und unchristlich.

Anna dachte schmunzelnd an Margarete Göldli; ihr hätten die Veränderungen gefallen. Der rebellische Geist, der von den Zwinglianern ausging, passte zu ihr. Schade, dass sie nicht mehr in Oetenbach sondern im luzerntreuen katholischen Hermetschwil war.

Anna und ihre Freundin Eva Straessle waren meistens im Dienst der Siechenmeisterin. Die kundige Krankenpflegerin war auch zuständig für den Kräutergarten. Die jungen Frauen genossen die Stunden im Garten, in denen sie über die Umwälzungen in der Welt sprechen konnten: Ganz Europa war in Aufruhr, als im April 1523 elf Nonnen nachts heimlich das Kloster Marienthron in der Nähe von Wittenberg verliessen.

«Eva! Stell dir vor, wie konnte das geschehen?» Aufgeregt berichtete Anna ihrer Vertrauten in der Klosterschule die aufgeschnappten Informationen. In der Stadt gab es kein anderes Gesprächsthema: «Von Entführung spricht man, da die Frauen ohne Hilfe von aussen unmöglich so schnell hätten fliehen und sich verstecken können. Die schlimmsten Strafen warten auf die Täter. Als Ketzer sollen sie nach einer peinlichen Befragung verbrannt werden. Es ist bekannt, was das bedeutet: schreckliche Folter!»

«Weiss man denn schon, wer dahintersteckt?», fragte Eva, der bei der ganzen Geschichte übel wurde. Sie konnte sich nicht vorstellen, ihr Kloster zu verlassen, dies war ihre Heimat. Ohne Verwandte hatte sie auch keine Alternative. Sie erschrak, wenn sie sich mit den zwei komplett gegensätzlichen Positionen konfrontiert sah: Die einen beharrten darauf, dass ihr Leben als Braut Christi heilig sei und von Gott gewollt, während die anderen das Gegenteil behaupteten. Sie lebte in einer Welt, in der sie vielleicht gezwungen würde, etwas zu tun, wofür sie im Nachbarort als Ketzerin gebrandmarkt, gefoltert und verbrannt würde.

Anna bringt ihr jeden Tag Neuigkeiten: «Man weiss noch nichts, aber die Vermutung liegt nahe, dass der Reformator Luther alles eingefädelt hat. Es wird gemunkelt, der Onkel einer der Nonnen habe einen Brief ins Kloster geschmuggelt mit der Aufforderung, sie und ihre Glaubensschwestern sollen sich befreien. Unterstützung sei ihnen versichert worden.»

Und tatsächlich bekannte sich ein paar Tage später Martin Luther dazu, die Chorjungfrauen und deren Verwandte ermuntert zu haben, diesen Schritt zu wagen. Seine heilige Pflicht sei es, Klosterschwestern, die nicht zu diesem Leben berufen seien, bei der Flucht zu helfen. Des Weiteren wusste Anna ihrer Freundin zu berichten, mit einer List hätten sie die ängstlichen und verunsicherten Frauen nach Wittenberg bringen können. Die Gefahr für die Entflohenen und deren Helfer sei jetzt gebannt, da der Fürst zu Wittenberg die Tat zwar verurteilt habe, aber sich ansonsten nicht einmischen wollte.

So begann in Oetenbach ein Monat später, im Mai 1523, ebenfalls eine Abwanderung von Nonnen. Ein paar Glaubensschwestern erkannten, dass sie sündig lebten, wenn sie sich nur mit halbem Herzen Jesus Christus und der Keuschheit hingaben. Deutlich hielten die jungen Gelehrten anhand der Heiligen Schrift fest: Wer sich kasteien muss, um sein Gelübde zu halten, der sei nicht für ein klösterliches Leben vorgesehen. Wenn Gott dem Menschen einen Körper mit der Fähigkeit zur Lust und dadurch zur Fortpflanzung gegeben habe, so könne dies auch keine Sünde sein. Nur die wenigsten Männer seien von Natur aus von diesem Drang befreit und dadurch für ein geistliches Dasein geeignet.

Für Frauen gab es keine Ausnahme: Die Konvente müssten, ginge es nach dem Reformator Zwingli, aufgelöst werden. Achtundzwanzig Nonnen verliessen das Kloster, um weltlich zu leben. Davon fand rund die Hälfte ziemlich schnell einen Ehegatten. Aber in Oetenbach war das Klosterleben nicht so sittenwidrig gewesen wie anderswo. Im Gegenteil, einige der Nonnen waren empört über die Anmassung der Obrigkeit, ihnen einen neugläubigen Prediger vor die Nase zu setzen. Diese Oetenbacher Klosterfrauen wollten ihr Zuhause nicht aufgeben und rebellierten gegen den neuen reformierten Konventseelsorger. Einen «Schelmenprediger» nannten sie ihn, und Benedikta, eine autoritäre Nonne, schimpfte: «Ich scheisse ihm in sein Evangelium!»

Die Reformierten beliessen es nicht dabei, den Frauen die Ehe nahezulegen. Zwingli und seine Anhänger verfolgten ein höheres Ziel. Sie wollten tatsächlich alle Frauenklöster schliessen. Die Reaktionen der Nonnen konnten unterschiedlicher nicht sein: Wie in Oetenbach kämpften die einen für ihr Recht, als Bräute Christi weiterleben zu dürfen, während andere durchaus Gefallen daran fanden zu heiraten. Die Möglichkeit, aus dem klösterlichen Gefängnis hinauszukommen, war für manche eine Erlösung, da sie nicht aus eigenem Willen dort gelandet waren oder weil sie sich das Leben als Nonne anders vorgestellt hatten.

Die Nonnen diskutierten den gesellschaftlichen Wandel heftig. Es ging um die eigene Zukunft. Die wenigsten unter ihnen hatten jedoch wirklich eine Wahl: Wer kein eigenes Geld besass, musste entweder heiraten oder Unterschlupf in einem katholischen Gebiet suchen, wo die Klöster noch erlaubt waren.

In diesem Jahr, 1523, fragten sich Bürger und Handwerksleute, Marktfrauen und Junkersgattinnen in Zürich gleichwohl wie sie die heiligen Festtage an Weihnachten verbringen würden. Würde das traditionelle Krippenspiel verboten? War das nicht auch ein Teil der Heiligenverehrung? Wie sollte Ostern nächstes Jahr gestaltet werden? In den religiösen Abläufen schien kein Stein auf dem anderen zu bleiben.

Jedes Jahr freue ich mich auf den geschmückten Christbaum und das Kerzenlicht. Es verleiht dem Wohnzimmer einen wunderbaren Glanz, die vielen Fenster erstrahlen im Schein.

Das Christkindlein ist für mich ein kleines blondes Mädchen. Wenn ich schlafe, holt es meinen Wunschzettel vom Fensterbrett. Es ist etwa gleich alt wie ich und trägt ein weisses Kleidchen.

Unterdessen waren die Lehren der Reformatoren trotz der Schirmherrschaft Muris auch nach Hermetschwil gelangt, wo Margarete seit drei Jahren lebte. Heimlich wurden Schriften der jungen Reformatoren ins Kloster geschafft und unter den Nonnen aufgeregt besprochen. Dank des Buchdruckers Froschauer in Zürich fanden die auf Deutsch verfassten Pamphlete eine weite Verbreitung.

Margarete hatte auf dem Markt in Bremgarten einen netten Mann kennengelernt. Hans German war Schuhmacher, er verkaufte und flickte die Ware mit einer guten Prise Witz. German besass neben der Werkstatt einen gepflegten Verkaufsraum und genoss ein hohes Ansehen. Den Kundinnen schmeichelte er, indem er ihre hübschen Füsse mit angemessenem Respekt bewunderte. Natürlich wusste er um seine grosse Gunst; kein anderer Händler bekam die Gelegenheit, Fussgelenke von fremden Frauen zu betrachten. In seiner Auslage befanden sich nur noch wenige Paare der langen, spitz endenden Schnabelschuhe. Die Kuhmaul- oder Entenschnabelschuhe, welche bei den Zehen breit auseinandergingen, waren zeitgemässer. Während er sehr selten reich verzierte hohe Chopinen in Bremgarten verkaufen konnte, waren die schlichten Stelzenschuhe auch hier gefragt. Dieses Schuhwerk schützte die Kleider vor dem Unrat auf der Strasse und fand allerorts einen grossen Absatz. Als Margarete eintrat, war Germans Blick wie gebannt: «Guten Tag, die Dame!» Hans ahnt sofort, dass sie die berüchtigte Meisterin Margarete Göldli ist, aber ihre stolze Erscheinung und die weltliche Kleidung liessen ihn gleich vergessen, dass sie eine Nonne war. «Was kann ich für Euch tun, schöne Frau?» Der gutaussehende Mann gefiel Margarete, auch seine direkte Art nahm sie für ihn ein. «Ihr besitzt eine ansprechende Auswahl.» Sie liess ihren Blick über die an einer Stange aufgehängten Schuhe schweifen. «Ich benötige einen guten Haus- sowie einen Tanzschuh.» Aufmunternd lächelte sie ihn an. Er schickte den Gesellen in die Werkstatt und half ihr beflissen, in die Schuhe zu schlüpfen und die Schnürsenkel zu binden. Den Hausschuh konnte er sogleich an den Fuss anpassen, aber den Tanzschuh musste er neu anfertigen. Fortan besuchte Margarete ihren Schuhmacher regelmässig und nach einem halben Jahr ging sie mit ihm zum Tanz an der Chilbi. Dort flüsterte sie ihm ins Ohr, er solle sie im Kloster besuchen kommen. Eines Nachts, nachdem er bei der kleinen Pforte in der Klostermauer Einlass gefunden hatte, und sie zusammen im Bett in der gut ausgestatteten Kemenate der Meisterin lagen, beschlossen sie die Gunst der Zeit zu nutzen. Mit dem Segen des reformierten Glaubens wollten sie eine Familie gründen. Margarete verliess das Kloster im Frühling 1523 und schritt mit 19 Jahren leichtfüssig in ein weltliches Leben. Sie heirateten ohne die Einwilligung ihres Vaters in der Kirche Sankt Peter in Zürich.

Margaretes Freiheitspläne verliefen aber schnell im Sand. Ritter Kaspar Göldli fühlte sich hintergangen und wollte den Verlust seiner Autorität durch die eigenmächtige Tochter nicht hinnehmen. Erst zwei Jahre war es her, dass er dank seiner hervorragenden Dienste im Papstzug zum Ritter geschlagen worden war. Doch jetzt bahnte sich eine heftige Auseinandersetzung in einem Soldprozess an. Er sah sich konfrontiert mit einer Klage: Einer seiner Söldner behauptete, er habe keinen angemessenen Sold für seinen Kriegsdienst erhalten. Kaspar Göldli war kein grosszügiger Feldherr, er hatte diesen frechen Bauern in der Schlacht bei Bibiocca als zu wenig tatkräftig beurteilt und darum seinen Sold gekürzt. Göldli hätte nicht gedacht, dass dieser die Dreistigkeit besass, ihn beim Gerichtshof anzuklagen. Die Gerichtsbarkeit in Zürich schaute seit der Reformation streng auf Gerechtigkeit gegenüber den Untertanen. Göldli tobte! Das Kloster zu verlassen ohne die Einwilligung des Vaters galt in den katholischen Orten als unerhört. Dass Margarete es wagte, aus dem Kloster zu flüchten und heimlich zu heiraten, konnte er nicht auf sich sitzen lassen. Welche Schmach!

Er klagte Margarete im Juni desselben Jahres in Baden an der Tagsatzung an, wo das obere Gericht über die Freien Ämter gehalten wurde. Weil die katholischen Orte den Landvogt stellten, urteilte die Tagsatzung ohne zu zögern: Als Nonne hatte sie ihr heiliges Gelübde abgelegt und sich dem Leben als Braut Christi verpflichtet. Ihr Vater Kaspar Göldli hatte mit dem Kloster einen Vertrag mit regelmässigen Zuwendungen unterzeichnet und konnte weiterhin über sie bestimmen. Die Heirat mit Hans German wurde deshalb als ungültig erklärt. Kurz nach der Rechtsprechung entriss der Weibel die frischgebackene Ehefrau ihrem Gatten und steckte die Widerspenstige zurück ins Kloster Hermetschwil. Den Reformierten eine Niederlage zuzufügen, kam der katholischen Mehrheit an der Tagsatzung sehr gelegen.

Margarete könnte schreien. Sie schwankte zwischen Ohnmachtsgefühl und unbändigem Zorn hin und her. Stundenlang schritt sie in ihrer Kammer von einer Ecke in die andere. Sie musste sich beruhigen und wieder zu sich kommen.

Veränderungen im Kloster Oetenbach

Zur selben Zeit wurde in Zürich, nur vier Stunden Fussmarsch von Hermetschwil entfernt, aus den Gerüchten zunehmend Gewissheit. Zwingli war schon im Januar der Ketzerei angeklagt worden, hatte jedoch die Disputation vor dem Rat gewonnen. Jetzt, Ende 1523, stand er zum zweiten Mal vor fast 900 Zuhörern. Wiederum überzeugte er die Mehrheit, die Bilderverehrung nicht mehr zu dulden, sie entspreche nicht dem Evangelium. Dieser Sieg liess vermuten, dass das reformierte Zürich in naher Zukunft auch in der Frage der Klösteraufhebung auf Zwingli hören würde. Viele Bewohner der Stadt hatten aber Verwandte in den Klostermauern und standen nun vor der Frage, wohin mit den obdachlosen Töchtern, Schwestern und Tanten. Zusätzlich machten sie sich noch ganz andere Sorgen: Es war Tradition, dass die Verwandten in den Klöstern für das Seelenheil der ganzen Familie beteten. So war jedes Familienmitglied mit Gott verbunden, ER würde sie beschützen. Das Wissen darum vermittelte den Menschen ein Gefühl von Sicherheit. Auch die Verstorbenen waren in diese Gebete eingebunden. Sich ihrer zu erinnern war zwingend, nur so blieben sie der Familie erhalten. Wer würde diese Aufgabe übernehmen?

Die drohende Schliessung der Klöster löste heftigen Widerstand aus. Handgreifliche Auseinandersetzungen nahmen wieder zu. Die katholische Minderheit entlud ihre Wut lautstark in den Gassen von Zürich. Der Lärm drang an Annas Ohr, wenn sie im Klostergarten Kräuter holte. In diesen Tagen verliess sie das Klostergelände nicht.

Die Reformierten wollten die neuen Gesetze schleunigst umsetzen. Die Stadtregierung legte fest, dass die Klosterfrauen keine Ordenstrachten mehr tragen durften. Solange sie ihren Unterhalt selbst finanzieren konnten und sich nützlich machten, wurden sie bis auf weiteres geduldet. So fand Anna in Oetenbach eine Unterkunft mit beschränkten klösterlichen Regeln, dafür mit etlichen Vorteilen: Sie konnte mit den verbliebenen Schwestern singen, beten und sich in der Kirche Meditationen hingeben. Die Essenszeiten waren nach wie vor geregelt. Wie anders war nun die Stimmung während des gemeinsamen Mahls, seit das Schweigegebot aufgehoben war. Die Nonnen unterhielten sich leise, aber intensiv miteinander. Sie tauschten aktuelle Nachrichten aus und blickten mit gemischten Gefühlen in ihre ungewisse Zukunft. Auch in der Bibliothek kam es vor, dass sich zwei Frauen über ein Manuskript beugten und flüsternd über eine Passage diskutierten. Noch vor Kurzem wäre dies unvorstellbar gewesen.

Nach und nach erodierte der Klosteralltag. Die Priorin und ihre engsten Helferinnen waren so sehr mit sich selbst und dem Schicksal des Klosters beschäftigt, dass sie die strikten Abläufe vernachlässigten. Anna und die anderen Nonnen konnten sich zunehmend frei, auch ausserhalb der Klostermauern bewegen.

Ein paar Monate später überzeugte Zwingli den Zürcher Rat tatsächlich, das feudale Leben hinter den Mauern nicht länger zu dulden und die Klöster in Zürich und Umgebung zu schliessen, allen voran die Frauenklöster. Die Ratsmitglieder übernahmen Zwinglis Einstellung, dass das Leben einer Nonne eine Verschwendung sei. Somit war die Ehe als heilige Pflicht und höchste Form einer fortschrittlichen Gesellschaft vom Rat anerkannt. Endlich konnten sich auch Huldrych Zwingli und Anna Reinhart im April 1524, zwei Jahre nach der heimlichen Eheschliessung, offiziell im Grossmünster trauen lassen. Die Rössliwirt-Tochter, eine Witwe mit drei Kindern, war schon vorher wegen ihrer ausgesprochenen Schönheit stadtbekannt und begehrt gewesen. Trotzdem oder vielleicht gerade deswegen gab es immer wieder nächtliche Angriffe auf das reformierte Pfarrhaus. Zweimal entkam Huldrych einem Mordanschlag.

Die letzten Nonnen erkannten, dass die Aufhebung der Klöster unwiderruflich war. Die Fraumünsterabtei, das Konvent St. Verena und das Kloster Selnau erhielten ein knappes Jahr, um den Beschluss umzusetzen. Auch die Schwestern vom Grimmenturm, Angehörige eines Laienordens, bekannt als Beginen, waren betroffen und mussten sich ein neues Zuhause suchen. In Oetenbach wurden die Frauen noch geduldet. Einige Schwestern aus den anderen Klöstern und Stiften zogen dorthin, um sich weiterhin der Kranken anzunehmen.

Traurig und auch ein wenig verzweifelt vernahmen die Nonnen Katharina von Zimmerns letzte Worte als Äbtissin des Fraumünsters: «Ich übergebe mein geliebtes Kloster samt Kirche dem Zürcher Rat, um die Stadt vor Unruhe und Ungemach zu bewahren und zu tun, was Zürich lieb und dienlich ist.» So soll sie sich von ihrem Amt verabschiedet haben. Das geheime Treffen in Oetenbach lag nun beinah drei Jahre zurück, aber das versteinerte Gesicht der Äbtissin mit noch feuchten Augen würde Anna nie vergessen. Hatte der geheime Rat damals entschieden, sie und das Fraumünster zu opfern?

Als Fürstäbtissin hatte Katharina von Zimmern auf grossem Fuss gelebt und alle Freiheiten genossen. Sie hatte sogar eine eigene Tochter im Kloster aufgezogen. Ihre zwei privaten Gemächer waren mit reichen Flachschnitzereien geschmückt. Der Bilderfries mit seinen profanen Motiven strahlte viel Lebenslust aus: Allerlei Tiere und sogar ein nacktes Menschenpaar hat sie darstellen lassen. Es sitzt von Blumenranken umgeben am Feuer bei einem grossen Topf. Das goldene Reliefband in Form von Akanthusblättern verleiht den Szenen eine festliche Leichtigkeit. Ihr eigenwilliger Spruchfries liess manchen Besucher schmunzeln:

> *driw ist ein gascht*
> *wem si wirt, der heb si fast*

Die Treue als ein flüchtiger Gast, den die Menschen festhalten sollen, passte nicht zu einem Leben, das ganz in Gottes Hände gelegt wurde. Was wollte die Äbtissin wohl damit ausdrücken? Sollte der

Spruch ihren weltlichen Lebenswandel verdeutlichen? Im folgenden Spruch kam jedoch ihr Schalk deutlich zum Vorschein:
> bin der red und bin den oren bekent man den essel
> und den toren
> item welen frouwen uibell rett der weist nit was sin
> muoter tet
> man sol frouwen loben
> es sy war oder arlogen

Dass die üble Rede über Frauen von Eseln und Toren stamme und man sich überlegen solle, was die eigene Mutter alles vollbringe, war ein verbreitetes Argument für mehr Respekt. Katharina wagte es darüber hinaus, ihre Besucher auf die Probe zu stellen: Was wollten sie über Frauen hören? Waren ihre Ohren darauf ausgerichtet, nur das Schlechte aufzunehmen, so waren sie ebenfalls Esel und Tore. Die Äbtissin gab den Herren einen gewitzten Ratschlag: Frauen solle man grundsätzlich loben, ungeachtet dessen, ob es der Wahrheit entspreche oder gelogen sei.

Ein letztes Mal stand Katharina in ihren zwei Räumen. Wehmütig betrachtete sie die kunstvollen Wände, die sie selbst in Auftrag gegeben hatte. «Meine Zeit hier ist abgelaufen.» Katharina richtete ihre Worte gedanklich an ihre Tochter, die sie in diesen zwei Zimmern hatte aufwachsen sehen. «Du bist hier in Sicherheit unter Frauen aufgewachsen. Unser kleiner Konvent hat dich liebevoll aufgenommen. Jetzt, da ich eine Familie gründe, bist du schon gross und ausgeflogen.» Sie lehnte sich an den grünen Kachelofen. «Ich bin zwar unfreiwillig ins Fraumünster gekommen, dennoch macht mir die Trennung weh, habe ich hier doch viele schöne Stunden erlebt.» Neben Würdenträgern hatte Katharina auch andere interessante Männer, wie zum Beispiel Eberhard von Reischach empfangen. Jetzt, kurz nach der Klosterauflösung würde sie ihn, den erfolgreichen Söldnerführer aus ihrer alten Heimat nördlich von Konstanz, heiraten und dieses Gemäuer verlassen. Sie erhielt eine grosszügige Leibrente und das Wohnrecht im ehemaligen Kloster.

Die letzten Jahrzehnte hatte sie als Bauherrin viel investiert, in das Kloster allgemein wie auch in ihre eigenen Räumlichkeiten. Aber ohne ihre Funktion als Äbtissin konnte Katharina ihr Zuhause der letzten 33 Jahre nicht mehr geniessen. Auch wenn ihr das Wohnrecht angemessen schien, wollte sie nicht davon Gebrauch machen. Sie freute sich auf ein Familienleben.

Kurz nach der Übergabe des Fraumünsters an die Stadt verliess auch die Priorin von Oetenbach Küngold von Breitenlandenberg ihr Kloster und suchte Exil in Luzern. Anna fühlte sich ohne sie zunächst allein gelassen. Obwohl sie deren Eifer, ihren Glauben zu beschützen, nicht teilen konnte, war sie beeindruckt vom Widerstand und den heimlichen Treffen gegen die Reformatoren, die im kleinen Haus neben der Kirche stattgefunden hatten. Die verbleibenden Schwestern waren wie sie selbst der Reformation gegenüber nicht völlig abgeneigt. Immer wieder suchte Anna nach dem Weggang der Priorin deren Räumlichkeiten auf, bis sie schliesslich dort einzog. Auch diese zwei Zimmer zeugten von einem angenehmen Leben. Das warme Holztäfer mit den wunderschönen Blumenranken am oberen Rand vermittelten Anna Geborgenheit. Sie hatte es sich angewöhnt, nach der Pflege der Kranken am Vormittag zwei Stunden am Schreibtisch in ihrem neuen Reich zu lesen und Briefe zu schreiben. Auch die Abende verbrachte sie hier im Schein ihres Talglichts. Wenn sie sich eine Bienenwachskerze leistete, hüllte sie der Duft ein, und sie war glücklich. Ungehindert konnte sie jedes erdenkliche Werk aus der Bibliothek hierherbringen, studieren und über die neue Welt nachdenken.

Die Grösseren kommen von der Schule nach Hause und haben tolle Hefte und Schulbücher. Diese locken mich an wie Schatztruhen. In unserem Wohnzimmer bedecken unzählige Bücher zwei ganze Wände. Ungeduldig warte ich darauf, dass ich lesen kann. Die Bilderbücher mit Schmetterlingen und Blumen könnte ich stundenlang bestaunen, einzelne Wörter erkenne ich schon.

Bald werde auch ich zur Schule gehen.

Das Kloster Oetenbach war berühmt für seine herausragenden Abschriften von Frauenhand, manch ein Manuskript aus Oetenbach fand seinen Weg in Männerklöster und grosse Abteien. Der Stolz auf die besondere Kunstfertigkeit, die die Dominikanerinnen über zwei Jahrhunderte pflegten und weiterentwickelten, verband die verbliebenen Bewohnerinnen. Anna liebte es, sich in der Bibliothek des Klosters völlig selbstvergessen in diese Schriften zu vertiefen. Es gab keine strenge Cantrix mehr, welche die Schlüssel verwaltete. So entdeckte Anna bald, dass sie jetzt ebenfalls Zugang zu den geheimen, unter katholischer Führung streng verbotenen Werken hatte. Eines davon hatte die wohlhabende Zürcher Familie Manesse um 1300 hier in Auftrag gegeben. Es war eine der schönsten Liederhandschriften überhaupt – die Minnelieder im *Codex Manesse* waren begleitet von zauberhaften Illustrationen. Auch in den letzten zwanzig Jahren war weltliche Literatur in diesem Skriptorium kopiert und illustriert worden. Die reichen Junkerfamilien waren gute Auftraggeber, und vor allem die belesenen Damen wollten nicht der Elite in Frankreich, England und den Stadtstaaten im Süden hinterherhinken. Es war ein Glück, dass die Nonnen solche Aufträge nicht nur ausführten, sondern manchmal auch heimlich eine eigene Kopie herstellten. Mit leuchtenden Augen blätterte Anna die Seiten im Buch *Decamerone* des berühmten Florentiner Schriftstellers Giovanni Boccaccio aus der Mitte des 14. Jahrhunderts um und verschlang die unerhörten Geschichten, genauso ging es ihr mit den *Canterbury Tales* des Engländers Geoffrey Chaucer, die um 1400 veröffentlicht worden waren. Welche derben Dreistigkeiten diese Autoren auftischten, erstaunte die junge Anna, und sie begann die Welt ausserhalb des Klosters und des elterlichen Haushalts durch diese Lektüre zu erforschen. Da kamen aufmüpfige, selbstbestimmte Frauen aus allen Schichten zu Wort. Sie unternahmen nicht nur lange Pilgerreisen, sondern hintergingen dabei auch noch ihre Ehemänner, gaben sich lebenslustig Liebschaften hin. Halb empört, halb belustigt las sie die überzeichneten Beschreibungen ihres Geschlechts. Sie konnte den Ehebruch nicht immer verurteilen, weil diesem meistens eine schlechte Behandlung durch den Angetrauten vorausgegangen war. Diese Geschichten, auch wenn sie der Unterhaltung dienten, machten Anna deutlich, wie wichtig das neu eingesetzte Ehegericht war: Die Reformierten erlaubten eine Ehescheidung als «Heilmittel» für kranke Ehen. Diesen für Katholiken undenkbaren Schritt konnte Anna nur befürworten.

Auch wenn Anna in die sinnliche Lektüre eintauchte, bewahrte sie sich indessen erbauliche spirituelle Momente. Das Kloster Oetenbach war neben dem Skriptorium auch berühmt für seine Mystikerinnen, die in ihrer *Vita* nächtliche Offenbarungen festhielten. Anna faszinierten diese höchst intimen Schriften der ehemaligen Schwestern, vor allem die *Vita* der Elsbeth von Oye, die sie im Schwesternbuch fand, half ihr, selbst eine mystische Verbindung zu Gott zu suchen. Vor dem Morgengrauen versammelte sich die geschrumpfte Nonnenschar für den nächtlichen Chor, die Matutin. Anna gehörte zu den wenigen, die sich zuweilen anschliessend in die stille mystische Ekstase begab. Sie blieb bis zur Prim, dem ersten Gottesdienst, in der Kirche sitzen, versenkte sich völlig in ihre Glaubenswelt und empfing Visionen.

Dass auch Frauen Literatur schreiben konnten, war für Anna eine verblüffende Entdeckung. Sie hatte in einer verstaubten Nische der Bibliothek *Le Livre de la Cité des Dames* von Christine de Pizan entdeckt und war fasziniert von der Klarheit der Argumentation, warum Frauen rechtschaffener als Männer seien. Es handelte sich um eine Kampfschrift, welche die Schriftstellerin im Jahr 1405 gegen den frauenfeindlichen *Roman de la Rose* geschrieben hatte. Boccaccio und Chaucer hatten sich einen Spass daraus gemacht, die Frauen ihrer Zeit als hinterlistig, durchtrieben und ihre Männer schlichtweg als einfältig darzustellen, was manchen Hetzern gerade recht kam. Anstatt sich bloss am Witz dieser Geschichten zu vergnügen, machten sich frauenfeindliche Autoren die Verunglimpfungen zu Nutzen. Ungeachtet der offenkundigen

Charakterschwächen der beschriebenen Ehemänner verurteilten sie nur die Frauen. Auf Jean de Meungs Rosenroman von 1280 aufbauend, zeichneten solche gehässigen Misogynisten noch im 16. Jahrhundert ein verachtendes Frauenbild und warnten: Das Weib sei Verführerin und die Liebe nur ein Trieb, der den Mann ins Verderben lenke. Anna musste feststellen, dass der *Roman de la Rose* noch 240 Jahre nach seiner Niederschrift allseits bekannt war, genauso die Geschichten von Boccaccio und Chaucer. Christine de Pizan hingegen kannte niemand mehr. Wenn es um die Unterschiede von Mann und Frau ging, griffen die Kleriker immer noch, auch zu Annas Zeit, auf de Meung zurück, der die Bos- und Triebhaftigkeit des Weibs beschrieben hatte. Das konnte Anna in neueren theologischen Schriften nachlesen.

Begierig verschlang Anna *Le Livre de la Cité des Dames*. Die Mauern der Stadt der Frauen bauen auf dem Selbstbewusstsein und den Tugenden auf, die de Pizan als Allegorien anspricht. So fragt Christine zum Beispiel Frau Vernunft, ob es Gott jemals gefallen habe, den weiblichen Verstand durch die Erhabenheit der Wissenschaften zu adeln. – In ihrer warmen Studierstube vertiefte sich Anna in die Antwort von Frau Vernunft:

«*Weisst du denn, weshalb Frauen weniger wissen?*» «*Nein, edle Frau – sagt es mir bitte.*» «*Ganz offensichtlich ist dies darauf zurückzuführen, dass Frauen sich nicht mit so vielen verschiedenen Dingen beschäftigen können, sondern sich in ihren Häusern aufhalten und sich damit begnügen, ihren Haushalt zu versehen. Nichts aber schult vernunftbegabte Wesen so sehr wie die Praxis, die konkrete Erfahrung auf zahlreichen und verschiedenartigen Gebieten.*» «*Edle Herrin, wenn sie also über einen aufnahme- und lernfähigen Verstand verfügen: weshalb lernen sie dann nicht mehr?*» Antwort: «*Tochter, das hängt mit der Struktur der Gesellschaft zusammen, die es nicht erfordert, dass Frauen sich um das kümmern, was (...) den Männern aufgetragen wurde. (...) Und so schliesst man vom blossen Augenschein, von der Beobachtung darauf, Frauen wüssten generell weniger als Männer und verfügten über eine geringere Intelligenz. (...) Dies alles ist jedoch mit mangelnder Bildung zu erklären (...).»* Anna las verblüfft weiter: «*(...) Die Männer behaupten, die Frauen wollten ihre Herrschaft an sich reissen und sie an Klugheit übertreffen; auf diese Weise verkehren sie das ins Böse, was viele Frauen ihnen in bester Absicht zu verstehen geben.»*

Für Anna bedeutete diese Lektüre das Tor zu einer weiblichen Welt, die sie sich nicht hätte erträumen können. Wie wenig war zu ihrer Zeit, 120 Jahre nach der Niederschrift dieses Werks, von der Frauenkraft zu spüren. Anna wollte mehr über diese Autorin erfahren, was ihr mithilfe von Odilie auch gelang. Sie hatten Briefe an Frauen in Frankreich verfasst mit der Bitte, alles über Christine de Pizan zusammenzutragen, was sie finden konnten.

Die Geschichte dieser Frau beeindruckte Anna: Als Tochter eines venezianischen Astrologen und Arztes kam sie mit vier Jahren nach Paris an den Hof des Königs. Im Alter von fünfzehn, als sie verheiratet wurde, war sie in Latein, Geometrie, Arithmetik sowie in Theologie gebildet. Ihre umfangreiche Lektüre beinhaltete alles, was ihr in französischer und lateinischer Sprache in die Hände kam. Mit 26 Jahren stand sie da mit drei Kindern, ohne Ehegatten, ohne Vater. Beide waren kurz hintereinander gestorben. Die Erbschaft war nicht klar geregelt, was finanzielle Probleme brachte. Ohne Geld konnte Christine nicht wieder heiraten. Dank ihrer guten Bildung und einem Talent für Dichtung begann sie Balladen und andere kurze Texte zu schreiben. Madame de Pizan lebte zunächst von Abschriften fremder Werke, zunehmend machte sie sich nebenbei einen Namen als kluge, eloquente Denkerin und konnte schliesslich von ihren schriftstellerischen Tätigkeiten leben. Sie widmete ihre Werke Herzögen und anderen zahlungskräftigen Mäzenen. Vom üblichen Entgelt sorgte Christine de Pizan nicht nur für den eigenen Lebensunterhalt, sondern auch für ihre Kinder, die Mutter sowie zwei Brüder. Dass in Oetenbach ein Manuskript dieser herausragenden Persönlichkeit erhalten war, zeigte die weite Verbreitung der Texte zu ihrer Zeit. In einer der Abbildungen bewunderte Anna die Schriftstellerin in deren eigenem Skriptorium in Paris. Welches Selbstbewusstsein musste diese Frau erlangt haben, dass sie ein solches Portrait in Auftrag geben konnte.

Anna vergass alles um sich, wenn sie die bunten Miniaturbilder betrachtete: Grossartige Details und reiche Goldverzierungen bewiesen, dass diese Autorin begeisterte Gönner und Gönnerinnen hatte. Sie musste jedoch auch selbst ein kleines Vermögen angehäuft haben. Kaum jemand konnte es sich leisten, den Zusammenhängen von Text und Illustration so viel Aufmerksamkeit zu widmen: Das Büchlein verzauberte sie durch die eigenwilligen Bilder. Bisher hatte Anna in erster Linie wiederkehrende christliche Motive gesehen, doch hier entdeckte sie zum ersten Mal in ihrem Leben Edelfrauen, die in ihren kostbaren Gewändern eine massive Stadtmauer bauten: Stein um Stein mit Mörtel und Spachtel. Anna erkannte in den Miniaturen verschiedene Künstlerwerkstätten anhand der unterschiedlichen Techniken. Sie war stolz darauf, in einem Kloster zu wohnen, das etwas so Grossartiges reproduziert hatte, fragte sich aber, ob die Nonnen damals den Text, den sie getreulich kopierten, wohl verstanden hatten.

🌷

Ausserhalb der Klostermauern wurden Stimmen lauter, die einen Bildersturm verlangten. Nachrichten aus der Grenzgegend nördlich vom Rhein drangen zu Anna, dass auch alle Bücher aus den Klosterbibliotheken verbrannt würden. Unter keinen Umständen durften «ihre» Schätze zerstört werden.

Als der Klosterbetrieb schliesslich im Februar 1525 von der Stadt Zürich offiziell eingestellt wurde, gab es für die Oetenbacher Bewohnerinnen nur noch wenige Anordnungen durch den Stadtrat: Sich nützlich machen und dabei keine Nonnentracht tragen. Anna kümmerte sich gerne weiterhin um Kranke und Bedürftige, auch den Kräutergarten pflegte sie liebevoll. Ansonsten genoss sie viele

Freiheiten. Weil es im Interesse der Stadt lag, möglichst viele Nonnen zu verheiraten, wurden ihnen keine Einschränkungen auferlegt. Sie durften sich frei ausserhalb des Klosters bewegen und sich unter die Bevölkerung mischen. Die Stimmung im Kloster wandelte sich dadurch nochmals stark. Weil ehemalige Nonnen aus anderen Klöstern nur noch in Oetenbach wohnen durften, kamen zwei Beginen vom Grimmenturm hinzu: Grete und Cäcilie, die Zilgy gerufen wurde. Diese passten gut zu den selbstbewussten Bewohnerinnen, denn sie alle hatten sich für dieses Leben entschieden. Die Beginen, von je her selbstbestimmt, brachten frischen Wind und neue Ideen in den Alltag. Vor allem was die Krankenpflege anbelangte, besassen sie viel Wissen und eigene Hausrezepte.

Fortan besuchte Anna regelmässig die Innenstadt, um die neuen Predigten zu hören. Sie erlaubte sich sogar beim Einkaufen über den Markt zu schlendern und die Menschen zu beobachten. Der Stadtrat machte seit der Reformation Ernst mit den Sittengesetzen, was mehr Ordnung und eine Beruhigung mit sich brachte. Der Wandel war auch sichtbar: Die Kleider der Reichen waren etwas weniger aufgeblasen und die Prostituierten verschwanden von der Bildfläche. Jedermann wusste, dass sie sich auf das Quartier beim Kratzturm beschränkten. Noch vor kurzem boten sie sich trotz Mahnungen an jeder Ecke an.

Anna schätzte ihre eigene Mündigkeit, sie hatte genug Geld und fühlte sich aufgehoben. Noch immer lag ihr die Mutter in den Ohren: «Wir suchen dir einen geeigneten Ehemann, es ist höchste Zeit. Du wirst noch eine alte Jungfer! Du solltest dir neue Kleidung leisten, die reichen zeitgemässen Stoffe würden deine hübschen blauen Augen vortrefflich zum Leuchten bringen.» Jährlich fanden die Zunftanlässe statt, wo sich die jungen Heiratsfähigen begegnen konnten. Aber Anna interessierte das nicht. Sie hatte erst begonnen, ihre Möglichkeiten zu entdecken. Frei sein wollte sie und lesen. Die Welt verstehen und an ihr teilhaben, das waren ihre Ziele.

Sie fragte sich in den letzten Jahren in Oetenbach, ob die Leute noch in die Kirche gehen würden, wenn sie dort nicht mehr mit Weihrauch und der heiligen Liturgie von ihrem schweren Alltag abgelenkt würden. Wie sollten sich die Leute geborgen fühlen, wenn ihnen das freudvoll Erhabene der katholischen Messe genommen wurde? In den neuen Predigten war es nicht mehr möglich, sich einfach hinzugeben, sich von der Welle tragen zu lassen, die vom Altar her durch das Kirchenschiff strömte: Der katholische Pfarrer verkündete Verdammnis über gottlose Ketzer und Verbrecher, er versprach Gnade für die armen Sünder, die sie alle waren, ein Aufgehen im göttlichen Licht. Nein, dieses Einlullen gab es nicht mehr, im Gegenteil, die Leute wurden direkt angesprochen und aufgefordert, sich selbst zu entscheiden: Wollten sie fasten, so konnten sie das, aber in der Schrift sei dies nicht klar festgelegt, also gab es auch kein Gebot mehr. Die Keuschheit war nur den wenigen Asketen vorbehalten, die nicht darunter litten, alle anderen waren verpflichtet zu heiraten und Kinder zu zeugen, das sei Gottes Wille. Anna befürchtete, dass manche Auslegung der Reformatoren viele Bürger überforderte: In der Ehe gab es laut den Reformierten keine Sünde, sie war rein und sollte die Sexualität in eine feste monogame Ordnung bringen. Das bedeutete, dass ein Ehemann den täglichen Beischlaf einfordern konnte. Über Luther wusste Anna, dass er diesen sogar als Bestandteil der ehelichen Pflichten von Mann und Frau betrachtete. – Politisch war der neue Glaube vielversprechend für die einfachen Leute, aber wie sah es mit dem Seelenheil aus? Auch wenn Anna sich zunehmend vom katholischen Ritus distanzierte, so vermisste sie gelegentlich das göttliche Gefühl der gereinigten Seele, das sie als Kind regelmässig nach dem Sonntagsgottesdienst überkommen hatte.

In diese Zeit des Zweifelns fiel die Öffnung des Lektoriums. Der frische Wind der Reformation in Zürich steckte Anna an, sodass sie zögernd im Juni 1525 das von Zwingli neu gegründete Lektorium besuchte. Zwinglis Ehrgeiz bestand darin, eine Hochschule für Theologie und Philosophie zu errichten. Vor zwei Jahren war das Chorherrenstift am Grossmünster in eine theologisch-philologische Professur umgewandelt worden. Hier in der sogenannten *Prophezey* sollte die Bibel öffentlich übersetzt werden. Anna liebte es, Erklärungen zu den Interpretationen zu hören. Diese neue Institution, nicht kirchlich und daher «offen für alle Interessierten aus Stadt und Land», versprach einen gesellschaftlichen Umbruch. Die Einladung richtete sich natürlich nur an Männer. Daher war der Wächter beim Portal völlig überrascht, als auch einzelne Frauen den Ausführungen lauschen wollten. Hilfesuchend fragte er die Theologen, was zu tun sei. Weil das Interesse der Besucherinnen löblich war, konnten sie ihnen den Zugang nicht grundsätzlich verwehren. Schnell musste eine Lösung gefunden werden. Den wenigen Frauen wurde erlaubt, in einer abgeschirmten Ecke stumm teilzunehmen. Anna und die anderen Zuhörerinnen waren von diesen Lesungen und Disputationen begeistert. Sie dachten dankbar an ihre heiligen Vorkämpferinnen wie Katharina von Alexandria, die Schutzheilige einiger Universitäten. Schon Anfang 4. Jahrhundert gewann sie dank ihrer philosophischen Überzeugungskraft die Anerkennung von 50 Gelehrten. Statt dem römischen Kaiser die Treue zu halten, liessen diese sich von ihr bekehren.

Hinter dem Vorhang herrschte zunächst absolute Ruhe. Doch nach ein paar Wochen lockerte sich die Stimmung und die ehemaligen Nonnen begannen aufgeregt zu tuscheln, wenn Heinrich Bullinger den Saal betrat. Erhob er seine Stimme, um einen Punkt zu klären, hörte Anna aufmerksam zu. Weder rechthaberisch noch belehrend trug er seinen Zweifel vor, sondern mit einer ungewöhnlichen Aufrichtigkeit legte er seine Gedanken dar, so entwickelten sich die Gelehrtengespräche zu einem gemeinsamen Suchen. Nach den Vorlesungen standen die Hörer in Grüppchen zusammen. Das Grossmünster, neben dem das Lektorium stand, gab einen perfekten Hintergrund ab. Der Platz über der Limmat wurde zu einem Treffpunkt der gelehrten und aufgeschlossenen Gesellschaft.

Aus sicherer Distanz beobachtete Anna Heinrich, wie er unbefangen sowohl mit Männern als auch mit Frauen sprach. Trotz des ihm vorauseilenden Ruhms strahlte er eine wohltuende Bescheidenheit aus. Während sie ihn fasziniert studierte, beschloss Anna, Heinrich Bullingers Predigt zu besuchen. Eva, die sie dieses Mal begleitete, riss sie beim Flanieren vor dem Grossmünster aus ihren Betrachtungen: «Hast du gesehen, wie klein sein Mund ist? Aber zum Küssen wären die schönen Lippen wohl geeignet», neckte sie ihre Freundin.

Anna fühlte sich ertappt und lächelte verschämt. «Aber hast du die schweren Lider über den studierten Augen gesehen? Bestimmt arbeitet er Tag und Nacht und hat bereits in jungen Jahren Kopfschmerzen», scherzte sie zurück. Schleunigst gingen sie Arm in Arm hinunter zum Fluss. Sie überquerten die Limmat auf dem Weg nach Hause ins Kloster.

Die rege Auseinandersetzung mit der Theologie spornte Anna an, sich noch anderweitig zu informieren. So kam sie nicht zuletzt dank ihrer Französischkenntnisse in Kontakt mit höchst eigenwilligen Frauen ihrer Zeit: Sie schrieb Briefe an Gebildete in Genf und Strassburg, die sich wagten, ihre Meinung öffentlich kundzutun. Idlette de Bure war die Gefährtin des berühmten Calvin. Sie stand zu ihren reformatorischen Ansichten und musste nach Genf flüchten, als sie mit Rom brach. Anna war von den Frauen in Strassburg begeistert; die meisten schrieben auf Deutsch, manche waren aber auch dorthin geflüchtet und schrieben auf Französisch oder Lateinisch. Margaretha Prüss besass eine eigene Druckerei. Niemals hätte Anna sich vorstellen können, dass eine Frau sich in diesem Beruf behaupten könnte. Vom Vater hatte Margaretha Prüss den Betrieb geerbt, und indem sie ihre Ehemänner geschickt unter den radikalen Protestanten auswählte – 1527 heiratete sie zum dritten Mal –, konnte sie mitbestimmen, was gedruckt wurde. Anna spürte die Macht, welche von dieser Möglichkeit ausging. Die Vernetzung mit diesen mutigen Vordenkerinnen beflügelte sie. Vor allem gab ihr die Tatsache, dass Frauen zusammen mit ihren Ehemännern für eine neue Gesellschaft kämpften, Mut und Zuversicht.

Auch Margarete von Navarra, die Schwester des französischen Königs Franz I., der sich klar auf die katholische Seite stellte, publizierte eine reformfreudige Versmeditation: *Dialogue en forme de vision nocturne*. Die Königsschwester liess durchblicken, dass sie Luther interessant fand, dessen Sittenstrenge ihr aber zu weit ging. Sie sprach Anna aus der Seele, wenn sie für eine persönlichere Form der Religion plädierte. Sie stellte sich eine undogmatische, mystische Beziehung zu Gott vor, die auf der individuellen sinnlichen Wahrnehmung und Empfindung aufbaute.

Die radikalste Vertreterin ihres Geschlechts fand Anna in Marie Dentière. Die Französin mit adligem Hintergrund war nach Strassburg, dann nach Genf gezogen. Als ehemalige Äbtissin hatte sie eine hervorragende Bildung genossen, sogar Hebräisch konnte sie. In einem Brief äusserte sie sich über eine kleine hebräische Grammatik für die Töchter. Sie setzte sich lautstark für die Rechte der Frauen ein. Scharfzüngig und dem Evangelium treu ermutigte sie andere Frauen, es ihr gleichzutun und «dort Führung zu übernehmen, wo Männer offensichtlich versagten». Gott habe Frauen Dinge offenbart, sie sollten sich nicht verstecken. Auch wenn es Frauen verboten sei zu predigen, könnten sie einander schreiben und sich gegenseitig ermutigen. Sie sollten aufstehen und für die Bildung von Mädchen kämpfen, nicht zuletzt, damit endlich alle Frauen die Bibel selbst lesen könnten. Anna staunte über so viel Mut. Diese neuen Freundinnen, die weit weg wohnten, ihr aber im Geist vertraute Schwestern waren, belebten ihren Alltag im Kloster. Mehrmals wöchentlich hatte sie schriftlichen Kontakt. Gleichzeitig bangte Anna um sie, denn ihre Äusserungen waren waghalsig. Die Frauen machten sich nicht nur die katholische Kirche zum Feind, sondern auch manchem reformierten Mann gefiel die Selbstermächtigung von Frauen nicht. Von beiden Seiten könnten sie als Ketzerinnen verurteilt und bestraft werden.

Die Wut der Masse, welche sich dem neuen Glauben anschloss, beängstigte Anna. Auf dem Markt schnappte sie gelegentlich Bemerkungen auf, die ihr Gänsehaut bescherten. Immer wieder hörte sie von Kirchen und Klöstern, die gestürmt wurden, und dies mit der Erlaubnis des Zürcher Stadtrats. Anna fürchtete den Tag, an dem die Meute sich auch in Oetenbach an den Büchern austoben würde. Es musste einen Weg geben, diese an einem sichern Ort zu verbergen. Sie begann, ihre liebsten Manuskripte zu sich in die ehemaligen Priorinnenräume zu tragen. Eines Abends verpackte sie sie in eine Kiste zusammen mit den heiklen Schriften ihrer Brieffreundinnen.

Im Estrich gibt es die besten Verstecke. Er ist vollgestopft mit kuriosen Sachen: Im zweiten Stock finden wir ein altes Grammophon, ein Gerät mit einer Lampe, in das wir Glasscheiben schieben und lustige Bilder anschauen können, uralte Deckenleuchten, Kinderwagen und Reisekoffer in allen Variationen. In den vielen Nischen befinden sich die merkwürdigsten Gegenstände, auch alte verstaubte Zeitschriften und Bücher liegen herum. Auf der ersten Etage gibt es zwei Zimmer der ehemaligen Bediensteten. Links von der Dachluke mit dem Flaschenzug ist noch ein Raum. Hier sind die Regale gefüllt mit weissen Seifen und Konserven. Sogar auf dem Tisch steht ein Berg von Seifenblöcken, gross wie Pflastersteine.

Seit ein paar Monaten besuchte Anna regelmässig die Predigten des jungen Heinrich Bullingers. Er schien ihr aufrichtig an einer neuen gerechteren Ordnung interessiert. So verkündete er, wie wichtig die Bildung der Mädchen und Frauen sei, weil diese ebenfalls Verantwortung für die Moral trügen. War das ein Versprechen? Seine Predigten strahlten in Annas Augen durch ihre Klarheit, sie hatten nichts mit Überlieferung, mit aufgebauschtem Schauspiel zu tun. Das liturgische Handeln der Katholiken kam ihr in diesem Licht als kindlich und zugleich missbräuchlich vor.

🌷

Heinrich war die schlanke ernsthafte Frau bereits in Oetenbach, dann nach den Vorlesungen und jetzt in seiner Predigt aufgefallen: Sie sass immer nah bei der Kanzel und ihre Aufmerksamkeit war voll auf ihn gerichtet. Ihre klugen Augen, die jeden seiner Gedanken aufzugreifen und abzuwägen schienen, drangen in sein Bewusstsein. Ihre Stirnfalte berührte ihn, spiegelte sie doch ihre hohe Konzentration, und er spürte den Drang, sie sanft glattzustreichen. Er musste sich bemühen, nicht dauernd in ihre Richtung zu schauen. In diesem Moment wusste Heinrich, dass genau sie seine Arbeit nicht nur verstehen, sondern bereichern konnte; sie wirkte intelligent und gottesfürchtig zugleich. Er hatte sie schon rund um das Lektorium beobachtet und schnell herausgefunden, wer sie war: Anna Adlischwyler, Tochter des Hans Adlischwyler selig und der Elisabeth Stadler Adlischwyler, gehörte nicht zu den Hörerinnen, die nach den Vorlesungen auf Bräutigamschau gingen. Mit ihr würde er seine Überlegungen gerne teilen. Er war sich gewiss, sie würde ihn unterstützen, sodass er seinen Geist weiterentwickeln könnte. – Abt Joner, für den er in Kappel unterrichtete, würde sich freuen. Auf dessen Geheiss hin war er nämlich nach Zürich gereist, um eine Ehegattin zu suchen. Diesen Anstoss von seinem Vorgesetzten hatte er gebraucht, um auch einmal aus der Studierstube hinauszugehen.

Für Heinrich bedeutete Denken das ganze Leben. Er wusste um die grosse Gnade, die er erfuhr: Demütig dankte er Gott für dessen Hilfe, mit der er seine Predigten und den Unterricht so einprägsam zu gestalten vermochte. Er spürte seine unerschütterliche Überzeugung im Sprechen über Gottes Wort.

Annas kurze Begegnungen mit ihm nach dem Kirchenbesuch oder auf dem Platz vor dem Lektorium beim Grossmünster hinterliessen feine Spuren. Immer wieder ruhte sein Blick auf ihrem bleichen Gesicht.

Am 30. September 1527 kam der Bote mit einem Brief nach Oetenbach. Mit pochendem Herzen erbrach sie das Siegel.

Hochverehrte Anna Adlischwyler,
Wir finden keinen Stand in der göttlichen Schrift, der mehr Verheissung hat als der Ehestand. Denn hier sehen wir, dass Gott verheisst, wie er christliche Eheleute wolle beschirmen, leiten und erziehen in der Liebe, Einigkeit und grosser Süsse des Geistes, in aller Gerechtigkeit und in seinen Geboten. Denn in diesem Stand können sich alle Tugenden üben, Glaube, Liebe, Barmherzigkeit, Hoffnung, Geduld und alle Gottseligkeit in Christus Jesus, unserem Herrn...

Sie überflog die Ausführungen Heinrich Bullingers, warum die Ehe auch für Prädikanten, für Pfarrer wie ihn, eine heilige Pflicht sei, dass die Institution der Ehe ein Grundstein für die Entwicklung der Gesellschaft darstelle und wie sie dazu beitragen könne, Zürich in eine kulturelle Stadt von hoher Bedeutung zu wandeln. All das interessierte sie in diesem Moment herzlich wenig, hatte sie doch in der Predigt bereits ausführlich darüber gehört. Und dann endlich kam er auf den Punkt: *Ich kann nicht ohne Frau leben, aber bisher hat noch keine mein Herz berührt und mein Gemüt angesprochen. Du bist die Einzige, die ich mir in den Kopf gesetzt habe,* beschwor Heinrich sie. Es gefiel ihr, dass er nicht die neuere Form der Anrede verwendete, sondern sie mit dem vertrauten «Du» ansprach. *Gott allein weiss, ob du die Richtige bist, aber mit dir möchte ich Lieb und Leid teilen.*

Damit hatte sie nicht gerechnet. Dass sie ihm gefiel, ja, dass er sie kennenlernen wollte, ja, aber dieser Satz nahm bereits einen Antrag vorweg. Handelte es sich hier tatsächlich um ein Brautwerbungsschreiben, oder täuschte sie sich?

Anna kannte das nun folgende Argument schon, aber hier hatte er es für sie niedergeschrieben und direkt an sie gerichtet:

Du bist jung, und Gott hat dir deinen Körper nicht gegeben, damit du ewig Nonne bleibst und nichts unternimmst, damit er Früchte trägt.

Ihr wurde abwechslungsweise heiss und kalt. Sie wog tausend Gedanken für und gegen eine solche Verbindung ab: Wollte sie ihre neue Freiheit wieder aufgeben? Wie lange würde sie andererseits im aufgehobenen Kloster Oetenbach noch wohnen dürfen? War sie dort sicher? Was, um Himmels Willen, würde ihre Mutter zu diesem Antrag sagen? Aber Heinrich Bullinger gefiel ihr, mit ihm könnte sie sich ein Eheleben vorstellen. Dennoch hatte sie auch die vielen Frauen vor Augen, die im Kindbett starben. Wie einseitig hatte Gott dieses Risiko verteilt!

Anna las weiter: *Meine Geschichte und Herkunft werden dir bekannt sein. Darüber verliere ich keine weiteren Worte. Wisse, dass ich frei und wohlbeleumdet bin, dass finanziell alles in Ordnung ist, meine Stelle beim Kloster in Kappel ist gesichert, und ich habe dort zwar kein nennenswertes Einkommen, aber Verpflegung und Unterkunft. Ich kann dir kein Leben in höchstem Wohlstand bieten, denn auch mein Vater ist noch zu jung, als dass ich bald mit einem Erbe rechnen könnte. Ich verkehre mit anständigen Leuten, die, wie ich, die Ehe vor Gott nicht nur schätzen, sondern als Pfeiler einer gesunden Bürgerschaft betrachten. Sei versichert, dass auch meine Eltern in eheartiger Weise sich treu ergeben sind, und dies schon bald vierzig Jahre.*

Tatsächlich wusste sie unterdessen gut Bescheid über diesen begabten und aufstrebenden jungen Prediger. Alle kannten seine Familiengeschichte. Heinrichs Vater war Pfarrer und Dekan in Bremgarten. Er war sehr beliebt, die Kirche war immer voll, auch dank seinem grossartigen Orgelspiel. Weil er aus einer wohlhabenden und alteingesessenen Bremgarter Familie stammte, genoss er Beziehungen zu Würdenträgern und wichtigen Ratsherren. Der Bischof von Konstanz schätzte ihn und akzeptierte den nicht konformen Lebenswandel. Trotz Pfarramt führte er nämlich ein glückliches Familienleben. Seine langjährige Konkubine hatte ihm fünf Söhne geboren. Diese Ungereimtheit konnte er mit einer jährlichen Busse wiedergutmachen.

Heinrich erklärte ausführlich, warum sie für ihn die Richtige war: *Meine Wahl stützt sich auf dein Reden und Benehmen. So habe ich mir mit der Zeit vorgestellt, du seiest eine Frau, in der Gottesfurcht und Zucht sei. Und auch mein grösster Reichtum ist ein Schatz, der nicht fehlen darf, dieser ist Gott selbst. So wirst auch du bei mir antreffen, was ich in dir so sehr zu schätzen weiss: Gottesfurcht.*

Er versprach ihr, auch als zunehmend berühmter Mann weder bestechlich noch eigenmächtig zu werden. Das war leider eine Ausnahme bei den wichtigen Männern ihrer Zeit. Und dann kam die Frage: *Willst du meine Frau sein?* Zum Schluss bat er sie, den Brief drei oder vier Mal zu lesen und es sich gut zu überlegen. Der Brief endete: *Bitte Gott, dass er dir seinen Willen zu erkennen gibt.*

Anna musste sich an der Wand festhalten, sie sank auf die nächstbeste Stabelle. Normalerweise setzten sich arme Bedürftige, die für Unterstützung, Pflege und Trost ins Kloster kamen, erschöpft auf die Holzstühle im Klostereingang. Doch jetzt liess sie sich mit weichen Knien darauf nieder. Sie wurde überschwemmt von Gefühlen: Freude, Scham, Angst und wieder Freude wechselten sich ab. Unzählige Gedanken rasten ihr durch den Kopf: Was würde dieser Schritt bedeuten? Jeder Bereich ihres Lebens würde auf den Kopf gestellt, sie verlor sich in hundert Einzelheiten.

Erst als sie sich wieder etwas gefasst hatte, war Anna erstaunt über die ungewöhnliche Form dieser Brautwerbung. Noch nie hatte sie von einem derartigen Schreiben gehört. Die jungen Leute lernten sich kennen, konnten sich in Gesellschaft und in Keuschheit ihrer Zuneigung versichern, und erst wenn es eigentlich für alle deutlich war, wurde im Beisein von Zeugen der Antrag gestellt. Wichtig war dabei, dass sowohl der Bräutigam als auch die Jungfer sich der Zusicherung ihrer Eltern vergewissert hatten, bevor die offizielle Handlung stattfand. Heinrich Bullinger beschritt also auch diesbezüglich neue Wege, was Anna einerseits gefiel, ihr aber zu gewagt schien. Immer wieder kreiste sie um die Frage, wie ihre Mutter dies aufnehmen würde.

Einen Monat nahm sich Anna Zeit. Sie war wie Heinrich 23 Jahre alt, nicht mehr kindlich und verträumt wie ein 15-jähriges Mädchen. Er wusste das und würde sie ernst nehmen. Anna spürte, dass er in ihr eine Weggefährtin suchte, und entschied sich, diese Verbindung einzugehen. Sie beriet sich abends mit Eva, wie sie die Zustimmung ihrer Mutter gewinnen könnte.

Heinrich schwelgte in seinem Glück und noch bevor er irgendjemandem davon erzählte, drang es ihn, gleich einen Eintrag in sein persönliches Tagebuch zu verfassen. Im *Diarium*, seinem öffentlichen Tagebuch, wollte er nur sachliche Einträge machen:

29. Oktober 1527
Mein Herz jubiliert! Meine wundervolle Anna hat mir vor zwei Tagen im Grossmünster bei einem heimlichen Treffen die Ehe versprochen. Nur sie und ich, wir haben uns gegenseitig das Ja-Wort gegeben in Zweisamkeit in der Kirche, und dies gilt vor Gott. Er ist unser Zeuge, keine andere Seele braucht es dazu. – Einen Monat hat sie mich zappeln lassen, aber jetzt ist die Antwort da. In zwei Wochen soll die Hochzeit stattfinden.

Die Freude hielt aber nur wenige Tage an. Anna nahm ihre Zusage schriftlich zurück. Er konnte ihre Not zwar aus den Zeilen herausspüren. Trotzdem erfuhr er dadurch keinen Trost. Heinrich war umso mehr erschüttert, da er von der Richtigkeit ihrer Vermählung komplett überzeugt war. Sie war gottgewollt. Das Versprechen in der Kirche war doch bereits erfolgt und somit gültig! Am Abend des 4. November, nachdem er Annas Brieflein gelesen hatte, fand er weder im Gebet noch im Studium zurück zu seiner Seelenruhe. Also vertraute er seine Gedanken wieder dem Tagebuch an:

4. November 1527
Ich bin untröstlich und kann es nicht fassen. Sollte ich alles falsch verstanden haben? Anna hat mich gebeten, sie wieder freizugeben. Sie will die Verlobung auflösen. Warum? Ihre Mutter sei dagegen, und als gute Tochter könne sie unmöglich gegen den Willen ihrer Eltern heiraten.
Aber hat Anna denn nicht begriffen, dass sich die Zeiten ändern? Nur mit mutigen Schritten, auch gegen die herkömmliche Ordnung, können wir freie Christenmenschen sein. Keinen Konventionen und keinen Ordensregeln sind wir verpflichtet, nur Gott gegenüber und seiner heiligen Schrift, die Gottes Wort ist. Und genauso wie Martinus Luther sich gegen seine Eltern gestellt hat, indem er Mönch geworden ist, so erwarte ich von meiner zukünftigen Frau, dass sie Gottes Willen über die selbstsüchtigen Wünsche ihrer Mutter stellt. Gottes Wille hat sich ihr gezeigt, als sie mir die Ehe versprochen hat. Natürlich verstehe ich, dass dies schwierig ist, und gerne möchte ich Anna ein wenig Zeit lassen. Aber weil Annas Mutter sich entsetzt hat über unsere Verbindung haben wir uns schon damit begnügt, uns in Bescheidenheit und insgeheim über die Verlobung zu freuen, ohne sie unseren Freunden mitzuteilen. Ich, ein Bastard, ein uneheliches Kind eines Pfarrers, komme für die standesbewusste katholische Frau Adlischwyler als Schwiegersohn nicht in Frage. Richtiggehend angewidert reagiert sie. Sie will eine bessere Partie für ihre Tochter und hat dies selbst gegenüber Huldrych, Zürichs wichtigstem Mann, wiederholt. Vergebens hat mein lieber Freund versucht, ihr ins Gewissen zu reden. – Was kann ich tun?

Verzweifelt reinigte er spät nachts die Schreibfeder, klappte sein Tagebuch zu und zog sich aus. Noch einmal versenkte er sich ins

Gebet, bevor er die Flamme seiner Lampe ausblies und sich ins Bett legte, wo er vergeblich auf den Schlaf wartete.

Anna wurde selten heftig, aber dies war für sie unbegreiflich. Wie konnte ihre Mutter, selbst nachdem Zwingli bei ihr vorgesprochen und Heinrich eine grossartige Zukunft vorausgesagt hatte, so stur bleiben? In den letzten Monaten ging es Elisabeth Adlischwyler zusehends schlechter. Ihre Gesundheit war angeschlagen, umso weniger konnte Anna verstehen, dass sie sich so entschieden gegen Heinrich aussprach. «Mutter, diesen Mann heirate ich oder keinen!», empörte sie sich, «aber du weisst, dass ich es nicht ohne deine Einwilligung tun kann. Niemals würde ich den Ruf der Familie Adlischwyler schädigen wollen – meinem verstorbenen Vater zuliebe», fügte sie leise an.

Die Mutter blieb bei ihrem Nein und setzte nun sogar rechtliche Mittel gegen das Paar ein mit der Begründung, die Verlobung sei illegal, weil keine Zeugen bei dem Versprechen zugegen gewesen seien. Sie betrachtete Anna immer noch als ungebunden und dachte, sie könne ihre Tochter mit einem wohlhabenden Herrn aus einer Zürcher Zunft vermählen.

Heinrich schrieb Anna, diesmal eindringlicher, er flehe sie an, sie dürfe ihn nicht lächerlich machen. Huldrych Zwingli, der nicht nur bei der Mutter vorgesprochen hatte, sondern auch bei Anna selbst, versicherte seinem Freund: «Nur die Mutter steht im Wege. Diese will ihr einen Reichen geben, aber Anna will das nicht.» Verbittert erwiderte Heinrich: «Als Tochter kann sie sich nicht wehren. Zu gut ist sie, zu wenig eigensinnig. – Huldrych, bitte unterstütze mich! Jetzt muss ich handeln, denn der Mutter traue ich alles zu. Sie wird Anna nächstens einem anderen versprechen. Ich muss unseren Fall vor das Ehegericht bringen und die Richtigkeit unserer Verlobung attestieren lassen. Bist du bereit, für mich vor Gericht auszusagen?» Neben Huldrych Zwingli bestätigte noch ein Freund, dass er Heinrichs Heiratsantrag gelesen habe und auch Annas Antwort bezeugen könne. So entschied das Gericht im Jahr 1528, dass das Paar gesetzlich verlobt sei und heiraten solle.

Dennoch war es Anna nicht möglich, ihre Mutter zu übergehen.

Mein allerliebster Heinrich, begann sie ihren Brief, *noch einmal muss ich Deine Liebe auf die Probe stellen. Mit Freude habe ich das Urteil zur Kenntnis genommen und empfinde die Richtigkeit darin aus vollem Herzen. So gelobe ich Dir auch immer die Deine zu sein. Trotzdem bitte ich Dich inständig, mir noch einmal eine Frist zu gewähren: Meine Mutter wird nicht mehr lange leben, sie leidet an Wassersucht. Ihre Arme und Beine liegen wie dicke Schläuche bewegungslos auf dem Bett. In den wenigen Monaten, die ihr noch verbleiben, möchte ich ihr eine gute Tochter sein und nicht in Schmerz und Groll von ihr scheiden. Sie kann unsere Liebe nicht verhindern, darüber ist sie sich im Klaren. Aber jetzt eine Vermählung ohne ihren Segen einzugehen, würde mich traurig stimmen, und wäre das nicht ganz gegen den Sinn dieser Feier, die wir uns innigst wünschen? In der Hoffnung auf Deine verständige Grossherzigkeit verbleibe ich, auf ewig die Deine in seliger Verbundenheit, Anna Adlischwyler.*

Heinrich konnte ihr diesen Wunsch nicht verwehren und wartete ergeben auf den Tag, an dem sie endlich seine Frau werden wollte. Seit er sich für sie entschieden hatte, fühlte er eine unerklärliche Einsamkeit. Es war, als ob sich ein Teil von ihm gelöst und erst mit Anna wieder zu ihm zurückkehren würde.

🌷 .

Anna hatte mit sich gerungen. Es war ihr schwer gefallen, Heinrich dermassen vor den Kopf zu stossen. Da war einerseits ihre kranke Mutter, mit der sie nicht im Streit liegen wollte. Anderseits ermöglichte ihr die Verzögerung aber auch, eine Lösung für die Bücher aus Oetenbach zu finden. So sehr sie sich auf die Vermählung freute, sie hatte sich vorgenommen, diese Schätze in Sicherheit zu bringen. Dafür brauchte sie noch Zeit. Als die Priorin vor vier

Jahren nach Luzern geflüchtet war, hatte sie nur die wertvollsten liturgischen Bücher mitnehmen können. Die Kleinode aus Frauenhand hatten vernachlässigt in einer hinteren Ecke der Bibliothek gestanden, bevor Anna sie unter ihre Fittiche nahm. Mit welcher Entschlossenheit sie dies tat, verwunderte sie selbst. Zum ersten Mal in ihrem Leben trug sie die Verantwortung für eine mächtige Sache, viel grösser als ihre Person. Hier in Zürich fühlte sie sich allein mit dieser gefährlichen Aufgabe, spürte jedoch, wie der Kampfgeist ihrer Brieffreundinnen auf sie übergesprungen war.

Anna verzweifelte an der mit dem neuen Glauben einhergehenden Zerstörungswut. Die Bauernaufstände der letzten Jahre zeigten es sowohl in Deutschland als auch in der Eidgenossenschaft: Die radikalen Ideen überforderten die einfachen Leute. Sie plünderten, raubten, brannten alles nieder, liessen den Adel samt Frauen und Kinder ihre aufgestaute Wut aufs Brutalste spüren. Alles im Namen der Reformation. Ein grosser Teil der einfachen Bevölkerung war begierig auf den Bildersturm, und das überall. Die erhabensten Gemälde und Skulpturen wurden ohne Sinn für deren einzigartige Schönheit aus den Kirchen und Klöstern gezerrt, verbrannt und zertrümmert. Entsetzt dachte sie an die wertvollen Bücher, die dem wilden Zerstörungsdrang schon zum Opfer gefallen waren. Für Anna war dies ein Sakrileg, ein Frevel gegen die heiligen Gegenstände, bei dem ihre Seele blutete.

Weil ihre Mutter sich nach wie vor stur gegen die Eheschliessung mit Heinrich stellte, gab ihr das nun den nötigen Aufschub, um doch noch ein Versteck für die Frauenschriften aus Oetenbach zu finden. Sie hatte einen Plan.

Wir spielen im Estrich Verstecken. Ich renne die schmale Treppe hinauf ins zweite Dachgeschoss. Kurz bin ich unschlüssig: Soll ich mich im verlassenen Taubenschlag oder im verzweigten Gebälk über der Hauskapelle verkriechen? Ich höre meinen ältesten Bruder immer noch laut zählen: …12, 13, … Der Taubenschlag ist von alten Spinnweben durchzogen. Sie hängen wie traurig verstaubte Brautschleier von der Decke: Das perfekte Versteck. Ich befürchte aber, dass die Geschwister mich hier nicht suchen werden, der Schmutz verfängt sich in den Kleidern und Haaren. Also zieht es mich ins Spitzdach über der Kapelle, wo ich leise im Gebälk herumklettere. Vorsichtig, damit ich die Glocke nicht berühre.

Die Zeit vergeht, ohne dass mich jemand findet. Ich nehme wahr, dass die anderen schon lange aufgegeben haben. Schnell mache ich mich auf die Suche nach den drei älteren Geschwistern. Ohne sie überkommt mich eine erdrückende Angst.

Bremgarten
Spielball zwischen Zürich und Luzern

Eines Abends im Jahre 1528 klopfte der Stadtschreiber Schodoler aufgeregt bei Dekan Heinrich Bullinger, dem Älteren, an die Tür des Pfarrhauses: «Du musst sofort mit mir ins Rathaus kommen, wir haben Besuch von Luzern und Zug.» Bullinger zog sich schnell den Umhang über und eilte hinter Schodoler durch die Gassen, die Treppe hinauf in die Oberstadt. Die Abgeordneten warteten ungeduldig und herrschten den Dekan an, als er durch die Tür trat: «Wir wissen, dass in Bremgarten einige Bürger die lutherischen Bücher besitzen. Wir fordern von euch, diese herauszugeben!» Zum Glück war die Reussstadt auf diese Provokation vorbereitet. Am Tag zuvor waren nämlich zürcherische und bernische Botschafter angereist und hatten den Bremgarter Rat dazu überredet, folgende Antwort zu geben: «Zürich hat uns mit schrecklichen Sanktionen gedroht, sollten wir die neuen Heiligen Schriften herausrücken. Wir können uns unmöglich dieser Gefahr aussetzen.» Bullinger bekräftigte ebenfalls, dass Zürich seine Drohung ernst meine. Die Abordnungen von Luzern und Zug wurden nach Hause geschickt, man müsse den Entscheid der Tagsatzung abwarten. So konnte sich Bremgarten geschickt gegen die Forderungen der katholischen Orte hinter Zürich verstecken. Der Rat in Bremgarten war gespalten und man wollte sich keine Feinde schaffen, darum war dies der einzige Weg, um weder katholische noch reformierte Nachbarn gegen sich aufzubringen. Sollten sich die Grossen doch selbst bekämpfen. Die Strategie ging auf, Bremgarten konnte die Verbrennung der Schriften auf dem Marktplatz knapp verhindern. Das Geplänkel ging natürlich weiter, und jedes Mal kam die Reaktion aus Bremgarten, es sei machtlos, Zürich und Bern hätten die Herausgabe der Bücher verboten.

Wenn die katholischen Orte sich in Bremgarten kein Gehör verschaffen konnten, so sollte wenigstens im Kloster Muri der Druck der Regierung spürbar sein. Die inneren Orte verlangten von Abt Laurenz von Heidegg eine Inventaraufnahme, was seit Jahrzehnten nicht mehr vorgekommen war.

Anstatt sogleich seine Besitzungen und alle Einnahmen auflisten zu lassen, unternahm Laurenz mit zwei Vögten aus Zug eine Wallfahrt zu Sankt Beatus ins Berner Oberland. Dass er versuchte, dort eine Reliquie zu entwenden, sprach sich in Windeseile herum und bewog die katholischen Orte, seine Treue nicht mehr in Zweifel zu ziehen. Nach seiner Rückkehr zog es ihn ins Amtshaus nach Bremgarten. Er konnte es kaum erwarten, seinen Freunden Bericht zu erstatten. Die alten Vertrauten begleiteten ihn begeistert auf die Jagd. Sie kannten sich alle seit Jahrzehnten und litten unter der religiösen Zerstrittenheit. Heinrich Bullinger, der Ältere, hatte einen Korb mit feiner Wurst, Brot und Wein mitgebracht. Er wollte nun die Geschichte um den heiligen Beatus noch einmal von Laurenz selbst hören und schlug vor: «Lasst uns auf der nächsten Lichtung vespern und uns Laurenz' Abenteuer anhören.» Hier im Wald fühlten sie sich sicher und konnten ungestört zusammen lachen. Laurenz liess sich auf die Decke nieder, griff nach dem Becher Wein, den Bullinger ihm hinhielt, und begann zu erzählen: «Wir kehrten am Thunersee, am Fusse des Niederhorns in einer einfachen Gaststätte ein, um dort zwei Nächte zu verbringen. Sobald wir die Pferde abgegeben hatten, sassen wir bei Bier und Speck in der Wirtsstube. Da sagte ich zu meinen Begleitern: ‹Wir müssen ein Zeichen setzen! Der heilige Beatus ist hier auf Berner Boden gefährdet. Es gibt zu viele reformierte Eiferer, die unsere Reliquien zerstören wollen. Jetzt, da wir hier sind, können wir ihn retten.› Den Vögten gefiel diese Idee und sie versprachen mir, mich zu unterstützen. Also fuhr ich fort, ihnen meinen Plan zu schildern: ‹Wir dürfen es nicht bei der Wallfahrt belassen, sondern müssen den Schädel des heiligen Beatus holen und versuchen, ihn in die katholischen Orte in Sicherheit zu bringen.›» Laurenz unterbrach sich mit einer Lachsalve. «Die Hornochsen nahmen mir ab, dass ich an ein Gelingen glaubte. Den Wirt kannten wir als einen treuen Katholiken und er besorgte uns in der zweiten Nacht einen Schlüssel zum Reliquienschrein. Heimlich schlichen wir zur Höhle hinauf. Ich gestehe euch, mein Herz hat schneller gepocht als jetzt, aber ich habe mich auch grossartig gefühlt. Wie in meiner Jugend waren meine Sinne bei dieser verrückten Tat geschärft. Aber selbstverständlich flogen wir sofort auf. Zwei Weibel der Berner Obrigkeit nahmen uns den Schädel wieder ab. Mein Ziel habe ich dennoch erreicht. Die Dreistigkeit hat mächtig Eindruck gemacht. Meine Heiligenverehrung, die ihr Reformierten nicht nur kritisiert, sondern sogar lächerlich macht, ist meinen Katholischen Beweis genug für meine Integrität. Das Vertrauen ist wiederhergestellt, die alten Inventarlisten sind ohne kritische Prüfung als in Ordnung befunden worden.» Abermals überkam Laurenz eine diebische Freude, obwohl er sich der Gratwanderung bewusst war. Auch wenn er sich offiziell streng gegenüber den Reformierten zeigte, sah er mehr Verbindendes zwischen sich und seinen neugläubigen Freunden mit humanistischem Hintergrund, während er auf einige seiner Glaubensbrüder gut verzichten könnte. Der Dekan schüttelte den Kopf, doch auch er lachte verhalten: «In welch irrwitzigen Zeit leben wir, dass solche Schelmenstreiche nötig sind, um die Obrigkeiten zu beschwichtigen?»

Als Laurenz gut gelaunt zurück in den Hof seines Muri-Amthofs kehrte, führte er die geliebten Hunde eigenhändig in den Zwinger hinter der Scheune. Auf sie konnte er sich verlassen, aber wie stand es mit seinen katholischen Brüdern? Wer war Feind, wer Freund?

Die Deutschen Doggen Zandra und Argus beschützen uns gegen Eindringlinge. Wenn sie auf die Hinterbeine steigen, sind sie weit über zwei Meter gross. Die meisten Passanten ergreifen die Flucht, auch wenn sie kurz zuvor neugierig in unseren Garten gespäht haben.

Am Abend bringen wir den grossen Futternapf hinunter zum Hundezwinger hinter der Rémise. Ich bin froh, dass ich im Winter, wenn es dunkel ist, von diesem Ämtli verschont bleibe. Im Zwinger haben wir schon riesige Ratten gesehen und manchmal höre ich auf dem Weg dorthin ein Winseln, das nicht von unseren Hunden stammt.

Während die Hunde ihre Rinderpansen mit grossem Appetit verschlangen, schaute Laurenz zufrieden in seine Zehntenscheune und den randvollen Weinkeller in Bremgarten. Über 990 Zehntenabgaben in Form von Feldfrüchten lagerten hier: Die Hurden waren gefüllt mit Randen, Rotkraut und Kohl, aber auch Hanf und Lein vom letzten Jahr warteten darauf, in Seile, Papier und Tuch verwandelt zu werden. Die Bauern versorgten das Kloster mit Erbsen, Bohnen und Gurken, und seine Speicher füllten sie jedes Jahr zuverlässig mit verschiedenen Getreidesorten, vor allem Hirse, Gerste, Grünkern, Roggen und Hafer. Die Ländereien des Klosters Muri erstreckten sich über eine riesige Fläche. In jedem Dorf gab es mehrere Bauern, die Abgaben zu entrichten hatten. Laurenz strich sich zufrieden über den Bart, es ging ihnen wahrhaftig gut trotz der schwierigen politischen Lage. Auch in der Sennerei in Muri stand das Vieh dicht gedrängt. Er war erleichtert, dass die Abgesandten der inneren Orte wieder abgereist waren und niemand mehr auf einer aktuellen Auflistung aller Güter beharrte. Erfolgreich vermied er es, Rechenschaft über versäumte Einträge ablegen zu müssen.

Unterdessen hatten die Katholischen in Bremgarten weiter an Boden verloren, vor allem weil Dr. Johannes Burkhard, einer der stärksten Verfechter des alten Glaubens, sich in verschiedene Streitigkeiten verwickelt hatte. Schliesslich sah er sich an der Tagsatzung in Baden einer Zeugenschaft von Räten aus Strassburg, dem Bürgermeister und Rat von Basel, Huldrych Zwingli und dem Gelehrten Conrad Pellikan von Zürich gegenüber. Aufgebracht und energisch protestierend gegen dieses einseitige Gerichtsverfahren, beschimpfte er alle Anwesenden als «ketzerische Bösewichte». Diese Ehrverletzung liessen Zürich und Baden nicht auf sich sitzen und verlangten die sofortige Festnahme. Die Räte in Bremgarten hielten es für unklug, ihn länger in der Stadt zu dulden, obwohl sie ihm wohlgesinnt waren. Auf Anraten von Schultheiss Schodoler brachte sich Burkhard in Sicherheit.

Während die Reformation in den Freien Ämtern an Bedeutung gewann und die Zerstrittenheit sich allerorts bemerkbar machte, war in Zürich ein wenig Ruhe eingekehrt. Annas Mutter jedoch litt unter den neuen Umständen ebenso wie an ihrer Wassersucht. Die Krankheit war dermassen fortgeschritten, dass Elisabeth zu ihrer Tochter ins Kloster zog. Noch immer war ihr die Vorstellung von Annas Heirat mit Heinrich Bullinger ein Gräuel, aber den wahren Grund dafür würde sie ihrer Tochter nie verraten. Sie erinnerte die Tochter an ihren Vater Hans Adlischwyler, der katholisch geblieben war, obwohl die Zünfte, die er verwaltete, sich zunehmend dem neuen Glauben anschlossen.

«Aber Mutter, Ihr vergesst, dass Luthers Thesen erst fünf Jahre nach Vaters Tod angeschlagen wurden und dass Zwingli sowie seine Anhänger aus den Zünften die berühmte Wurst erst im Jahr 1522 während der Fastenzeit assen.»

Es stimmte, diese zwei Ereignisse, die als Startschüsse der Reformation galten, lagen nicht weit zurück. Dennoch schien es Elisabeth Adlischwyler, als dauerte das Tauziehen zwischen den Parteien schon Jahrzehnte. Hatte nicht Hans Waldmann bereits vor 40 Jahren den Groll der Untertanen für sich nutzen können, indem er eben die Handwerkerzünfte stärkte? Er übertrug ihnen in der Stadtregierung zunehmend Macht, damit sie ihn als Bürgermeister wählten. Dann aber brachte er sie gegen sich auf, da er sich genauso selbstherrlich benahm wie die alte Herrschaft. «Die Reformierten sind wie damals Waldmann. Sie ziehen den Bauern den Speck durch den Mund, nur um selbst an die Macht zu kommen.» Trotz ihres geschwächten Zustands eiferte sich Annas Mutter: «Er tat so, als würde er zu den Unterdrückten gehören, doch anschliessend achtete er umso gieriger auf seinen persönlichen Wohlstand; einmal selbst reich, gehörte seine Solidarität nur noch den Wohlhabenden.

Immer war es sein Ziel gewesen, zu den ehrbaren Junker- und Patrizierfamilien zu gehören, in die Constaffel aufgenommen zu werden und vor allem zur wichtigsten aller Herrengesellschaften zu gehören: zu den Schildnern zum Schneggen. Du musst wissen, Anna, dort wurde die Politik gemacht, und dort wird auch heute noch vieles beeinflusst. Ich bin überzeugt, Huldrych Zwinglis Tage sind gezählt. Du weisst, wie oft er schon kleineren Attentaten entkommen ist. Wird sein Untergang aber bei den Schildnern bestimmt, dann kann ihn nichts mehr retten.» Erschöpft sank Elisabeth in ihre Kissen.

Anna hatte nachdenklich zugehört. Sie wusste, dass ihre Mutter recht hatte. Die Schildner hatten zwar die Reformation in Zürich nicht verhindern können, dennoch liefen dort viele Fäden zusammen. Sie bildeten den katholischen Kern der Stadt, ein Machtzentrum. Zürich war reformiert und akzeptierte den Wandel der Zeit. Indessen sorgten die katholischen Netzwerke im Untergrund für ein Gleichgewicht. Sie nahmen Einfluss und trugen zu Entscheidungen bei, auch wenn nicht offenkundig. So vermieden sie schlimmste Ausbrüche. Wieder einmal hatte Anna den geheimen Rat, der in Oetenbach zusammengekommen war, vor Augen. Sie vermutete, dass das Weiterbestehen der Schwesternschaft in ihrem Kloster ebenfalls auf diesen Einfluss zurückzuführen war.

Die Mutter fuhr fort: «Wenn ich sterbe, und dies wird nicht mehr allzu fern sein, führst du dein eigenes Leben. Du sollst aber wissen, dass es jemanden gibt, der dir immer wohlgesonnen sein wird: Laurenz von Heidegg, der Abt von Muri, er ist uns verbunden und wird wissen, wie er dich unterstützen kann.»

Anna musste die Frage nicht stellen, sie hatte schon erraten, dass auch Laurenz von Heidegg zu den Schildnern gehörte. Diese Information kam ihr gelegen. Nun hatte sie einen konkreten Hinweis, an wen aus der Verschwörungsgruppe sie sich mit ihrem Anliegen wenden konnte. Noch am selben Abend verfasste sie einen Brief, in dem sie den Abt um Unterstützung und höchste Geheimhaltung bat. Die Antwort liess nicht lange auf sich warten, und mit einem flauen Gefühl in der Magengegend schnürte Anna ein schweres Bücherpaket für Laurenz von Heidegg. Am nächsten Tag sandte sie einen Boten damit nach Bremgarten zum Muri-Amthof.

🌷

An den Wochenenden fuhr Heinrich nach seiner Predigt von Kappel nach Zürich, wo er seine zukünftige Frau traf. Sie verbrachten die gemeinsamen Stunden mit Spaziergängen am Ufer des Sees und genossen angeregte Gespräche. Es wurde ihnen nie langweilig, hatten sie doch so viel zu berichten über die eigenen Studien. Wobei Anna Heinrich nichts von ihrer weltlichen Lektüre erzählte. Schon nur beim Gedanken an die unzüchtigen Stellen bei Boccaccio oder Chaucer glühten ihre Ohren vor Scham. Oft trafen sie sich mit Huldrych und Anna Zwingli und freuten sich an deren Kindern. Dass Anna und Heinrich zusammengehörten war offenkundig und sie freuten sich auf die gemeinsame Zukunft mit einer eigenen Kinderschar.

Es war an einem Sonnabend im Februar 1529, als Heinrich in Begleitung von Anna wieder einmal das Elternhaus in Bremgarten aufsuchte. Die letzten Monate hatten seinen Vater, den Dekan, stärker als sonst gefordert. Er spürte, wie der Druck Zürichs auf ihn täglich zunahm; der Rat unter Zwinglis Einfluss drängte ihn dazu, sich öffentlich zum neuen Glauben zu bekennen und sich entsprechend zu verhalten. Die Reformatoren erwarteten von ihm, dass er Anna Wiederkehr heiratete und sich auch in dieser Hinsicht von den katholischen Unsitten distanzierte. Einerseits schien ihm das auch erstrebenswert, andererseits war er seit dreissig Jahren katholischer Pfarrer, mit sich und seiner Religion manchmal im Reinen, manchmal im Widerstreit, wie es sich gehörte. Für ihn war das ein normaler Zustand. Jahrhunderte lang lebten viele Kirchenmänner mit dem Widerspruch von Zölibat und Konkubinat. Wollte er mit über 60 Jahren Teil einer neuen Ordnung werden? Er erkannte, dass er eigentlich keine Wahl hatte. Die Skrupellosigkeit, mit der Rom die letzte Habe aus den Menschen presste, verabscheute er schon lange. Moralisch fühlte er sich verpflichtet, sich wie sein Sohn für mehr Integrität einzusetzen. Erst letzten Sommer hatten Zürich und Bern laut verkündet, sie würden die Neugläubigen in den gemeinen Herrschaften, also auch in Bremgarten, politisch unterstützen, sobald die Mehrheit einer Gemeinde sie um Schutz anginge. Dafür brauche es aber mutige Pfarrer, die sich als Flaggschiff vor den Bürgern zur Reformation bekannten. Nur im Fahrwasser einer solchen Führungsperson würden auch die Mitglieder der Kirchgemeinde sich öffentlich gegen die katholischen Sitten und Bräuche wenden. – Das Versprechen der zwei Stadtorte kam einer Kampfansage gleich: «Die Kleriker und das Volk müssen sich jetzt entscheiden!» Fortan waren nicht mehr die Räte ausschlaggebend, sondern die Bürger selbst. Dieser Beschluss, da waren sich alle einig, würde ein Tosen auslösen. Die bis anhin unterdrückten Neugläubigen hatten Grund zur Hoffnung. Die Glaubensrichtungen in Bremgarten hielten sich etwa die Waage. Die schwache Mehrheit der Katholiken in den Räten war durch die Ankündigung von Zürich und Bern unfähig, die Reformierten weiterhin in Schach zu halten. Deshalb wartete die Stadtregierung die Entwicklung ab, sie versuchte Neutralität zu signalisieren, um die Unruhe in der Bevölkerung nicht anzufeuern. Mit einem Übertritt würde der Dekan viele seiner Kirchgänger vor den Kopf stossen. Als gemässigter Katholik hatte er auf beiden Seiten Freunde. Wollte er, Heinrich Bullinger, der Ältere, nun wirklich diese Flotte anführen?

In der Primarschule muss ich die Frage, welcher Religion ich angehöre, beantworten: Es gibt «protestantisch», «katholisch» oder «jüdisch». Ich frage zuhause, wo ich das Kreuzchen machen muss. Mein Vater löst mein Problem: «Wir sind «protestantisch» oder «reformiert», das ist dasselbe.» Meine Mutter schweigt, meine Eltern haben noch nie mit mir über Religion gesprochen.

Im Pfarrhaus sassen die Eltern mit Anna und ihren Söhnen Heinrich und Johannes um den schweren Tisch. Die Butzenscheiben liessen noch ein wenig Abendlicht in die Stube. Es tauchte den getäfelten Raum in einen freundlichen roten Schimmer.

«Die Zeit ist gekommen», setzte der Hausvater an. «Bei meiner nächsten Predigt werde ich mich öffentlich für die Reformation aussprechen und mich zum neuen Glauben bekennen.» Heinrich wollte aufspringen und seinem Vater gratulieren, aber dieser hob die Hand leicht an und fuhr mit ernster Miene fort: «Ich habe mir diesen Schritt lange überlegt. Jetzt möchte ich ihn wagen. Aber der Aufruhr wird riesig sein, und die treuen katholischen Kirchgänger werden mir und auch euch die Hölle heiss machen. Darum ist es mir wichtig, dass ihr gewappnet seid.»

Anna Wiederkehr, seine treue Gefährtin, hatte schon oft mit ihm über diese Entscheidung gesprochen. Sie drückte ihm ermutigend die Hand. «Bereits letzten Herbst haben wir das Entsetzen in der Bevölkerung gespürt, als das Gerücht umging, die Zürcher würden sich der Reussstadt bemächtigen. Jetzt fordern die zwei Orte Zürich und Bern gemeinsam, dass die evangelischen Minderheiten in den katholischen Regionen beschützt werden. Dennoch müssen wir alles für eine Flucht vorbereiten. Ich bitte euch, von nun an nicht mehr nach Bremgarten zu kommen, bis wir gewiss sein können, dass niemandem aus der Familie etwas geschehen wird.» Johannes war neu Pfarrer in Birmensdorf, nahe bei Zürich, und Heinrich war in Kappel ebenfalls sicher. Er stand direkt in der Obhut von Wolfgang Joner. Der ehemalige Abt und sein Konvent hatten das Kloster vor zwei Jahren an die Stadt Zürich übergeben.

Heinrichs Mutter war schon immer standhaft ihren eigenen Weg gegangen. Es kam ihr vor, als ob die Welt in diesen Tagen aus den Fugen geriete. Die fünffache Mutter wollte der aufkeimenden

Angst keinen Raum geben. Sie war von der Kraft der wahren Liebe und Barmherzigkeit überzeugt, die sich ihr im Zusammensein mit den Söhnen offenbarte. Die zwei Prädikanten stellten ihr Leben in den Dienst einer Vision, und Anna Wiederkehr wusste, dass die Männer der Familie Bullinger ihre Gemeinden mit Verstand und väterlicher Fürsorge leiteten. Stolz blickte sie auf ihre zwei Söhne. Es war ihr bewusst, dass sie, die regelmässig Abgeordnete der Tagsatzung, aber auch den Bischof von Konstanz und andere wichtige Persönlichkeiten bewirtete, ihnen als unerschütterliches Fundament vorkommen musste.

«Lasst uns versuchen, mit Zuversicht in die Zukunft zu schauen, wir haben schon andere schwierige Phasen überlebt. Denkt nur an eures Vaters und meine Vergangenheit.» Anna Wiederkehr richtete ihre Worte zunächst an alle, schaute dann aber in Annas Richtung. Lächelnd fuhr sie fort: «Du musst wissen, wir waren sehr waghalsig in unserer Jugend. Unter keinen Umständen hätten wir uns trennen lassen. Meine Eltern hatten die grosse Mühle in der Unterstadt dem Kloster Hermetschwil abgekauft und waren mit uns Kindern von Dietikon hierhergezogen.»

«Ja, das Kloster Hermetschwil war wieder einmal in Geldnot und musste seine guten Häuser verkaufen», ergänzte der Vater, überliess das Wort aber gleich wieder seiner Frau.

«Heinrich und ich waren so verliebt, dass wir miteinander davonliefen.» Verschmitzt grinste sie die zukünftige Schwiegertochter an. «Mein Vater war sehr wohlhabend und Mitglied des Rats. Dass seine Tochter mit einem Pfarrer in sündigem Konkubinat leben wollte, kam für ihn nicht infrage; und erst meine Brüder, sie waren fuchsteufelswild. Alle drei schworen meinem Heinrich Rache und drohten ihm mit dem Tod. Uns blieb kein anderer Ausweg, als immer weiterzuziehen, weil meine Familie uns verfolgte. Mein liebster Mann predigte in vielen verschiedenen Gemeinden.» Nachdenklich hielt Anna Wiederkehr inne. Sie hatte etwas Ermunterndes sagen wollen, doch an diesem Punkt ihrer Erzählung wurde sie doch traurig. Niemals würde sie mit ihren Brüdern Frieden schliessen können, obwohl sie diese als Kind innig geliebt hatte.

Der Dekan schloss die Geschichte ab: «Doch dann starben deine Brüder im Fremdendienst, und wir konnten endlich in die Heimat zurückkehren.» Die Söhne waren vertraut mit dem abenteuerlichen Leben ihrer Eltern, aber auf die Besucherin hinterliess dieser Teil der Familienchronik einen umso stärkeren Eindruck. Aus Liebe hatte sich die junge Anna gegen ihre ganze Familie gestellt, viele Jahre befanden sie und Heinrich sich auf der Flucht, und das vor bald 40 Jahren.

Anna Adlischwyler blickte zaghaft zu ihrem Verlobten; er zeigte wahrlich viel Geduld mit ihr. Schnell richtete sie das Wort an ihre Gastgeberin: «Erzählt weiter. Wie ist es euch hier ergangen?»

«Als Leutpriester hat mein lieber Heinrich hier schnell wieder Fuss gefasst. Die Bremgarter kannten ihn ja, seine Familie hatte seit 200 Jahren einen guten Ruf. Das Bullinger-Haus Zum Wilden Mann war seit je her Treffpunkt wichtiger Machtträger.» Wieder an ihre Söhne gewandt, fuhr sie fort: «Sogar mit dem Bischof zu Konstanz ist euer Vater befreundet.»

Heinrich, der Jüngere, griff den Faden auf: «Oh ja, die nächste wagemutige Tat hätte euch auch Kopf und Kragen kosten können, hätte der Bischof euch nicht beschützt.»

Und er wandte sich an seine Braut: «Ich weiss nicht, ob diese Geschichte in Zürich noch bekannt ist, aber hier wird sie nie vergessen werden. Ich war damals 15 Jahre alt und kam von Emmerich, wo ich studierte, zu Besuch nach Hause. Es war im Jahr 1519, da kam der Ablassprediger Bernhardin Sanson nach Bremgarten. Arme wie reiche Bürger, darunter viele Frauen, glauben ja heute noch an diesen Betrug. Damals kauften die Menschen sich gerne beim Ablasshändler Sanson göttliche Vergebung für ihre Sünden, und häufiger noch für die Sünden ihrer nächsten Verwandten, die schon gestorben waren. Ich verstehe nicht, wie sich diese Lüge bei den Katholiken aufrechterhält», ereiferte sich der junge Prädikant.

Auch Anna war sich dieses Missbrauchs der Gutgläubigkeit bewusst. Sie hatte in ihren Klosterjahren selbst traurige Geschichten miterlebt: Die Vorstellung, dass die Verstorbenen ewiglich im Fegefeuer gemartert würden, war für manche gute Tochter, manchen guten Sohn unerträglich. Alle wollten sie, wenn nicht für Jahrhunderte, so doch wenigstens für ein paar Monate Befreiung von den Todesqualen erkaufen. Auch viele Altgläubige teilten die Kritik am Ablasshandel. Für manche Geistliche hatte die Tatsache, dass sich der Papst damit seine neuen Prunkbauten in Rom finanzierte, den letzten Anstoss für ihren Übertritt gegeben. Er spaltete die Kirche. Heinrich fuhr fort: «Die Zürcher Regierung hat den Ablassverkauf zum Glück verboten. In dieser Sache haben wir uns Reformatoren mit den aufgeschlossenen Katholiken in der Stadt geeinigt. Sanson hatte sich also mit den Dokumenten in Rom eingedeckt und sie mit dem päpstlichen Siegel versehen lassen. Mit Hilfe des Bremgarter Ratsherrn Honegger wollte er die Ablassbriefe für viel Geld verkaufen. Als der Handel stattfinden sollte, trat unser Vater den Herren vor der Kirche entgegen und verweigerte ihnen den Zutritt.»

Der Dekan schmunzelte ob der feurigen Beschreibung dieses Ereignisses durch seinen Sohn. Begeistert erzählte Johannes weiter: «Ich war so stolz auf unseren Vater! Die zwei Oberkatholiken hier in der Stadt, Prädikant Niklaus Christen und Schultheiss Honegger, hatten diesen Sanson eingeladen, bestimmt hatten sie sich schon die Hände gerieben bei der Vorstellung ihres Anteils an den Einnahmen.» Johannes schlug mit der Faust auf den Tisch und strahlte über das ganze Gesicht.

Der Dekan sagte bescheiden: «Wenn eure Mutter sich für ihre Überzeugung gegen die eigene Familie stellt, wie feige wäre ich dann, wenn ich mich bei einer solchen Anmassung gegenüber Gott und einer derartigen Skrupellosigkeit den Mitmenschen gegenüber nicht auch wehrte. Sie war mir immer Vorbild, dank ihr fand ich den Mut, mich gegen die päpstliche Autorität und die Bremgarter Stadtobrigkeit zu stellen. Da der Bischof von Konstanz die Ablassbriefe nicht beglaubigt hatte, waren sie für mich nicht rechtskräftig. Als Leutpriester unterstehe ich direkt meinem Bischof und hatte Glück, dass der mir wohlgesinnt war. Sanson bekam einen roten Kopf, ich sei eine ‹Bestia›, brüllte er und drohte mit Konsequenzen. Doch noch gleichentags reiste ich nach Zürich und berichtete sowohl den Abgesandten des Bischofs, die zufälligerweise vor Ort waren, als auch dem frisch in der Stadt eingesetzten Huldrych Zwingli den Vorfall. Natürlich war der begeistert. Er meinte, ich hätte gut daran getan, meine Schäfchen vor dem Wolf zu beschützen. Ich solle nur so fortfahren. Nicht nur Zürich zeigte sich kritisch gegenüber den Praktiken der römischen Kirche, auch im erzkatholischen Luzern gab es Stimmen, die sagten, der Ablasshandel würde die Religion Christi gänzlich vernichten. Den Kirchenbann, mit dem Sanson mich in Bremgarten belegt hatte, musste er kurz darauf wieder aufheben, da die Eidgenossen intervenierten.»

Die Runde im Pfarrhaus lachte ausgelassen. Wie gut taten solche Geschichten, die bewiesen, dass einzelne Menschen etwas bewirken konnten.

Die beiden Söhne versprachen ihren Eltern, sich von der Reussstadt fernzuhalten. Zum Abschied umarmte Heinrich seine Mutter: «Es wird alles gut. Ich bin mir sicher, dass Vater das Richtige tut.» Sie vertrösteten sich darauf, dass sie in einer Woche Gewissheit haben würden, wie die Stadt auf Dekan Bullingers Konversion zum neuen Glauben reagierte.

Abends im Bett kehrten Anna Wiederkehrs Gedanken wehmütig zu ihrem dritten noch lebenden Sohn. Hans Bernhard konnte nur Gott beschützen. Er hatte ihnen schon in der Jugend am meisten Sorge bereitet. Seine Zügellosigkeit verursachte manchen Ärger. Derzeit befand er sich im Kriegsdienst in Österreich und würde vermutlich bald gegen die Türken kämpfen müssen. Das Osmanische Reich drang erfolgreich gegen Westen vor. Von Ungarn her bedrohte es Österreich. Der geschwächte Widerstand durch das deutsch-österreichische Heer war dem Zerwürfnis innerhalb der Christenheit geschuldet. Menschen, die sich 1500 Jahre als Brüder gesehen hatten, waren nun völlig zerstritten. Der Kaiser des Römischen Reichs Deutscher Nation hatte Luther und seinen Anhängern, zu denen viele deutsche Fürsten mit grossen Ländereien gehörten, wiederholt mit einem Armee-Einsatz und dem Ketzertod gedroht. Darum schickten die Reformierten keine Unterstützung gegen den türkischen Feind, sie waren sogar froh um die Invasion von Osten. Sie klammerten sich an die Hoffnung, dass die Kämpfe mit den Osmanen das deutsch-österreichische Heer schwächten. So könnten die Katholiken keinen weiteren Krieg im eigenen Land verkraften. Es war zum Verzweifeln, denn die Osmanen und deren berüchtigte Vorhut galten als das grausamste Heer überhaupt. Ihnen ging der Ruf voraus, dass sie erbarmungslos plünderten, vergewaltigten und versklavten. Ausserdem schlossen sich ihnen auch noch Tataren an, die wegen ihrer unvorstellbaren Brutalität genauso gefürchtet waren. Einen solchen Feind konnte, nein durfte man niemandem wünschen. Sich ausmalend, wie der eigene Sohn solcher Gewalt ausgesetzt war, trieb Anna Wiederkehr manchmal nachts, wenn sie vergeblich den Schlaf suchte, beinahe in den Wahnsinn. Sie war froh, dass Johannes dem Solddienst vor einem Jahr den Rücken gekehrt hatte. Verletzt war er nach Hause gekehrt.

Abt Laurenz hatte soeben die Abtwohnung in Muri betreten, als er eine Notiz von seinem Freund in Bremgarten erhielt. Bullinger liess ihn wissen, er wolle am kommenden Sonntag in der Kirche öffentlich den neuen Glauben annehmen. Laurenz musste nicht lange überlegen: Er machte sich sofort auf, um für ein paar Tage in Bremgarten zu verweilen. Aus seiner langjährigen Tätigkeit als Mann im Hintergrund wusste er, wann er wo sein musste, um die Geschehnisse mitzubestimmen. Er galt als treuer Katholik, dennoch zeichnete ihn seine Mitgliedschaft bei den Schildnern auch als kompromissbereiten Politiker aus. In dieser Funktion konnte er auf beiden Seiten Einfluss nehmen.

Die Konsequenzen waren radikal: Noch während der Predigt standen Schultheiss Honegger und andere Führer der Altgläubigen auf und verliessen lauthals schimpfend die Kirche, Bullinger sei ein alter blinder Schelm. In der überstürzt einberufenen Ratsversammlung wurde der Dekan seines Amts enthoben. Es war klar, er und Anna Wiederkehr mussten Bremgarten unverzüglich verlassen. Sie packten das Allernötigste auf einen vierrädrigen Wagen, auf dem auch Anna Wiederkehr Platz fand. Sie hielt die Zügel der zwei Zugtiere in den Händen, während Heinrich rechts von ihr auf seinem stolzen Pferd, einem Fuchs mit Blesse aus der Zucht des Klosters Einsiedeln, sass. Bei unzähligen Jagdausflügen hatte er sich auf die treue Stute verlassen können. Heute würde sie ihn sicher über den Hügel nach Zürich tragen. Frühmorgens zogen sie durch das Stadttor, über den Sädel, um in die reformierte Stadt zu gelangen. Es war lange her, dass sie so mit Sack und Pack auf der Strasse waren, aber die Erfahrungen von früher halfen Anna, mutig in die ungewisse Zukunft zu blicken. In der Limmatstadt boten ihnen die Zwinglis Unterschlupf. Von dort aus versuchte Heinrich mit Unterstützung des Zürcher Rats seinen letzten Trumpf auszuspielen. Zwei Boten wurden nach Bremgarten gesandt: Die ganze Gemeinde müsse über sein Verbleiben entscheiden, denn sie habe Bullinger die Pfründe, die Ländereien, verliehen, nicht der Bremgarter Rat. Die Stadtregierung blieb aber stur. Der Dekan sei schuldig an einem Verbrechen; als Pfarrer den Glauben zu wechseln und die Bürger in einer katholischen Kirche von der Kanzel zum selben Schritt zu überreden, sei hier in einem katholischen Gebiet genauso wie in Zürich nicht nur strafbar, es sei sogar ein Kardinalverbrechen. Die Gemeindeversammlung habe in einem solchen Fall nichts zu melden.

Unser langer, dunkler Flur mit dem schweren Eichenportal am anderen Ende wirkt wie ein geschlossener Tunnel. Unsichtbare Hände halten mich zurück. Aber meine Mutter steht bereits beim Ausgang, sie hat den Riegel des alten Schlosses aufgeschoben. Licht durchflutet den Gang, sobald das massive Portal geöffnet ist. Ich blicke in den hellen Turm. Wie in einem Schneckenhaus windet sich die Treppe hinunter, schliesslich gelange ich nach draussen auf den bekiesten Hof und trete durch das gusseiserne Gartentor.

Heinrich, der Ältere, fühlte sich in seinem Exil nutzlos, er war todmüde. Die Enttäuschung über den Bremgarter Rat erdrückte ihn beinah. Obwohl er diese Reaktion insgeheim befürchtet und darum auch seine Entscheidung lange hinausgezögert hatte, schien sie ihm noch vor einer Woche unvorstellbar. Über zwei Jahrzehnte hatte er seine Kirchgemeinde mit Liebe und Demut geführt. Er war überzeugt gewesen, dass sie sich erfolgreich hinter ihn stellen würde. Die Familie Bullinger hatte nicht vorausgesehen, wie gefährlich sich die Situation entwickeln konnte. Würden die Traditionalisten, die strengen Papstanhänger in Bremgarten die Oberhand gewinnen, dann würde sogar die Todesstrafe gefordert.

Ein Bremgarten, das sich offen gegen Zürich stellte, war neu. Die Abgesandten der Limmatstadt waren dem feindlichen Rat gegenüber hilflos, sie fühlten sich an der Reuss bedroht. Bremgarten kannte keinen Halt mehr, die katholischen Kräfte bündelten sich und reizten Zürich zusätzlich: Der Rat höhnte, die beiden Städte könnten die Sache auch vor dem Bischof oder der Gesamtheit der eidgenössischen Orte austragen. Auch wenn der Bischof für Bullinger freundschaftliche Gefühle hegte, konnte er dessen Übertritt zur Reformation unmöglich dulden. Ebenso klar würde die Übermacht der katholischen Orte in der Eidgenossenschaft dem Bremgarter Rat zum Sieg verhelfen. So schnell sie konnten, zogen die Zürcher Boten ab und brachten diese Nachricht zurück in die Limmatstadt. Sie wirkten ratlos. Verängstigt baten sie um weitere Instruktionen, denn in Bremgarten habe sich ein unüberwindbarer Graben geöffnet zwischen den zwei Glaubensrichtungen. Die reformierten Bürger hätten sie als Abgesandte von Zürich unter Tränen gebeten, vor Ort zu bleiben, weil sie Angriffe befürchteten. Sie meinten, die Regierung habe bereits nach Verstärkung in den katholischen Orten Zug und Luzern geschickt, die Lage in Bremgarten spitze sich täglich zu.

Noch im selben Monat, Februar 1529, überschlugen sich die Ereignisse. Die Kirchgemeinde in Bremgarten nahm es dem Rat übel, dass sie zu Bullingers Absetzung nicht befragt worden war, obwohl Zürich dieses Vorgehen verlangt hatte. Die Flucht des Dekans und die drohende Strafe nach seiner öffentlichen Bekennung zum neuen Glauben löste eine heftige Sympathiewelle aus. So erhielten die Neugläubigen in der Reussstadt starken Zuwachs. Viele Bürger hatten die Kirche in erster Linie wegen Bullingers Predigten besucht. Er war ihr Seelenvater. Deshalb brachte sein Übertritt einige ins Schwanken. Wer bis dahin dachte, die Entscheidung könne umgangen werden, sah sich eines Besseren belehrt. Jede Familie, ja jede Person musste nun klar Stellung beziehen: neuer oder alter Glaube? Damit hatten die konservativen Katholiken nicht gerechnet. Während das Tauziehen kriegerische Züge anzunehmen drohte, rangen einige Mitglieder des Stadtrats um einen unblutigen Ausweg. Mit allen Mitteln wollten diese sowohl Reformierte als auch Katholiken beruhigen. Der Abt von Muri versuchte zu schlichten, indem er eine tolerante Haltung vertrat und die versöhnlichen Ratsmitglieder stärkte. Dadurch spalteten sich die Anhänger des alten Glaubens; nicht alle wollten den Sieg um jeden Preis. Schliesslich einigten sie sich: Jeder Bürger sollte frei sein, den Glauben zu wählen. Doch wie würde die Predigt in der Stadtkirche gehalten werden? Die Regierung hielt an den alten Zeremonien, also an der katholischen Messe mit ihrer Liturgie fest. Indessen durften die Bürger einen Leutpriester wählen, der das Evangelium allein nach «göttlichem Verstand», also im reformierten Sinn predigte. Der Rat und die Mehrheit der Bremgarter hielten dieses Sowohl-als-auch für die einzige Möglichkeit, einen Bürgerkrieg in der Stadt zu vermeiden. Trotzdem brachte diese Lösung keine Entspannung, im Gegenteil: Den Zwinglianern ging die Regelung zu wenig weit. Auch die katholischen Orte konnten diesen Kompromiss nicht hinnehmen. Die unklare Situation entlud sich in den Gassen, wo wie aus dem Nichts Streitereien und Handgreiflichkeiten aufflammten.

Wir haben Besuch. Die Hunde sind aufgeregt und bellen scheinbar grundlos. Meine Brüder gehen schauen, was los ist. Mit bleichen Gesichtern kommen sie zurück: «Auf der Gasse beim Brunnen sind vier besoffene Männer. Sie wollen mit einer Eisenstange auf unser Auto einschlagen.» Die Eltern sind erschrocken und ratlos. Schliesslich stehen Vater und einer seiner Freunde auf. Er murmelt: «Ich spreche mit ihnen.» Sie rennen hinunter, über den Kiesplatz zum schmiedeeisernen Gartentor. Vom Fenster aus sehen wir das Handgemenge. Mir stockt der Atem – noch nie habe ich gesehen, wie Männer sich in der Realität prügeln.

Kurz entschlossen ergreift Mutter unsere beiden riesigen Doggen an den Halsbändern und hastet ebenfalls hinunter durch das Portal. Der Anblick prägt sich ein. Die junge, bildschöne Frau steht zwischen dem schweren Eingang und der Antonigasse. Mit harter Entschlossenheit fixieren ihre dunkelgrünen Augen die fremden Männer. Mit ihrem hüftlangen schwarzen Haar wirkt sie unerschrocken, halb Königin, halb Hexe, rechts und links flankiert von den furchterregenden Hunden. Die Betrunkenen ergreifen bei diesem Anblick sofort die Flucht.

Im Kloster Hermetschwil

Trotz der Unruhen und des Wegzugs aus Bremgarten begann der Frühling für die Familie Bullinger mit einem Fest. Auch wenn die Vorgeschichte nicht rühmlich war, so freuten sich doch alle über den Ausgang. Es hatte damit begonnen, dass Johannes vor einem knappen Jahr aus den Kriegszügen im Süden verletzt nach Hause zurückgekehrt war. Wie alle Söldner war er ein wenig verroht. Obwohl er Feldprediger gewesen war, hatte auch ihn ein Übermut ergriffen. So schloss er sich einer kleinen Gruppe von Heimgekehrten an, die im Kloster Hermetschwil willige Nonnen treffen wollten.

An jenem Abend im Sommer 1528 liess eine der Schwestern die munteren Männer durch ein kleines Seitenportal in der Klostermauer herein und führte sie durch den schmalen Gang in die Küche. Ein paar Bräute Christi, die des Klosterlebens überdrüssig waren, hatten sich dort bereits versammelt und auf den nächtlichen Besuch gewartet. Die Regel war einfach: Keine durfte etwas über diesen Abend preisgeben. Sobald etwas durchsickern würde, wäre es der Meisterin unmöglich, darüber hinwegzusehen. In den strengen Orden funktionierte die Kontrolle untereinander tadellos. Seit vielen Jahren war das Leben in Hermetschwil jedoch nicht mehr dominiert von Angst. Die Nonnen hatten gelernt, sich zu unterstützen statt zu verraten.

Es herrschte eine ausgelassene Stimmung in der Klosterküche. Und manch eine Liebschaft nahm ihren Anfang. So auch zwischen Johannes Bullinger und Elisabeth Zehnder. Sie gehörten beide eher zu den Schüchternen und schickten sich etwas beschämte Blicke über den Tisch zu, wenn jemand besonders laut lachte. Johannes war nicht mehr der Jüngste, er hatte wie sein Bruder und sein Vater Theologie studiert, galt als wohlerzogen und zurückhaltend. Wie nun aber die Pärchen sich in dunkle Ecken zurückzogen und lustvolles Stöhnen ertönte, schoss ihm das Blut ins Gemächt und sein Körper sehnte sich nach Berührung. Auf den Kriegszügen hatte er sich das eine oder andere Mal zu einer Wanderdirne gelegt. Immer in Angst um seine Gesundheit war er vorsichtig gewesen, dennoch konnten ihn diese geübten Frauen durchaus befriedigen. Das hier war aber etwas anderes. Dies waren ehrbare Jungfern aus gutem Hause. Es kostete ihn unglaubliche Überwindung, noch einmal den Blick seiner Tischpartnerin zu suchen. Diese war wunderbar errötet, was ihn noch mehr erregte, und unter gesenkten Augenlidern schaute sie ihn ebenfalls an. Sein Herz begann wild zu pochen.

Elisabeth war zunächst wie erstarrt, als die Stimmung leichtherzig wurde, obwohl sie sich etwas in dieser Art erhofft hatte. Sie fühlte sich fehl am Platz. Bei ihr, der Tochter aus gutem Haus, löste das hemmungslose Übergehen der sittlichen Ordnung zwei widersprüchliche Gefühle aus, die sie schwer in Einklang bringen konnte. Dass sich ihr Körper in einer Umarmung wohlig schwer und entspannt anfühlen konnte, hatte sie schon bemerkt, wenn sie sich nachts in den kalten Wintern heimlich mit einer Schwester das Bett geteilt hatte. Aber dass ihr ganzes Wesen sich öffnete, in einer wellenförmigen Hitze sich zu einem anderen Körper hingezogen fühlte, das war für sie eine komplett neue Empfindung. Scham und eine aufkeimende Verwegenheit hielten sich die Waage, schliesslich überwand ihre Neugier die Zurückhaltung.

Wie wenn er ihre Gedanken gelesen hätte, lächelte der gutaussehende Mann gegenüber sie zaghaft an. Sein Blick war nicht entwürdigend, im Gegenteil, in ihm lag eine Zärtlichkeit, die ihr durch Mark und Bein ging. Als Johannes Bullinger hatte er sich vorgestellt, Sohn des Dekans in Bremgarten. Der Lebenswandel seiner Eltern war ihr bekannt, alle wussten, dass die zwei sich gegen den Willen ihrer Eltern durchgesetzt hatten: eine Liebesbeziehung, die ohne kirchlichen Segen seit Jahrzehnten hielt. Mutig legte sie ihre offene Hand einladend auf die Tischmitte. Mitte 30 war er und auf einmal völlig unbeholfen. Zögerlich und mit stockendem Atem schob er seinerseits die rechte Hand in ihre Richtung.

Ihr Magen zog sich vor Aufregung zusammen, und als sich schliesslich ihre Fingerkuppen sanft berührten, spürte sie ein unbekanntes Pulsieren zwischen den Schenkeln, ihr wurde beinahe schwindlig. Die zwei unerfahrenen Menschen zögerten den nächsten Schritt hinaus; wie ein Versprechen verband sie diese Liebkosung. Scheinbar unschuldig war diese Zärtlichkeit, während aus manchen Nischen hektisches Kleiderrascheln zu hören war. Mit einem auffordernden Händedruck erhob sich Elisabeth und schritt langsam weg von der Tafel, aus der Küche hinaus und in den Garten. Es war eine wunderbare Sommernacht. Johannes folgte ihr. Sobald sie das Haus verlassen hatten, liess er sich Hand in Hand führen. Sie blieb in einer verborgenen Nische in der Nähe der Reuss stehen, drehte ihren Kopf zu seinem Gesicht und blickte ihn noch einmal erstaunt, aber voller Leidenschaft an. Ihm schien es, als wollte er sich in Millionen Teilchen auflösen. Mit seinen Händen hielt er ihren Kopf, als wäre dieser das Wertvollste auf der ganzen Welt. Unendlich langsam küsste er ihre Stirn, ihre Wange, bis er ihren Mund fand. Mit leichtem Druck berührten sich ihre Lippen, verheissungsvoll tasteten sie sich ab, bis sie beide der angestauten Lust freien Lauf liessen. Seine Hände suchten ihren Körper unter dem Gewand. Sie spürte seine Muskeln unter dem Hemd. Wie auf einer Landkarte glitt sie mit ihren Fingern über seinen Rücken, mit einer Hand strich sie aufwärts bis zu seinem Nacken, mit der anderen erkundigte sie den unteren Teil, bis sie sein festes Gesäss berührte und ihn an sich drückte. Seine Hände streichelten ihre Brust und packten hin und wieder fest zu. Sie wähnten sich beide im Himmel, niemand hätte sie daran hindern können, sich voll hinzugeben.

Acht Monate später, am 7. März 1529, heirateten Elisabeth Zehnder und Johannes Bullinger im Grossmünster in Zürich, fünf Wochen vor der Geburt ihres Kindes. Das Haus Bullinger feierte ausgiebig mit vielen Gästen. Endlich konnte auch Heinrich, der

Ältere, wieder einmal froh sein. Stolz betrachteten er und Anna Wiederkehr ihren Sohn und dessen bezaubernde Braut. Unter den Gästen befanden sich Laurenz von Heidegg als langjähriger Freund der Familie genauso wie Margarete Göldli als Vertraute der Braut aus dem Kloster Hermetschwil. Der Bekanntenkreis der Familie Bullinger reichte weit, so kamen auch Gäste aus anderen Ortschaften. Einer davon war Konrad Holzhalben aus Hallau, der einem wohlhabenden Zürcher Geschlecht angehörte. Es war nicht zu übersehen, dass die fürstlich auftretende Margarete ihn mächtig beeindruckte. In den sechs Jahren seit ihrer unglücklichen Vermählung mit dem Schuhmacher hatte sie sich zu einer stattlichen Frau entwickelt. Den Alltag im Kloster konnte sie sich grösstenteils selbst organisieren. Margarete liess es sich nicht nehmen, sich weltlich zu kleiden, ihr Haar nicht zu schneiden und es mit wohlduftenden Ölen zu pflegen. Einer Göldli nahm man die Würde nicht. Dass sie in der Umgebung von Hermetschwil und Bremgarten verrufen war, spielte an diesem prächtigen Hochzeitsfest in Zürich keine Rolle. Wie alle vergnügte sie sich und tanzte in den Abend hinein.

Auch Anna war als Verlobte des Bräutigambruders anwesend. Wie gut tat es ihr, sich unter die Leute zu mischen. Als sie ihre ehemalige Klosterschwester aus Oetenbach sah, freute sie sich. Wie viel hatte sie doch an Margarete Göldli denken müssen. Sie nutzte die Gelegenheit, mit ihr über die gemeinsamen Jahre in Zürich zu sprechen. Zum ersten Mal konnten die beiden Frauen sich in aller Offenheit begegnen und freundschaftliche Gefühle entwickeln. Sie nahmen sich vor, sich bald wieder zu treffen.

In Bremgarten ging es längst nicht mehr um die Person Heinrich Bullinger, den Dekan. Dieser war froh, in Zürich und ausserhalb der Schusslinie zu sein. Nicht nur die Familie Bullinger war erschüttert, dass sich die Katholiken durchsetzen konnten. Das Gezänk um die wichtige Reussstadt löste auch in der Umgebung viel Unmut aus. Bullinger, der Ältere, wurde in etlichen Gemeinden der Freien Ämtern geschätzt, man kannte ihn, da er viele Jahre verschiedenen Orts gepredigt hatte. Die Bürger und Bauern empörten sich darüber, wie Bremgarten diesen Mann fallen liess. Es trieb sie an, die eigene Kirchgemeinde zu stärken und vergrössern. So traten im Verlauf des Monats März sowohl Mellingen, der zweite Handelsknotenpunkt in den Freien Ämtern, wie auch Oberwil im Kelleramt zu den Reformierten über. Am 29. März meldete der Pfarrer von Oberwil, die Kirchgemeinde habe sich mehrheitlich für die neue Religion ausgesprochen. Um drei Uhr nachmittags hätten sie gemeinsam alle Bilder aus der Kirche getragen und verbrannt.

Die Bewohner der Reussstadt sahen besorgt dem Osterfest entgegen. Würde der Rat bis dann einen vernünftigen Weg finden? Umzug und Osterchilbi, bei der auch die Kirchweihe gefeiert wurde, waren wichtige Ereignisse. Sie machten für einige Familien einen Grossteil des Jahreseinkommens aus.

Bremgarten ist am spannendsten, wenn «Märt» ist. Die «Chilbi» an Ostern lockt hunderte von Menschen aus dem Umland an. Wir Kinder rennen durch die Mengen, bleiben bei den Ständen mit Zuckerwatte stehen und zählen unsere Batzen.

❀

Die Eltern Bullinger waren derweilen in Zürich in Sicherheit. Zwingli und seine Gattin Anna Reinhart hatten den Bremgarter Dekan und seine Konkubine im Pfarrhaus des Grossmünsters mit offenen Armen empfangen. Dank ihrer eigenen Erfahrung waren sie vertraut mit dem Schock, der Anfeindungen solcher Art begleitet. Das ältere Paar war traurig und verzweifelt über die Ereignisse in ihrer Heimatstadt. Mit wachsender Besorgnis verfolgten sie die zunehmenden Gehässigkeiten. An einem Sonnabend besuchten Heinrich und Anna die Eltern Bullinger in ihrem Exil. Als sie eintraten, sass der Vater etwas verloren in der Küche. Anna erschrak bei seinem Anblick. Heinrich Bullinger, der Ältere, war immer eine eindrückliche Erscheinung gewesen, ein schlanker Mann mit einem scharfgeschnittenen Gesicht. Seine leuchtenden Augen hatten immer Wärme und Weisheit ausgestrahlt. Doch jetzt wirkte er zerbrechlich, wie er sich mit den Armen auf den Tisch aufstützend über einen Bierbecher neigte. Er begrüsste seinen Sohn und dessen Verlobte mit verhaltener Freude: «Schön, dass ihr uns auch hier besuchen kommt.» Seine Sorgen umgaben ihn wie eine zähe Melasse: «Habt ihr es schon gehört? Sowohl die Zürcher als auch die fünf katholischen Orte mobilisieren sich. Ich befürchte, ich habe Unglück über Bremgarten gebracht. Zürich hat zunächst zwei Gesandte geschickt, um noch einmal mit dem Rat zu sprechen, unterdessen haben aber auch von Luzern her 26 Mann in der Unterstadt Einlass erhalten. Benachrichtigt über den katholischen Aufmarsch zieht zurzeit ein kleiner Trupp Zürcher von Birmensdorf in Richtung Bremgarten, während die inneren Orte Schiffe für einen Angriff von der Reuss aus bereithalten. Der Druck auf Bremgarten steigt von Tag zu Tag.» Bedrückt schüttelte der ehemalige Dekan den Kopf. Er hatte sich eine Entspannung erhofft. Sein Übertritt zur reformierten Kirche hatte sich richtig angefühlt, weil sein Lebenswandel dem neuen

Glauben entsprach. Im Wissen um seine Beliebtheit hatte er den Schritt gewagt. Dass der Stadtrat ihn deshalb verhaften wollte, damit hatte er nicht gerechnet. Er war davon ausgegangen, die Wertschätzung der Bürger genüge, um ihn zu schützen. Wie hatte er so naiv sein können. Mit gesenktem Blick fuhr er fort: «Nun hat Luzern auch noch Murner, den streitbaren Polterer geschickt, sodass dieser von der Kanzel auf die Neugläubigen schimpfen kann. «Raubhahnen und Ketzer» hat er sie tituliert, was diese noch mehr erzürnt hat. Jeder Schlichtungsversuch durch den Rat und unseren Stadtschreiber Schodoler ist vergebens. Warum bloss sind beide Parteien mehr an Dominanz denn an einem friedlichen Nebeneinander interessiert? Auch unser Gastgeber Zwingli, dein Freund, möchte klare Verhältnisse.» «Aber Vater!», warf sein Sohn ein, «wir haben jetzt die Mehrheit. Das müssen wir nutzen. Ich hoffe immer noch auf eine Beilegung der Unruhen.» In diesem Moment betrat Huldrych mit seiner Gattin Anna das Pfarrhaus. Er sprühte vor Tatendrang und schnappte Heinrichs letzte Worte auf: «Guten Tag, die Herrschaften, soeben habe ich gehört, dass eine Schar von Bauern aus Oberwil gegen Bremgarten zieht. Sie wollen unseren Glaubensgenossen beistehen und die Bevormundung der inneren Orte nicht mehr hinnehmen. Wir stehen vor der Entscheidung.»

Fünf Tage nachdem katholische Boten in Bremgarten angereist waren, überbordete die Anspannung. Reformierte Burschen aus den Nachbardörfern überfielen die katholischen Abgesandten in der Gaststätte Hirschen an der Marktgasse. Ein Oberwiler Bauer schlug dem Luzerner Ratsherrn Jakob Feer eine eiserne Stange auf den Hinterkopf und verletzte ihn schwer. Beinah wäre ein anderer neben der Metzgerbank mit einem Spiess durchbohrt worden, aber die 26 Katholischen wehrten sich mit Handbüchsen und organisierten sich schnell.

Schodoler und Honegger, der eine ein gemässigter, der andere ein verbissener Katholik, waren froh um Abt Laurenz' Rat und seine beschwichtigenden Worte. Die Bremgarter kannten ihn als Freund des Dekans, was ihm unter den Neugläubigen zu einem Sonderstatus verhalf. Sie berieten sich mit weiteren wehrhaften Ratsmitgliedern. Ob Alt- oder Neugläubige, das gemeinsame Ziel war eine Beruhigung der Lage. Der Rat verhinderte, dass die Neugläubigen weitere kampfbegierige Glaubensgenossen in die Stadt hineinliessen. Weil die grosse Mehrheit der Bremgarter Bevölkerung selbst in erster Linie Ruhe wollte, lag ihr viel daran, die Streithähne lahmzulegen. So gelang es dem Stadtschreiber Werner Schodoler mithilfe der Zürcher Abgesandten, die Meute zu beruhigen. Tatsächlich legte sich der Streit schnell, sobald verhindert war, dass noch mehr Haudegen von aussen in die Stadt dringen konnten.

Seit Beginn der Übergriffe in der Marktgasse, nur etwa 200 Schritt von seinem Muri-Amthof entfernt, fürchtete Laurenz um seine Sicherheit. Er brachte die Jagdhunde nachts nicht mehr im Zwinger unter, sondern wollte sie Tag und Nacht um sich haben. Auch wenn er nach aussen den unerschrockenen Berater und Schlichter abgab, so empfand er dennoch die Anspannung als unerträglich. Laurenz erwartete in Kürze weitere, womöglich noch heftigere Auseinandersetzungen.

Für den Moment waren die Machtverhältnisse in Bremgarten klar. Die Boten der katholischen Orte konnten nichts ausrichten, im Gegenteil, sie fühlten sich bedroht und wollten so schnell wie möglich weg. Als sie endlich die Bewilligung ihrer Regierungen für den Abzug erhielten, waren sie mehr als erleichtert. Tags darauf berief der Rat eine Gemeindeversammlung ein, dann war es soweit: Bremgarten bekannte sich offiziell zur Reformation. Am 26. April 1529 wurden auch hier alle Bilder aus der Kirche und von den Altären entfernt.

Dass sich die Bürger von Bremgarten dem neuen Glauben anschlossen, war für die Familie Bullinger eine riesige Erleichterung. Im Bewusstsein, dass dies unter anderem auf ihre vorbildliche Haltung zurückzuführen war, fühlten sie sich stark verbunden mit den Menschen dort und wollten sobald als möglich zurückkehren. Heinrich, der Jüngere, predigte bereits seit 1523 in den verschiedensten

Gemeinden der Freien Ämter, auch in Bremgarten. Viele Leute besuchten seine Gottesdienste, weil sie neugierig auf die neue Art der Predigten waren. Seine Ansprachen auf Deutsch gefielen den meisten. Die Stadtregierung wollte sichergehen, dass der neue Seelsorger in der Bevölkerung breit abgestützt war. So stieg Heinrich, der Jüngere, Anfang Mai 1529 probehalber auf die Kanzel. Die Bremgarter waren begeistert, und der Rat fragte ihn kurz darauf an, ob er das neue Pfarramt übernehmen wolle. Heinrich räumte sich eine kurze Bedenkfrist ein, weil er diesen Schritt mit Anna besprechen wollte. Ihr war sofort klar, dass er sich die Gelegenheit, siegreich in seine Heimatstadt zurückzukehren, nicht entgehen lassen konnte. Es bedeutete eine Wiedergutmachung für Heinrichs Eltern.

Weitere Gemeinden in den Freien Ämtern wie Wohlen, Villmergen, Boswil und Sarmenstorf folgten dem Beispiel der Reussstadt, sie schlugen sich auf die Seite der Neugläubigen und holten sich deren Prediger.

Die Reaktion der katholischen Orte auf diese schlagartige Ausbreitung der Reformation liess nicht lange auf sich warten. Eine Gesandtschaft der inneren Orte reiste reussabwärts und hielt in jedem Dorf. Sie liess eine Amtsgemeinde einberufen und verlangte von den stimmberechtigten Bürgern, sich zum alten Glauben zu bekennen, sonst würden sie den Schutz durch die katholischen Orte verlieren. Das war eine ernstzunehmende Drohung. Bei einem Krieg waren diese kleinen Gemeinden darauf angewiesen, dass die Herrschaft, die Mitglieder-Orte der Tagsatzung, sie mit ihren Heeren beschützen würden. Die Dörfer näher bei den inneren Orten Luzern und Zug knickten schnell ein und beteuerten, sie seien dem Katholizismus und dem Papst treu.

Gleichzeitig beobachtete die ganze Eidgenossenschaft angespannt die Unruhen zwischen den reformierten Kurfürsten und dem Kaiser in Deutschland. Aber auch die osmanische Bedrohung vor Wien wurde aufmerksam verfolgt. Sieg oder Niederlage da und dort würde die eidgenössischen Religionsfragen beeinflussen.

Die Lage in Österreich verschlimmerte sich zusehends. Aus diesem Grund beschlossen Spanien und das Heilige Römische Reich Deutscher Nation am Reichstag zu Speyer, die Truppen des deutschböhmischen Königs von Ungarn zu unterstützen und mit ihnen gegen die Türken zu ziehen. Die Neugläubigen in Deutschland und in der Eidgenossenschaft konnten aufatmen, denn das deutsche Heer war wegen dieses Feldzugs tatsächlich nicht mehr kräftig genug, um die Verfolgung der Reformierten voranzutreiben. Für den Moment gab es also nördlich des Rheins eine kurze Befriedung.

Erster Kappeler Landfrieden

Anna und Margarete hielten ihr Versprechen und holten in Zürich nach, was sie an Elisabeths Hochzeitsfest nicht hatten besprechen können. Es war ein warmer Sonntagnachmittag im Mai, die halbe Stadt schien sich draussen zu vergnügen. Anna gab es nicht gerne zu, aber sie genoss die Lebensfreude in ihrer Heimatstadt. Trotz Reformation waren die Leute hier in Zürich bunt und reich gekleidet. Anna gehörte in ihren dunklen Gewändern zur Minderheit. Heinrich predigte zwar nicht ganz in schwarz, wie es manche Reformatoren verlangten, aber auch er achtete auf bescheidene Kleidung. Am Seeufer, wo Gaukler, Vogelhändler und Buden mit Leckereien die Menschen anzogen, schlenderten die beiden jungen Frauen Arm in Arm und vertieften sich in ein vertrauliches Gespräch. Lachend erinnerten sie sich an die Zeit im Kloster.

«Du hattest es gut!», sprudelte Margarete los. «Nicht nur weil du von aussen kamst und jeden Abend wieder nach Hause gehen konntest, nein, auch weil du so brav warst. Niemals hätte die Cantrix bei dir ein Zettelchen erwartet.»

«Das stimmt», schmunzelte Anna, «ich stand in ihrer Gunst. Ihr Augenmerk richtete sich mehr auf Widerspenstige wie dich. Während ich in Ruhe mit Eva Zeichen austauschen konnte.» Bei der Erinnerung lachte sie auf: «Als du die ehrwürdige Meisterin in einem Briefchen eine alte bärtige Zwergin nanntest, wäre mir beinah das Herz stillgestanden.»

Nachdem sie ausgelassen über die Streiche geplaudert hatten, wurden sie etwas ernster. Beide waren sich bewusst, dass sie noch mehr verband: Die Schicksale ihrer Familien waren durch Hans Waldmann miteinander verknüpft. Auch wenn sie diesen Zürcher Bürgermeister aus dem Volk nicht gekannt hatten, weil er über zehn

Jahre vor ihrer Geburt geköpft worden war, so prägte er dennoch den Lauf ihrer jeweiligen Familiengeschichten. Margarete wusste natürlich, dass Annas Vater Hans Adlischwyler nichts mit den erbitterten Kämpfen zwischen ihrem Grossvater und Waldmann zu tun hatte. Dennoch war es ihr erst jetzt als erwachsene Frau möglich, den Erzfeind ihrer Familie und dessen Geleit nicht zu verachten. Dass die Ära Waldmann Zürich massiv geformt hatte, war beiden klar.

«Stell dir vor, Anna, nur dank der Erstarkung des Bürgertums in Zürich, durch die Ermächtigung der Handwerker und auch der wohlhabenden Bauern, wie sie Waldmann herbeigeführt hatte, wurde der Boden für die Reformation überhaupt erst geschaffen. Niemals hätte sich der neue Glaube in der Constaffel breitgemacht.»

Anna gab ihr Recht, denn sie wusste, dass Kaspar Göldli weiterhin gegen die Reformierten agierte. «Weisst du etwas über deinen Vater?», fragte sie vorsichtig.

Margarete hatte nur Gerüchte gehört. Im selben Jahr, wie er sie gedemütigt und wieder ins Kloster verbannt hatte, sei er nach Rapperswil geflüchtet, weil er in einen Soldprozess verwickelt war. Noch immer überkam sie ein unermesslicher Groll: «Ich bin überzeugt, dass sein Machtgehabe mir gegenüber mit dieser unredlichen Geschichte zu tun hatte. Er zog seinen Kopf aus der Schlinge, indem er vorgab, ein strenger, aufrichtiger Katholik zu sein. In Zürich konnte er nicht mehr bleiben, aber im altgläubigen Rapperswil nahmen sie ihn wohlwollend auf. Dort wollte niemand genau wissen, was im Soldprozess vorgefallen war.» Sie empörte sich immer noch darüber, dass sie wie das Lamm zur Schlachtbank geführt worden war, indessen das Verbrechen ihres Vaters – nämlich einem ihm anvertrauten Söldner den hart verdienten Lohn vorzuenthalten – in seiner neuen Wahlheimat grosszügig übergangen wurde. Sie mied jeden Kontakt zu ihrem Vater. Über ihren Onkel Georg wusste sie, dass er als Mitglied des Kleinen Rats Bau- und Zeugherr der Stadt Zürich war. Er wurde beigezogen, um Umfang und Anspruch der Neubauten festzulegen. Zu seinen Aufgaben gehörte es auch, für die finanziellen und materiellen Grundlagen zu sorgen, wobei er als erstes einen Bauverwalter und Baumeister bestimmte. Seine Aufsichtsfunktion als Zeugherr machte ihn für die Kriegsgeräte der Stadt samt Munition verantwortlich. Margarete berichtete weiter, dass er der Reformation gegenüber aufgeschlossen sei. Wenn er in der Stadt weile, wohne er im Familienanwesen, dem Göldliturm, im Niederdorf.

Es tat gut, über Zürich sprechen zu können, über das Zürich ihrer Kindheit und über die Menschen, welche die Stadt und auch ihr Leben geprägt hatten. Sie beide waren begierig aufzudecken, wie Entscheidungen in dieser aufgewühlten Zeit zustande kamen. Wer steckte dahinter, welche Verstrickungen gab es? Sowohl Anna als auch Margarete hatten in wenigen Jahren einschneidende Veränderungen ihrer Lebensumstände erfahren. Waren sie nicht alle bloss Spielbälle in unüberblickbaren Machtstrukturen? Anna spürte, dass sie hier eine Verbündete gefunden hatte. Ihr gegenüber könnte sie zur gegebenen Zeit vielleicht auch ihr Geheimnis lüften.

Am Wochenende darauf besuchten Heinrich und Anna seine Eltern bei Zwinglis. Anna Wiederkehr war mit ihrer Schwiegertochter Elisabeth und dem Enkelkind spazieren gegangen. Soeben erzählte Anna Heinrich und dem zukünftigen Schwiegervater von der Begegnung mit Magarete und wie wohltuend es gewesen sei, über die Ereignisse in der Kindheit zu sprechen. Da hörten sie Anna Wiederkehr und Elisabeth an der Haustüre, kurz darauf standen die beiden in der Küche.

Entsetzen stand im Gesicht der Mutter. Bevor sie sprechen konnte, schüttelte ein Weinkrampf den kleinen zarten Körper. Anna Wiederkehr fühlte sich alt und wusste nicht, woher sie die

Kraft für die nächsten Jahre nehmen sollte. «Wie lange soll dieser Kampf denn noch dauern?», schluchzte sie.

Die Anwesenden hatten noch kein Wort sagen können, dermassen erschreckte sie der Anblick: Ihre sonst immer gefasste und lächelnde Mutter stand erschöpft und abgekämpft unter der Tür.

Anna fand die Sprache als erste wieder: «Was, um Gottes Willen, ist geschehen?»

«Unser Freund, der Zürcher Pfarrer Jakob Kaiser, sollte eine Predigt in Utznach halten», erzählte Anna Wiederkehr schluchzend.

Utznach war Untertanengebiet zweier Orte. Glarus, halb reformiert, halb katholisch und das papsttreue Schwyz kämpften um die Vorherrschaft: Wer war verantwortlich für Utznach?

«Jakob wurde unterwegs gefangen genommen und nach Schwyz abgeführt. Die Katholischen haben ihn bereits gefoltert und verhört. Er habe auf Schwyzer Boden evangelisiert, lautet die Anklage. Ihr wisst, was das bedeutet? Es gilt immer noch als Kardinalsverbrechen, das mit dem Feuertod bestraft wird. Zürich versucht zurzeit noch mit allen Mitteln die Tagsatzung, wo Gericht gehalten wird, in den Kanton Glarus zu verschieben. Der reformierte Prediger sei in seiner Heimatgemeinde Utznach auf Glarner Boden verhaftet worden, so argumentiert Zürich.» Aufgebracht fuhr Anna Wiederkehr fort: «Aber stimmt das? Ein Chronist hat den Hinterhalt der Katholischen bereits beschrieben. Jakob sei am Lauf der Linth bei der Burg Grynau, unweit von Tuggen aufgegriffen worden. Diese gehört zum Schwyzer Untertanengebiet.» Sie alle wussten, dass die erste schriftliche Festlegung galt, ob sie der Wahrheit entsprach oder nicht. Also konnte Zürich nichts mehr für ihn tun. Anna Wiederkehrs Stimme wurde leise und dünn: «In fünf Tagen wird der Prozess gehalten. Es ist grauenhaft. Und wisst ihr, was das Schlimmste ist? Ach, meine Lieben! Es ist tatsächlich so, dass Jakob die Gemeinde Tuggen reformiert hat. Niemand ausser Zwingli und seine engsten Mitarbeiter haben es gewusst.» Angestrengt musterte sie ihren Sohn: «Heinrich, du bist einer dieser Vertrauten

Zwinglis, warst du an diesem Unterfangen beteiligt? Wer diesen Plan ausgeheckt hat, ist verantwortlich für Jakob Kaisers Prozess. Seine Frau und die Kinder tragen das Leid.»

Entsetztes Schweigen legte sich über die Anwesenden, die Frauen blickten zu Boden, wie konnten die Männer nur so unvorsichtig sein. In ihren Augen war dieses Vorgehen zum Scheitern verurteilt: Auf Biegen und Brechen, mit List und Unehrlichkeit, mit Gewalt und Waffen versuchte sowohl die katholische wie auch die reformierte Seite die Gemüter umzustimmen. War das mit echtem Glauben vereinbar?

Mit gefestigter Stimme wandte sich Anna Wiederkehr an die beiden jüngeren Frauen: «Ihr lieben Töchter – du, Anna, wirst ja hoffentlich auch irgendwann Teil unserer Familie sein, als Namensschwester hast du schon lange einen Platz an meinem Tisch und in meinem Herzen. – Ihr müsst mir etwas versprechen: Bitte schaut, dass eure Bullinger Männer nie solche verantwortungslosen Dummheiten machen. Nur das Wort, und dies mit Diplomatie und Ehrfurcht vor dem Gegenüber, soll ihre Speerspitze sein. Lasst sie nicht blindlings in einen endlosen Kampf steigen.»

Das Bild der verzweifelten Mutter in der Pfarreiküche ging nicht nur den Frauen in den folgenden Wochen immer wieder durch den Kopf. Jakob Kaiser, ihr Mitstreiter und Freund wurde am 29. Mai hingerichtet. Das Todesopfer in ihrem Bekanntenkreis rüttelte sie auf. Seither drangen unablässig Nachrichten von Übergriffen in den Freien Ämtern rund um Bremgarten bis zu ihnen. Öffentlich begannen die draufgängerischen Glaubensbekenner sich gegenseitig verbal und mit ihren Symbolen zu provozieren: Die Reformierten befestigten Stechpalmen an ihren Hüten, während die Katholischen Tannenzweiglein in das Hutband steckten. Lautstark beschimpften sie sich gegenseitig. Zwischen Bremgarten und Zufikon bei der Waldbruderei Emmaus lieferten sich einige Zürcher Bauern mit katholischen Kellerämtlern einen erbitterten Kampf, bei dem ein Zürcher getötet wurde.

Es war offensichtlich, dass weder die Räte noch die eidgenössischen Orte die Entwicklung in den gemeinen Herrschaften, in den Freien Ämtern und im Kelleramt, im Griff hatten. Zürichs Bürgermeister und der Rat wollten unter Zwinglis Einfluss den Krieg und arbeiteten entschlossen darauf hin. Jakob Kaisers Hinrichtung verlangte eine Antwort. Die Einsetzung eines neuen Landvogts aus Unterwalden in den Freien Ämtern kam den Zürchern dabei gelegen: Unterwalden hatte sich im Berner Oberland eingemischt. Es hatte eine kleine katholische Gemeinde gegen die reformierte Übermacht schützen wollen und war gegen Berner Landsknechte vorgegangen. Ein solches Verhalten konnte aus Sicht der reformierten Orte nicht geduldet werden. Sie verweigerten den Unterwaldnern, den rechtsprechenden Vogt zu stellen.

Und wieder musste Bremgarten herhalten: Zürich verbot der Stadt, den Vogt vom Luzernersee zu empfangen. Die Limmatstadt entband den Bremgarter Rat von Eid und Pflicht Unterwalden gegenüber. Entsprechend liessen die Wächter den neuen Vogt Wyssenbach nicht durch das Stadttor. Auf diese erste Provokation folgte Anfang Juni der nächste Schritt in Richtung Krieg. Zürich erklärte, es gebe Gerüchte über eine Zusammenrottung der katholischen Orte. Es sei Zeit, aufs Ganze zu gehen. Mit 200 Bauern aus Wohlen ritten Zürcher Abgeordnete nach Muri und stürmten das Kloster. Abt Laurenz war einen Monat nach Bullingers Abreise dorthin zurückgekehrt. Als nun die Hauptleute der feindlichen Truppen sein Kloster einnahmen, empfing er sie freundlich und verköstigte sie gut. Auch den Landsknechten liess er ein Fass Wein bringen. Er wusste, wie er eine aufgebrachte Meute beruhigen konnte. Mit vollen Bäuchen genossen sie den guten Wein aus den Klosterkellereien bis tief in die Nacht. Die Anführer scherzten mit dem Abt, obwohl er offiziell ihr Gefangener war. Doch damit war es nicht getan: Um zu verhindern, dass die katholischen Orte Vogt Wyssenbach mit Gewalt einsetzten, entsandte Zürich weitere 500 Mann nach Muri. Unterdessen bewahrheitete sich auch das ursprüngliche Gerücht: Luzern, Schwyz und die beiden Waldorte hatten tatsächlich einen grösseren Angriff geplant, waren jedoch in ihren Vorbereitungen von der starken reformierten Truppe in Muri überrumpelt worden.

Meine Freundin besucht mich. Einmal steigen wir ins zweite Stockwerk, wo meine Grossmutter seit Opas Tod alleine wohnt. Da gibt es ein grosses Gästezimmer mit zwei Betten. Die hohen nussbaumhölzernen Kopf- und Fussteile sind unsere Reling. Mit einer Sasha-Puppe, unserem Kind, befinden wir uns auf hoher See. Ein Sturm bringt die zwei Schiffe gefährlich zum Wanken. Eines droht zu kentern. Mit letzter Kraft versuche ich mich mit dem Kind im Arm festzuhalten. Meine Freundin hat den Sprung aufs andere Schiff geschafft. Ich werfe ihr unser Kindlein hinüber, wo sie es mit Mühe auffängt. Es ist gerettet! In einem letzten Kraftakt gelingt es auch mir, mich mithilfe eines Seils hinüberzuschwingen.

Am 9. Juni 1529 erklärte Zürich den katholischen Orten den Krieg. Es gehe nicht mehr um die Einsetzung des Unterwaldner Vogts, sondern um die Sicherung und den Schutz des reformierten Glaubens in den gemeinen Herrschaften, insbesondere in den Freien Ämtern, wo man die Rachsucht der fünf Orte befürchten müsse.

Weil das feindliche katholische Heer aber noch nicht bis Muri vorgedrungen war, fanden keine Kämpfe statt. Indessen begannen die bewaffneten Knechte und Bauern des reformierten Heers unkontrolliert zu saufen und sich aus dem Staub zu machen. Die Hauptleute erbaten von Zürich schnellstens weitere Anordnungen, die Situation laufe sonst aus dem Ruder. Ein Rückzug sei wegen Verlust des Ansehen nicht zu empfehlen. Unterdessen hatten die katholischen Orte sich vom Schock des Zürcher Angriffs erholt. Gut organisiert schickten sie ein Fähnlein mit 450 Landsknechten und vier Geschützen ins Obere Freiamt. Vergebens warteten die reformierten Truppen auf Berner Verstärkung aus Lenzburg. Weil diese nicht kam, schickte Bremgarten über 100 Mann. Als Heinrich Bullinger, der Jüngere, hörte, dass es um Muri gehe, wollte er nicht einfach in Kappel in Sicherheit bleiben. Am darauffolgenden Wochenende, als er Anna im Kloster Oetenbach für einen Spaziergang abholte, weihte er sie in seinen Plan ein: «Anna, ich muss mich den Bremgartern anschliessen. Du hast es selbst gehört, die Männer sind ungezügelt. Jetzt, da Luzern im Anmarsch ist, könnten einige unüberlegte Gewalttaten begehen. Ich muss schauen, dass unserem Freund Laurenz nichts geschieht. Ich denke, sie hören auf mich, und so kann ich wenigstens versuchen, unnötiges Blutvergiessen zu verhindern.»

Sie wusste, wenn er sich etwas in den Kopf gesetzt hatte, war es sinnlos zu versuchen, ihn davon abzuhalten. «Bitte, begib dich nicht unnötig in Gefahr», war alles, was sie ihm unter Tränen mit auf den Weg gab, bevor er sich wieder an der Pforte des Klosters Oetenbach von ihr verabschiedete.

Kurz danach kam noch ein Zürcher Fähnlein mit 300 Mann ebenfalls in Muri an. Sie waren unterdessen ein beachtliches Heer, als sie hörten, dass mehrere Luzerner Fähnlein sich ebenfalls auf Muri zubewegten. Zürich hatte sich aber entschieden, den Ort der Begegnung zu verschieben. Die Reformierten teilten sich. Während Heinrich und andere Einheimische in Richtung Bremgarten zogen, um die Stadt zu verteidigen, bewegte sich der grosse Zürcher Haufen in Richtung Kappel zum Hauptheer.

Die Luzerner hatten erwartet, in Muri auf ein grosses Zürcher Heer zu stossen, doch rund ums Kloster trat ihnen niemand in den Weg. Alsdann erhielten sie die Anweisung nach der Rückeroberung Muris in Richtung Zug zu marschieren, was sie auch taten. Ohne es ahnen zu können, war Heinrich dem eigentlichen Brennpunkt dieser Konfrontation entkommen. In der Nacht vom 11. Juni erschallten im ganzen Reusstal die Glocken, hoch in die Luft loderten die Flammen der Feuer auf den Hügeln, die die Kriegsgefahr ankündigten.

Endlich, am 16. Juni, trafen die Berner und mit ihnen die Verbündeten aus den anderen reformierten Orten Basel, Biel und Mülhausen in Bremgarten ein. Nach einer kurzen Nacht zogen sie ebenfalls nach Kappel weiter, wo sie am Mittag ankamen. Die zwei Heere standen sich gegenüber, während die Anführer über mögliche Verträge verhandelten.

Acht Tage später war der Spuk zu Ende: Aus Richtung Kappel hörte man einen Geschützdonner, der zum Zeichen der Freude über einen Friedensvertrag abgeschossen wurde. Auch in Bremgarten stürmten Frauen und Kinder sowie wenige verbliebene Männer aus den Häusern. Wer sich für den neuen Glauben entschieden hatte, holte Tische und Bänke auf die Gassen und stellte sie unter die Bäume. Der süssliche Duft der Linden lag in der Luft und betörte die erleichterten Menschen. Wein und Bier floss in Strömen, bis tief in die Nacht wurde gefeiert. Für die Zürcher war dies ein grosser Sieg. Die wesentlichen Forderungen der Reformierten wurden erfüllt, allen voran das Gemeindeprinzip. Hatten bisher die Räte über den Glauben entschieden, so galt nun das Mehrheitsprinzip in den

Kirchgemeinden. Sie waren ermächtigt ihren Glauben selbstständig zu wählen, jede Gemeinde für sich.

Bremgarten setzte ab sofort um, was die Amtsgemeinde im Mai bereits entschieden hatte: Die Kirche gehörte den Reformierten. Sogleich begannen die Gerichte die Geschehnisse um den Kappeler Landfrieden zu untersuchen. In Zürich kam es zu einem Prozess gegen den Bremgarter Schultheiss Honegger. Es war schnell erwiesen, dass der ergebene Papstanhänger die katholischen Orte durch vier Boten vor dem reformierten Heer gewarnt hatte. Der Schultheiss war ein treuer Anhänger des verbannten Dr. Johannes Burkhard. Zürich erinnerte sich an die Beleidigungen, «ketzerische Bösewichte» hatte er die Tagsatzungsabgesandten der Stadt geschimpft. Nach Burkhards Verbannung aus Bremgarten im Jahr zuvor hatte sich Honegger in Stellung gebracht, um die katholischen Kräfte zu bündeln. Er hatte die zentrale Rolle bei der Verurteilung Heinrich Bullingers und dessen Verbannung gespielt, nachdem dieser den neuen Glauben angenommen hatte. Die Limmatstadt ging deshalb nicht zimperlich mit ihm um. Die Weibel zerrten ihn brutal aus dem Haus. In Ketten brachten sie ihn nach Zürich, wo er gefoltert wurde. Weil er aber ein hochgeachteter Bürger der Reussstadt war, brachte diese schändliche Behandlung den Neugläubigen keine zusätzlichen Freunde unter den Unschlüssigen. Honeggers Verhaftung löste erneut Solidarität mit den Altgläubigen aus. Diese Welle der Empörung resultierte in einem knappen Sieg der Katholiken im Rat der Reussstadt; noch einmal setzten sie sich in der Regierung durch. Das konnte Zürich unmöglich dulden. Kurzum erklärte der Zürcher Pannerherr, der militärische Stabschef, die Wahl der Ratsherren für ungültig. Bei der Wahlwiederholung verloren die katholischen Kandidaten schliesslich, die Stadt war dadurch definitiv in den Händen der Neugläubigen. Endlich konnte Heinrich Bullinger, der Jüngere, sein Amt regulär, ohne Kompromisse ausüben. Sowohl Zürich als auch die Gemeinde selbst waren glücklich über die bereits erfolgte Wahl des Stadtpfarrers.

Die katholischen Kräfte in Bremgarten mussten sich zuerst sammeln. Sie hatten die sich anbahnende Niederlage nicht kommen sehen. Einzig Laurenz von Heidegg war nicht überrascht. Er liess sich nicht beirren und zog noch im Sommer zurück nach Bremgarten, um direkt zu verfolgen, wie sich die Politik nach dem Friedensschluss entwickelte. Honegger war ihm zwar nicht sympathisch, dennoch gefiel ihm die harte Behandlung seines Glaubensbruders nicht. Er war nie mit ihm einig gewesen, was den Ablass anging. Diesbezüglich hielt er sich gerne an den Bischof von Konstanz und natürlich an seinen alten Freund Bullinger. – Dass der junge Bullinger nun in die Fussstapfen seines Vaters trat, freute den Abt sehr. Heinrichs klarer Verstand war Laurenz von Heidegg schon früh aufgefallen; er war sicher, dass dieser noch eine wichtige Rolle spielen würde. Die Beziehung zur Familie Bullinger würde ihm politisch helfen: Dank dieser Verbindung blieb Bremgarten, auch wenn reformiert, freundschaftlicher Boden.

Neues Zuhause in Bremgarten

Anna beobachtete die Ereignisse rund um Bremgarten aus sicherer Distanz, wobei sie mit Heinrich und seinen Eltern zunächst das Leid der Verbannung sowie die anschliessende Freude teilte. Die kriegerischen Töne in Kappel hatte sie kaum ertragen. Sie hatte gewusst, dass ihr Verlobter sich unmöglich aus den Kämpfen würde heraushalten können. Umso erleichterter war sie bei der Verkündung des Landfriedens ohne vorgängige Schlacht.

Annas Mutter lebte nunmehr seit einem Jahr bei ihr im Kloster. Ihr Gesundheitszustand hatte sich so verschlechtert, dass Anna sich selbst um sie kümmern wollte. In den letzten verbliebenen Tagen war die schwerkranke Elisabeth Adlischwyler in einem erbärmlichen Zustand. Nach Atem ringend wollte sie keinen Moment allein gelassen werden. Sie klammerte sich an Annas Arm. Die Tochter spürte, dass eine Last auf der Sterbenden lag, und sie versuchte das bisschen Seelsorge, das sie als Ordensfrau im Dominikanerinnenkloster mitbekommen hatte, anzuwenden: «Mutter, möchtet Ihr mir anvertrauen, was Euch bedrückt?» Die Qualen zeichneten sich deutlich in Elisabeths Gesicht ab, aber sie schüttelte wiederholt den Kopf. Im letzten Moment erhielt die Frau doch noch ihr Sterbesakrament; ein Priester hatte gehört, dass im Kloster Oetenbach eine Katholikin auf die letzte Salbung warte, und er ging sie heimlich nachts besuchen. Am folgenden Tag starb sie. Anna sass an ihrem Bett und empfand zunächst nur eine Leere. Schritt für Schritt mussten Trauer und Befreiung sich einen Weg bahnen. Endlich konnte sie Heinrich heiraten und ebenfalls nach Bremgarten ziehen.

Sechs Wochen nachdem Annas Mutter gestorben war, wurde die Hochzeit angesetzt. Sie hatten bei Heinrichs Berufung nach Bremgarten gehofft, in der wunderschönen örtlichen Stadtkirche zu heiraten. Aber die erzwungene Reformation des Städtchens stiess weiterhin auf Widerstand, aus diesem Grund schien es ihnen vernünftiger, die Vermählung in der Pfarrgemeinde des älteren Bruders Johannes in Birmensdorf abzuhalten. Danach zog die Festgesellschaft nach Bremgarten ins stattliche Haus der Familie Bullinger Zum Wilden Mann, wo sie ausgiebig feierten.

Das weisse Tuch auf dem festlich gedeckten Tisch war mit feinster Spitze verziert. Ähren, Kräuterbüschel und blaue Bänder umkränzten das gute Zinngeschirr. Rosengestecke in Rosa und Weiss schmückten die Tafel. Gebinde aus Wicken und wilder Rebe rankten sich um sie. Anna liebte diese einfachen Pflanzen.

Vater Bullinger erhob sich. Als begnadeter Redner hatte er sofort die volle Aufmerksamkeit: «Dies ist ein Glückstag, denn eine Vermählung mit einer Braut namens Anna bedeutet eine lange wunderbare Verbindung.» Die Anwesenden schmunzelten, denn der ehemalige Dekan selbst war noch immer nicht mit seiner Anna verheiratet. Mit einem schelmischen Lächeln, seiner treuen Begleiterin zugewandt, fuhr er fort: «Lasst uns auf die Jugend unseres jüngsten Sohns zurückblicken. Unser Heinrichli wurde im Sommer 1504 in Bremgarten geboren und versetzte uns schon in seinen ersten Lebensjahren in Schrecken. Er erkrankte wie zwei seiner älteren Brüder an der Pest. Tag und Nacht wechselten seine Mutter, unsere gute Magd Britta und ich selbst den fiebrigen Kindern die Wickel. Wir verabreichten alle paar Minuten löffelchenweise Teeaufgüsse. Und nach drei Tagen begannen bei Heinrich die noch nicht allzu grossen Beulen zu verschwinden. Es war für alle wie ein Wunder. Dem kleinen Körper war es gelungen, erfolgreich gegen die Krankheit anzukämpfen. Die zwei älteren Brüder schafften es nicht; von unseren fünf Söhnen blieben uns Eltern deren drei. Wir waren erschüttert, gleichzeitig gab uns das Überleben des Kleinsten Mut, uns den nächsten Herausforderungen zu stellen. Diese liessen nicht lange auf sich warten.» Eine Träne lief über Mutter Annas Wange, es war die schrecklichste Zeit ihres Lebens gewesen. – Sie wusste, was ihr Gemahl gleich erzählen würde, und mit einem kaum wahrnehmbaren Kopfschütteln betrachtete sie liebevoll ihren Sohn: Sie erinnerte sich, wie der Überlebenswillen ihres Jüngsten ihr damals die Kraft gab durchzuhalten.

«Kurz nach seiner Genesung stürzte Heinrich. Er und sein Bruder Hans Bernhard hatten zusammen mit anderen Kindern Umzug gespielt. Mit Rasseln und Trommeln waren sie begeistert und laut den Bogen in Richtung Reuss und Unterstadt hinuntergerannt. Heinrich hatte eine Rohrpfeife in der Hand und versuchte den anderen nachzukommen. Bei seinem Sturz wurde das harte Schilfrohr längs gespalten und drang tief in seinen Hals. Mich schaudert es heute noch, wie ich das Rohr aus der Kehle ziehen musste. Das Blut hörte nicht mehr auf, aus dem Loch herauszuschiessen. Wieder waren schon fast die Totenglocken zu hören. Die ganze Familie sass um das Bett und betete. Fünf Tage lang lag Heinrich wie leblos da und nahm keine Nahrung zu sich. Dann kam er wieder zu sich und erholte sich erstaunlich schnell. Erneut hatte Gott ihn verschont, denn er hatte Grosses vor mit diesem ungewöhnlichen Menschenkind.» Die Anwesenden lächelten und nickten einander zu. Sie waren sich einig, dass Heinrich in seinem Leben noch bedeutende Aufgaben vollbringen würde. Nach einer kurzen Pause fuhr Vater Bullinger fort: «Mit drei Jahren verfügte der kleine Heinrich bereits über einen ansehnlichen Wortschatz, er konnte sowohl das Vaterunser als auch das Glaubensbekenntnis auswendig hersagen. Die Kirche war für ihn so selbstverständlich Teil seines Spielfelds, dass er häufig hineinging und auf die Kanzel stieg: «Credo in unum Deum!», rief er von oben in das leere Kirchenschiff. Zufrieden rannte er dann wieder nach Hause.» Schallendes Gelächter erfüllte den Saal. Viele der Gäste kannten Heinrich als bescheidenen, aber einflussreichen Gelehrten.

«Während seiner Studienzeit in Emmerich musste Heinrich für seine Mahlzeiten betteln gehen. – Ihr wisst, dass ich ihm dies auferlegt hatte. Diese Erfahrung ist die beste Schule, um Verständnis für die Armen und Notleidenden zu entwickeln. Ich glaube, Heinrich wird mir darin zustimmen.» Der Vater wandte sich nun direkt an seinen Sohn: «Und weil du mit einer schönen Singstimme gesegnet bist, hast du mit Leichtigkeit deine Brosamen verdient. Du liessest dich nicht beirren und bist deinen eigenen Weg gegangen. Schon als kleiner Junge wolltest du dir eine eigene Meinung bilden.» Heinrich, der Ältere, hielt kurz inne, bevor er mit lauter Stimme fortfuhr: «Bei Luthers Thesenanschlag war er gerade 13 Jahre alt. Der Streit der Gelehrten veranlasste ihn, selbst auf die Suche nach der rechten Lehre zu gehen.

Mit 18 Jahren kam Heinrich nach Hause, sein Examen in der Tasche, das war 1522. Im selben Jahr starb meine liebe Mutter, eure Grossmutter. Auch sie trug den Namen Anna, und – wie könnte es anders sein – Heinrich war ihr Liebling. Wie gross wäre ihre Freude am heutigen Tag! Und wie fest würde sie deine wunderbare Braut in ihre Arme schliessen!»

Mit ernster Miene schien der Vater seinen Sohn ein wenig zu schelten: «Zwei Jahre später hast du dir bereits den ersten Feind in Bremgarten geschaffen, mein lieber Sohn. Und zwar nicht irgendeinen, sondern den wichtigsten Katholiken, den das Städtchen kannte: Dr. Johann Burckhard. Du hast ihn zutiefst beleidigt, indem du ihm vorgehalten hast, er habe die frühen Kirchenväter nicht gelesen, könne weder Latein noch Griechisch und habe als Waffe höchstens einige Sophismen, leere Weisheiten, in der Tasche.» Die Festgesellschaft brach wiederum in Gelächter aus, diese Dreistigkeit war wirklich nicht zu übertreffen. Der Vater fuhr unbeirrt fort:

«Du hast dich durchgesetzt und manch einen Katholiken von deiner Sicht überzeugt. In Kappel, wo du ab 1523 unterrichtet hast, gab der damalige Abt, unser lieber Freund Wolfgang Joner hier», der Redner nickte seinem Tischnachbarn freundlich zu, «allen deinen Bedingungen nach.» Heinrich Bullinger, der Ältere, richtete seine Worte nun direkt an den ehemaligen Abt: «Du hast unserem Jüngsten von Anbeginn bewilligt, seinen Unterricht auf Schweizerdeutsch abzuhalten. So hat sich dieser in Kürze zu einer Attraktion entwickelt.» Der Festredner wandte nun seinen Kopf wieder dem Sohn zu: «Deine Weigerung, mein lieber Sohn, die Messe zu besuchen, hat Wolfgang ebenfalls einiges Kopfzerbrechen beschert. Nicht wahr?» Fröhlich prostete der Betroffene dem Bräutigam zu. «Der Toleranz unseres lieben Mitkämpfers gegenüber deiner jugendlichen Eigenmächtigkeit verdankst du vieles! Bereits zwei Jahre später hat auch er in Kappel keine katholische Messe mehr gelesen, sondern sich selbst der Reformation zugewandt. – Lieber Heinrich, auch privat hast du uns beeindruckt: Unbeirrt hast du auf deine liebste und dir nun endlich angetraute Anna gewartet. Deine Mutter und ich, wir sind sehr stolz auf dich und überzeugt, dass du weiterhin, von Gott geleitet, immer den richtigen Weg einzuschlagen weisst. Wir wünschen euch beiden alles Glück auf Erden!»

Vater und Sohn umarmten sich und wussten beide um den besonderen Moment. Sie hatten sich immer eng verbunden gefühlt, die neue Situation würde ihre Beziehung verändern. Heinrichs wichtigste Vertrauensperson würde ab heute Anna sein. Es war ihm, als käme er endlich in seinem neuen und definitiven Zuhause an. Er freute sich unbändig darauf, als verheirateter Pfarrer seine eigene Familie zu gründen. In der langen Wartezeit hatten ihn leise Zweifel begleitet, ob Anna ihn tatsächlich ehelichen würde. Der Vater hatte es gut beschrieben: Unerschütterlich war seine Überzeugung, in ihr die Richtige gefunden zu haben.

Die Gäste waren ausgelassen. Sie scherzten und lachten, bis der Bräutigam sich erhob. Schnell wurde es ruhig, denn niemand wollte etwas verpassen. Mit fester Stimme verkündete er: «Meine liebste Anna, ich weiss, wie sehr du in diesem Moment deine Eltern vermisst. Vor allem deinen Vater bewundere ich für seine Weitsicht, die dir ermöglicht hat, deinen eigenen Weg zu gehen und schliesslich zu mir zu finden. Aber auch deiner Mutter, die mich hat zappeln lassen, bin ich dankbar. Sie hat dich in die Klosterschule geschickt, wo du deinen Drang zum Lernen hast ausleben können. Gottesfürchtig zurückhaltend, aber auch neugierig und hinterfragend bist du mir entgegengetreten. Doch schon vor unserer ersten direkten Begegnung habe ich mich in deinen offenen ernsten Blick und deine klugen Augen verliebt.» Nach einer kurzen Pause fuhr er fort: «Meine Auserwählte, die ich nun Gemahlin nennen darf, hat jetzt doch den reichsten Mann. Niemand wurde jemals so wundervoll beschenkt wie ich heute.» Feierlich verkündete er: «Jetzt habe ich Ruhe, jetzt ist mir wohl, wenn ich, Herzallerliebste mein, bei dir sein kann.»

Die Anwesenden waren gerührt über diese Liebeserklärung. Bald plauderten alle wieder munter links und rechts. Ausgiebig wurde gespeist, Bier und Wein befeuchteten die Kehlen und liessen die Gäste die politisch schwierigen Zeiten für den Moment vergessen; schliesslich sassen hier Alt- und Neugläubige an einem Tisch. Sie genossen den Abend gemeinsam, es gab Musik und Tanz bis spät in die Nacht.

Anna selbst wurde an diesem Abend ein paar Mal unvermittelt von ihrer Vergangenheit eingeholt. Sie schätzte sich glücklich, einen liebevollen, gescheiten und auch aufgeschlossenen Mann zu heiraten. Gleichzeitig wurde ihr schmerzhaft bewusst, dass niemand aus ihrer Familie sie bei diesem grossen Schritt im Leben begleitete. Mutter und Vater tot, mit ihrem Halbbruder Johann pflegte Anna keinen Kontakt. Er war um einiges älter als sie, darum hatte er das Haus seines Vaters noch vor Annas Geburt verlassen. Sie wusste nur, dass er in Rheinfelden das Amt des Stadtschreibers innehatte. Auch die Unsicherheit, was auf sie zukommen würde, hinderte sie daran, sich unbeschwert zu freuen. Sie liebte Heinrich und er meinte es gut mit seinen Worten über ihre Eltern, aber in Anna rissen sie die Lücke, die ihr Vater hinterlassen hatte, wieder auf. Zum Glück waren auch ihre Schwägerin Elisabeth, Margarete Göldli und Abt Laurenz anwesend, die sie aufmunternd anlächelten. Annas katholische Anbindung und schöne Erinnerungen aus ihrer Kindheit sprangen wie Funken durch die kurzen Blickkontakte auf.

Heute, ein Jahr später, belächelt Anna ihre widersprüchlichen Gefühle von damals. Sie weiss jetzt, was Geborgenheit in der Ehe bedeutet. Seit ihrer Kindheit hat sie zum ersten Mal wieder das Gefühl, Teil einer Familie zu sein, die sie beschützt.

Auch Heinrich hat sich nicht getäuscht. Die Ruhe, die er an seiner Hochzeit gepriesen hat, kann der junge Prädikant in die Gemeinde tragen. Heinrich Bullinger, der Jüngere, hat schon im Sommer damit begonnen, die religiöse Erbauung der Bremgarter neu zu organisieren. Er hat das Abendmahl angeordnet und hält streng daran fest, dass alle Mitglieder der Gemeinde die Predigt besuchen müssen. Unermüdlich ist er für seine Gemeinde da, hält die Sonntags- und die Frühpredigt am Montag, Dienstag und Mittwoch. Täglich lädt er um drei Uhr nachmittags zu einer Bibelstunde ein, zusätzlich predigt er in verschiedenen Nachbardörfern wie Lunkhofen, Zufikon und Oberwil. Die Reisezeit nutzt er, um seine Predigten in Gedanken vorzubereiten. Auf seinem Pferd reitet er über Zufikon, steil hinauf nach Oberwil. Nachdem er dort gepredigt hat, erreicht er den Fuss des Üetlibergs, das Sihlfeld und schliesslich den Zürcher Stadtrand in weniger als einer halben Stunde. Auf seine Arbeit mit Zwingli in der *Prophezey*, wo sie die Bibel noch einmal auf Deutsch übersetzen, ist er besonders stolz. Er sieht dieser neuen Bibelfassung auf Deutsch mit freudiger Aufregung entgegen, sie wird der wahre Meilenstein werden. Luthers Werk ist zwar wertvoll, entspricht aber nicht Heinrichs Verständnis des Evangeliums.

Für Anna indessen ist wichtig, dass Heinrich sein Versprechen gehalten hat: Mit dem Unterricht der Mädchen bis zum heiratsfähigen Alter hat sie eine bedeutende Aufgabe mit einem eigenen Wirkungskreis erhalten. Sie führt sie in erster Linie in die Moralphilosophie ein, zu der umfassendes Bibelwissen gehört. Die Religion bildet den Grundstein ihres Lebens.

Drei Jahre lang verbringe ich jede Woche die Zeit während des Religionsunterrichts mit einem anderen Mädchen auf dem Gang. Wir haben uns nicht viel zu sagen. Meine drei Freundinnen sind katholisch, sie bleiben wie der Rest der Klasse im Schulzimmer.

Neulich habe ich mitbekommen, dass es ein spezielles Fest gibt. In weissen Gewändern ziehen Mädchen und Jungen in einer langen Prozession zur Kirche. Meine Freundinnen tragen hübsche Blumenkränzchen in den Haaren.

Für den Moment sind die Konflikte beigelegt, die Scharmützel haben aufgehört. Mit der Vereinbarung, dass jede Gemeinde ihren Glauben selbst bestimmen kann, hat sich auch die Stimmung in Bremgarten etwas entspannt. Mit guten Taten und viel Zureden versuchen sowohl die Anhänger um die Katholiken Burkhard und Honegger als auch die Bullingertreuen, mehr Familien für sich zu gewinnen. Gleichzeitig können die Menschen endlich wieder ihren alltäglichen Pflichten nachgehen. Die Bauern bestellen ihre Felder ohne Angst vor Übergriffen, und auch die Handwerker können sich ihrer Arbeit widmen. Der Dekan und seine Konkubine wohnen wieder in der Heimat.

In der Marktgasse herrscht reger Betrieb. Die Leute bleiben wieder stehen, sprechen miteinander. Sie versuchen, Angst und Misstrauen zu überwinden, hin und wieder erschallt sogar ein Lachen. An diesem Mittwochvormittag trifft Anna auf Barbara Schodoler, die Frau des Stadtschreibers. «Gott zum Gruss, liebe Anna. Endlich können wir wieder aufatmen. Ich bin so froh, ist nicht mehr Blut vergossen worden.» Mit einem prüfenden Blick nickt ihr Anna zu. – Weil die Stadt reformiert ist, muss jeder Bürger, jede Bewohnerin, jedes Kind sonntags in die Stadtkirche. So hat es ihr Gemahl festgelegt und der Rat verordnet. Barbaras Gatte Werner Schodoler setzte sich sogleich öffentlich für eine Besuchserlaubnis von katholischen Messen ein. Der frühere Stadtschreiber und Schultheiss bewies viel Mut, denn seit dem Kappeler Landfrieden können die Katholiken in Bremgarten nicht mehr viel ausrichten. Schodoler war nach dem Sieg der Reformierten abgesetzt worden. Indem er für die Rechte der Katholiken kämpft, festigt er seinen Ruf als Altgläubiger. Trotzdem schätzt Heinrich den ehemaligen Schultheiss, weil dieser sich in den letzten Jahren meist für einen Kompromiss ausgesprochen hatte. Heinrich sucht lieber Verbündete bei den Altgläubigen, als dass er auch die Gemässigten gegen sich aufbringt. Deshalb überzeugte der junge Pfarrer vor einem halben Jahr den Rat, dem Besuch von katholischen Messen gegenüber offen zu bleiben; ein Verbot würde nur Widerstand hervorrufen. Heinrich ist ein Verfechter der freiwilligen Glaubensbekehrung. Die ausgehandelte Lösung sieht so aus: Die Altgläubigen pilgern nach Heinrichs Predigt in die katholischen Nachbardörfer, wo sie der heiligen Messe beiwohnen. Die Schodolers scheinen sich damit zufriedenzugeben. – Anna besinnt sich schnell und erwidert freundlich: «Grüss dich, Barbara, ja, dieses Mal sind wir mit einem blauen Auge davongekommen. Ich freue mich, dass ihr eure Barbara zu mir in den Unterricht schickt.» Barbara Wirz Schodoler stammt aus einer bedeutenden Familie. Dass Anna ihr hier in Bremgarten begegnet, entbehrt nicht einer gewissen Ironie. Die Wirz aus Cham sind nämlich direkt verwandt mit Hans Waldmann, es scheint Anna, dass ihre Welt doch recht klein ist. Barbaras Mutter Agnes von Cham war eine Cousine des berühmten Mannes, und er hatte sie als junge Waise unterstützt. Zum Glück hatte Agnes aber in Cham gelebt und deshalb nicht unter Waldmanns schlechtem Ruf gelitten. Sie heiratete den wohlhabenden Zürcher Konrad Wirz, den Annas Vater natürlich auch gekannt hatte. Wirz gehört zu den katholischen Kräften, die noch heute im Hintergrund die Fäden in der Limmatstadt ziehen, seine Meinung zählt. Darum stimmt es Anna ein wenig misstrauisch, dass die Schodolers ihrer Tochter erlauben, zu ihr in den Unterricht zu kommen. Das Mädchen ist jedoch aufmerksam und macht im Unterricht gut mit. So berichtet Anna voll des Lobes, welche interessanten Fragen sich die 13-Jährige ausdenkt, während Barbara Schodoler lächelnd mit dem Kopf nickt. Die Frauen haben denselben Heimweg und beschliessen, einen kleinen Umweg in Kauf zu nehmen. Statt die Treppe beim Gasthof Sonne zu wählen, schreiten sie den Bogen hinunter bis zur Brücke, wo die Händler auf ihren Flusskähnen und Flössen an den Anlegestellen Befehle schreien. Nur ein kleiner Teil der Ware wird abgeladen, das meiste geht weiter an die Zurzacher Messe oder nach Basel. Das wertvolle Gut aus dem Süden hat schon eine lange Reise hinter sich, bevor es bis nach Holland gelangt. Die Reuss ist eine freie Reichsstrasse.

Weil sie ein wilder Fluss ist, werden die Schiffe normalerweise am Ziel verkauft, nur wenige werden flussaufwärts gestakt. Das fröhliche Treiben bei der Brücke ist ansteckend und Anna geniesst das Gefühl von Aufbruch. Ihre anfängliche Zurückhaltung weicht einer Unbeschwertheit und die zwei Frauen plaudern angeregt.

Gleich nach der Heirat hat Anna begonnen, Mädchen zu unterrichten. Es sind sechs, manchmal auch sieben, die sich bei ihr in der Lernstube im Pfarrhaus einfinden. Anna und Heinrich teilen die Freude darüber. Es ist ihre Idee gewesen, den älteren Mädchen nicht nur Moralphilosophie, Latein, Schreiben und Lesen beizubringen, sondern auch über Geschichte und Politik zu sprechen. Sie hat Heinrich schnell überzeugen können, dass sich auch reformierte Frauen bei Grenzverläufen auskennen sollten, wer unter welchem Schutz steht, respektive wo mächtige Verbündete stecken. Nicht nur Nonnen, Priorinnen und Äbtissinnen sollten Wissen über Orte, Länder und Machtstrukturen verfügen, sondern auch zukünftige Ehefrauen, die später ihre Männer beratend unterstützen. Sie hat gemerkt, dass es unter den Zwölf- bis Sechzehnjährigen einige gibt, die sich stark dafür interessieren. Nicht alle verschliessen die Ohren, wenn bei ihnen zu Hause über Bedrohung und Krieg gesprochen wird. Wer seine Tochter zu Anna Bullinger in den Unterricht schickt, setzt ein Zeichen. Diese Familien stehen für eine neue Haltung, sie anerkennen, dass auch Mädchen denken können. Dabei verzichten sie für die Zeit des Unterrichts auf eine Arbeitskraft, denn schon die sechsjährigen Töchter müssen zuhause mit anpacken, sie hüten die kleineren Geschwister und helfen im Haushalt. Mit zwölf haben einige wie ihre Brüder bereits gelernt, anspruchsvolle Aufgaben im Handwerksbetrieb ihrer Eltern zu übernehmen. Darum können die Familien ihre grossen Töchter nur wenige Stunden die Woche entbehren.

Anna beginnt ihre Geschichtsstunde gerne mit einer Frage: «Warum, denkt ihr, war die Vorherrschaft der Katholiken in Bremgarten in den letzten Jahren nicht nur von aussen bedroht?» Sie muss vorsichtig sein, denn sie weiss, dass es Schülerinnen gibt, deren Familien beim alten Glauben geblieben sind.

«Meine Eltern erzählen, wie die Priester in Sünde leben und sich an den armen Leuten bereichern!», ruft Ursula Mutschli in die Runde.

«Ursula, du sollst die Hand heben, wenn du etwas sagen möchtest!», schilt Anna. Als ehemalige Klosterschülerin ist es ihr unverständlich, wie Kinder so unbeherrscht sein können. «Ja, nicht alle sind einverstanden mit den Sitten unserer katholischen Pfarrer. Wisst ihr, wie die reformierte Lehre darauf reagiert?»

Ein paar schüchterne Hände gehen in die Höhe.

«Verena?»

«Frau Bullinger, aber das ist doch allen bekannt. Wir hören in der Kirche zu, wenn Ihr Gemahl, der Pfarrer, über die Ehe spricht. Das interessiert uns nämlich.»

«Richtig», lacht sie, «und ihr sollt diese Fragen auch mit ihm in der Bibelstunde diskutieren. Er mag es, wenn ihr jungen Leute mitdenkt. Ich erzähle euch jetzt, warum wir in Bremgarten so gespalten sind: Bestimmt erinnert ihr euch an die Prügeleien in der Marktgasse in den letzten ein, zwei Jahren. Da waren einerseits katholische Familien, die sich an Luzern und die inneren Orte halten wollten, andererseits Leute wie die Familie Bullinger, die wichtige Änderungen wollten. Diese erhielten Unterstützung von den Zürchern und den Bernern. Die Anspannung nahm laufend zu, die Zeichen standen auf Umbruch. Vielleicht habt ihr euch gefragt, warum diese zwei Glaubensrichtungen nicht nebeneinander bestehen können. Wir, also die Freien Ämter, sind zum Brennpunkt in der Eidgenossenschaft geworden. Warum? Weil wir eben eine komplizierte Herrschaft haben, die über uns regieren darf. Wie heissen die sieben eidgenössischen Orte, die eine gemeinsame Gerichtsbarkeit über unser Gebiet in Baden eingerichtet haben?»

Die Mädchen schauen sich ein wenig verlegen an. Anna muss selbst antworten.

«Im Süden liegen die katholischen Länderorte, die eine Herrschaft über uns besitzen. Schwyz und Unterwalden gemeinsam mit Zug und Luzern sind die Orte, die am alten Glauben festhalten. Im Osten liegt das reformierte Zürich sowie das in der Religionsfrage gespaltene Glarus und im Westen das seit 1528 ebenfalls zum neuen Glauben konvertierte Bern.»

Anna will verstehen, was sich auf politischer Ebene abspielt. Wie kommt es, dass manche Orte diesen Schritt mit weniger Krisen überstehen, Bremgarten hingegen zum wiederholten Mal erschüttert wird, jedem Beben von Neuem ausgeliefert? Noch vor einem Jahr hat sie in Zürich gelebt, wo sich die Auseinandersetzungen zwischen Katholiken und Reformierten mehrheitlich gelegt haben. Auch wenn die Stadtregierung die Klöster aufgehoben hat, können die katholischen Bürger und Bürgerinnen doch ihrer Religion nachgehen, indem sie den passenden Gottesdienst in einer ein paar Meilen entfernten Kirchgemeinde besuchen. Hier in Bremgarten ist alles enger, verbitterter. Während sie in Zürich mit einer gewissen Leichtigkeit ihren eigenen Weg in der Religionsfrage hat suchen können, muss sie in der neuen Heimat als Pfarrersgattin Vorsicht walten lassen. Mit wem kann sie offen sprechen? Jedes Wort wird auf die Goldwaage gelegt. Sie spürt, wie der Boden unter ihren Füssen instabil geworden ist. Anna wünscht sich eine Zukunft ohne Krieg und ist überzeugt, dass Bildung ein wichtiger Baustein dafür ist. Die Bremgarter Frauen begegnen ihr oft misstrauisch, als ob Wissen gefährlich wäre. Die Angst davor, selbst zu denken, ist hier in der ländlichen Gegend noch weitverbreitet. Ein Beispiel dafür ist die zögerliche Kritik am Ablasshandel. Wie stark das mit den Herrschaftsstrukturen zusammenhängt, hat sie erst hier in Bremgarten zu erkennen begonnen. Dem Kappeler Landfrieden traut sie noch nicht.

Sie fährt mit ihrem Unterricht fort: «Schauen wir einmal, wer wir politisch gesehen genau sind: Die Freien Ämter sind vor hundert Jahren, Anfang des 15. Jahrhunderts, von den eidgenössischen

Orten eingenommen worden. Die ehemaligen Besitzer konnten es sich nicht mehr leisten, diese Ländereien zu verteidigen.»

«Waren das die Habsburger? Wir gehen regelmässig in die Klosterkirche von Muri, und dort werden ja die Habsburger verehrt, ihre Gräber sind dort.» Diesmal hat Barbara Schodoler nicht auf den Mund sitzen können. Aber Anna möchte den Gedankenfaden nicht durch einen Tadel unterbrechen.

«Ja, Habsburg-Österreich hatte sich wegen der Unterstützung des Gegenpapstes Johannes XXIII., der am Konzil zu Konstanz 1415 abgesetzt wurde, den mächtigen König Sigismund zum Feind gemacht. Sigismund oder Siegmund aus dem Haus Luxemburg herrschte über ein riesiges Reich und wurde schliesslich zum Kaiser des Heiligen Römischen Reichs Deutscher Nation gewählt. Wegen der Habsburger Provokation forderte Sigismund die Eidgenossen auf, die habsburgischen Besitzungen zuhanden des Heiligen Römischen Reichs Deutscher Nation zu besetzen. Die Eidgenossen hatten schon lange darauf gewartet, sich vom Haus Habsburg zu befreien. Bern war am schnellsten zur Stelle und eroberte einen Grossteil. Es drang vom Westen bis Lenzburg, nördlich von Mellingen sogar bis an die Reuss und ein gutes Stück entlang der Aare in Richtung Klingnau vor. Vom Osten her kam Zürich und vom Süden die inneren Orte. Seit damals sind wir, also die ehemaligen Habsburgergebiete, Untertanen der eidgenössischen Orte. Und so kam es, dass die Stadt Bremgarten noch heute von den sieben Orten verwaltet wird: Bern, Zürich, Luzern, Schwyz, Unterwalden, Zug und Glarus.»

Anna blickt in die Runde und freut sich über das aufblitzende Verständnis in den einzelnen Gesichtern. Sie erinnert sich, wie sie selbst alle Mosaiksteinchen zusammensetzte, bis ein Bild erkennbar wurde. Zögerlich streckt eines der Mädchen die Hand auf.

«Ja, Dorothea, hast du eine Frage?»

«Haben wir deshalb alle zwei Jahre einen anderen Landvogt?»

«Richtig. Alle zwei Jahre stellt ein anderer Ort den Landvogt, der dreimal jährlich, an der Fasnachts-, Mai- und Herbstabrichtung in seinem Amtsbereich Gericht hält über Frevel, Bussen und Appellation. Er darf auch die Landgerichte präsidieren, die von Fall zu Fall einberufen werden. Wie ihr wisst, gibt es in den einzelnen Bezirken zusätzlich Untervögte, die aus der wirtschaftlich mächtigen Oberschicht stammten. Die Städte Mellingen, Baden und wir in Bremgarten geniessen aber mehr Rechte als die Landschaft. Wir können zum Teil selbst über die Hohe Gerichtbarkeit entscheiden und sind direkt den sieben eidgenössischen Orten unterstellt. Schauen wir uns jetzt noch an, wohin sich die eidgenössischen Orte wenden können, wenn sie miteinander in Konflikt geraten. Also wenn Luzern zum Beispiel findet, Zürich sei zu eigenmächtig vorgegangen.»

Wiederum ist es Ursula, die sofort eine Antwort weiss, diesmal aber ebenfalls brav die Hand hebt: «Die Tagsatzung!»

«Sehr gut, Ursula. Und wer ist denn die Tagsatzung?»

Wieder schauen sich die Mädchen um, keine scheint hier eine Antwort zu kennen.

«Tagsatzung: Das ist das oberste Organ der eidgenössischen Orte, hier versammeln sich die sogenannten Tagsatzungsgesandten. Also Abgeordnete der Orte, die gemeinsam die Herrschaft über ein Gebiet haben. Ursprünglich trafen sie sich in Luzern, heute in Baden. Die Aufgaben der Tagsatzung sind vielseitig. Und weil Baden, Mellingen und Bremgarten den Orten Zürich, Bern, Luzern, Schwyz, Unterwalden, Zug und Glarus unterstehen, befinden die Gesandten dieser Orte über unser Recht und Unrecht. Sie vereidigen auch den Landvogt. Nun wisst ihr auch, dass die Leute in den gemeinen Gebieten, die Untertanen, zu denen wir hier gehören, keine eigenen Ländereien haben und dass unsere Männer deshalb in den Krieg für fremde Herren ziehen. Oft können die Familien nur so überleben. Aber auch des Ruhms wegen gehen die Männer aller eidgenössischen Orte in den fremden Dienst. So ist mein Vater als Leibkoch eines Feldherrn in der Schlacht von Pavia vor 18 Jahren gestorben.

Gewiss habt ihr alle auch Verwandte, die dieses Schicksal erlitten haben.» Die Mädchen nicken aufgeregt und flüstern sich gegenseitig zu: «Mein Onkel.» «Mein Grossvater.» «Mein älterer Bruder.»
«Um aufzuzeigen, was es bedeutet, im fremden Kriegsdienst zu kämpfen, lese ich euch nun einen Bericht aus der Chronik unseres Stadtschreibers Werner Schodoler vor. Er beschreibt die Schlacht um Mailand bei Marignano vor 15 Jahren. Ihr alle kennt ihn, Barbara, eure Mitschülerin, ist seine Tochter.» – Erst neulich hat sich Anna mit Barbara Wirz Schodoler darüber unterhalten und von ihr einen Auszug aus den Kriegsberichten ihres Gatten ausgeliehen. Nie wird sie es zulassen, dass ihre zukünftigen Söhne Solddienst leisten. – Sie beginnt zu lesen:

Alle Hauptleute und Kriegsräte der Eidgenossen, die zu Mailand lagen, waren frühmorgens miteinander im Schloss des Herzogs versammelt. Das Mehr entschied, dass die Eidgenossen den Frieden mit dem französischen König halten und heimziehen wollten. Etliche Orte aus den Waldstädten und weitere Knechte aus den inneren und den östlichen Orten, denen ihr Sold lieber war als Nutzen, Ehre und Frieden einer Eidgenossenschaft, beschlossen aber für den Herzog von Mailand gegen das Heer des französischen Königs zu ziehen.

Tapfer haben diese Eidgenossen für den Herzog gekämpft. Der König war mit seinem Heer in der Übermacht. Mit vollem Geschütz, mit Kartaunen, Feldschlangen, Falkaunen und über 6000 Mann mit Hakenbüchsen und Handgeschützen feuerten die französischen Truppen auf unser kleines eidgenössisches Heer in Diensten des Mailänder Herzogs, dass einer möchte meinen, der Himmel täte sich auf und es wäre alles feurig und Himmel und Erdreich wollten zusammenbrechen unter dem feindlichen Schiessen. Derweil blieben die Mailänder selbst in der Schlossanlage. Gott der Herr gab den Eidgenossen am Abend so viel Glück, dass sie ihre Feinde zurücktrieben, doch nicht so, dass diese eine rechte Flucht taten. 16 gute Geschütze auf Rädern wurden dem Feind abgenommen. Unterdessen war es finstere Nacht geworden, und niemand konnte mehr den anderen erkennen. Dazu kam, dass ein Haufen der Eidgenossen einen anderen für den Feind hielt und angriff. Wobei leider viele der vordersten erstochen wurden, bevor sie einander erkannten, was doch erbärmlich zu hören ist. So standen die Männer nass und durchgefroren die ganze Nacht in Schlachtstellung. Das errungene Gebiet wollten sie nicht wieder preisgeben, denn sie waren mühsam durch die feindlichen Gräben vorgedrungen, welche zum Teil mit Wasser aufgefüllt waren und worin unzählige Tote aus beiden Lagern trieben.

Als es tagte, wollten die Eidgenossen zu den 16 Geschützen vorrücken, doch die königlichen Truppen hatten sie umzingelt und griffen von allen Seiten an. Als dann das heftige Feuer der Feinde auf die Eidgenossen niederging, erkannten sie, dass die eigenen Büchsen und Geschosse nass waren und zu nichts mehr taugten. Sie waren geschlagen und flüchteten entweder in Richtung Heimat oder stadtwärts. In Mailand wurden sie nett empfangen und auch verköstigt. Doch am nächsten Tag, als sie sich weigerten, dem Herzog weiter zu dienen, der ihnen übrigens noch viel Geld schuldete, wurden sie von den Feinden oder dem Landvolk auf ihrer Heimkehr erstochen.

Die Knechte, die beim Herzog blieben, übergaben diesen am nächsten Tag dem französischen König, der das Schloss eingenommen hatte. Es wäre besser gewesen, diese wären mit den ersten heimgezogen, wie auch ich es getan hatte. Dann hätte der Herzog sich vielleicht besser in den Handel schicken können.

Ihr seht, liebe Mädchen, auch unter unseren eidgenössischen Knechten gibt es schwarze Schafe, aber im Solddienst herrschen andere Gesetze. Merkt euch: Arme ungelehrte Bauern haben gar keine Wahl. Die reichen Räte in den Städten schliessen Verträge mit den grossen politischen Figuren ab. Im letzten Jahrhundert hat das begonnen. Wir Eidgenossen vergeben unsere Söldnerdienste in alle Himmelsrichtungen. Der französische König, der Herzog von Mailand, die Habsburger und schliesslich der Papst, sie alle heuern Soldaten bei uns an. Und dann geschieht, was geschehen muss: Brüder stehen sich plötzlich in der Schlacht gegenüber. Nachbarn,

Vettern, alle können sich in den verfeindeten Heertruppen unverhofft antreffen und haben den Befehl, sich gegenseitig niederzumetzeln. Welch eine Tragödie uns bei Marignano ereilte, habt ihr soeben gehört.

Genug Geschichte für heute. Marignano ist 15 Jahre her, schauen wir vorwärts. Bestimmt habt ihr zuhause viel Arbeit, die euch erwartet. Ich wünsche euch eine gute Woche.»

Anna entlässt ihre Schützlinge mit einem aufmunternden Lächeln. Wie immer steht sie an der Türe der Schulstube im Pfarrhaus, um jeder Schülerin die Hand zum Abschied zu schütteln. Was sie beim Blick in deren nachdenkliche Gesichter sieht, gefällt ihr. Die Mädchen setzen sich mit dem Gehörten auseinander, was sie ihnen erzählt verpufft nicht sogleich. Es erfüllt sie mit Stolz, hier im Pfarreibezirk nicht nur Mädchen aus den neugläubigen Familien zu unterrichten, sondern auch Töchter aus gemässigten katholischen Familien. Diese Mädchenbildung ausserhalb der Klostermauern und somit für alle kann den Grundstein für eine gebildete Schicht unabhängig von Besitz und Glauben legen. Glücklich wendet Anna sich innerlich an ihr heimliches Vorbild. Für sie ist die Mutter der Jungfrau Maria, ihre Namensgeberin, Leitfigur. Am liebsten ist ihr die Darstellung, wie Anna der kleinen Maria das Lesen beibringt. Sie vermisst die Statue in der Bremgarter Kirche: Vor dem Bildersturm stand die heilige Anna selbdritt nahe beim Altar: Jugendlich selbstbewusst und würdevoll blickt sie auf ihre Tochter, von Kopf bis Fuss in ein loses Tuch eingehüllt. Während das Jesuskind gerade aufgerichtet und doch kindlich verspielt auf ihrem rechten Arm sitzt. Es bildet gleichsam eine Fortsetzung des schützenden Umhangs. Anna erinnert sich an ihren ersten Besuch in der Bremgarter Kirche. Wie gebannt blickte sie damals auf die Statue. Dass das unschuldige Kleinkind über Mutter und Grossmutter mit Gott verbunden ist, berührte sie. Ihre Ergriffenheit lag jedoch in einer anderen Tatsache: Als Voraussetzung für die Verbindung zu Gott steht hier tatsächlich die weibliche Gelehrsamkeit. Die Mutter

Maria sitzt, ebenfalls klein wie ein Kind, auf Annas linkem Arm. In ihren Händen hält sie ein Büchlein, das sie ihrer Mutter Anna zeigen möchte. Fragend blickt sie zu deren Antlitz hoch.

Schon vor hundert Jahren haben Nonnen in den Klöstern Oetenbach, Klingental und Katharinental Bibelabschriften auf Deutsch angefertigt. Anna schmunzelt, wenn sie sich vorstellt, wem Luther die Idee für seine deutsche Übersetzung des Neuen Testaments von 1522 abgeschaut hatte.

An diesem Abend kann sie es kaum erwarten, Heinrich von ihrer Schulstunde zu erzählen. Als er die Tür öffnet, eilt sie zu ihm und schlingt ihre Arme um seinen Hals. Heinrich lacht auf: «Was verschafft mir diese stürmische Begrüssung?» Sanft berührt er ihren gewölbten Bauch. «Mein hochverehrter Herr Gemahl und Pfarrer, dass Ihr gegen das Söldnerwesen seid, rechne ich Euch hoch an. Heute im Unterricht habe ich den Mädchen von der Schlacht um Mailand erzählt. Schodolers Bericht spiegelt den Irrsinn dieser Kriege und was sie für uns in der Eidgenossenschaft bedeuten. Die Mädchen sind so aufmerksam, sie saugen das Wissen um die Machtstrukturen richtiggehend auf. Ich kann die in Gang gesetzten Denkmühlen beinah hören.» Heinrich teilt ihre Euphorie nicht in dem Masse, wie sie sich erhofft hat. Sogleich verfinstert sich seine Miene wieder, er mahnt sie: «Leider ist das keine Garantie für den Frieden. Wir Eidgenossen sterben nicht mehr nur gegen fremde Herren oder in fremden Diensten, sondern im Namen der richtigen Religion. Es bereitet mir Sorgen, dass mein Freund Zwingli selbst ein Draufgänger ist. Er wird nicht lockerlassen, bis die ganzen Freien Ämter reformiert sind.» Anna weiss, dass der errungene Sieg in Bremgarten Zwingli nicht reichen wird. Links und rechts werden Allianzen geschmiedet. Während die Katholischen sich mit dem Reich, das heisst mit Kaiser und Papst, verbünden, holen sich die reformierten Städte Bündnispartner in süddeutschen Städten; Fürsten, die sich dem lutherischen Evangelium zugewendet haben. Die restlichen reformierten eidgenössischen Orte halten sich möglichst aus den

Querelen heraus. Dies sind einerseits Basel und Schaffhausen wie auch Teile der beiden Länderorte Appenzell und Glarus. Auf der anderen Seite, westlich von Bern und nah an der katholischen Grossmacht Frankreich, liegen Freiburg und Solothurn, die beim alten Glauben bleiben. Anna sucht in Heinrichs Gesicht Antworten auf nicht gestellte Fragen: Wie lange wird es dauern, bis Krieg ausbricht? Ihre Freude hat sich verflüchtigt und wie so oft, seit sie hierhergezogen sind, spürt sie eine panische Angst hochkommen. Unvermittelt beginnt sie in der Küche zu hantieren. Nur so kann sie sich erfolgreich von der düsteren Vorahnung ablenken.

Wenn ich mich mit einer Freundin ins Gästezimmer im oberen Stockwerk schleiche, um zu spielen, gibt es ein kleines Ritual: Ich öffne eine knarrende geheimnisvolle Tür, wobei das alte Schloss laut kreischt. – Hoffentlich wacht meine Oma nicht aus dem Mittagsschlaf auf. – Der Anblick ist einschüchternd: Wir stehen in unserer kleinen Kapelle zwischen ein paar Bankreihen. Wenige Stufen führen zum prächtigen Altar hinauf. Links und rechts blicken vier Äbte aus düsteren Porträts von den Wänden auf die kleinen Besucherinnen herunter.

Gleich neben dem Eingang reihen sich drei Urnen aneinander. «Hier drinnen sind meine Urgrosseltern und mein Opa.» Jedes Mal, wenn ich erkläre, mit wem wir es zu tun haben, nehme ich eine Urne in die Hände und schüttle sie. Ich tue das nicht mit böser Absicht, es ist, als ob die Urne berührt sein will. Wir hören etwas rasseln. «Das sind die übrig gebliebenen Knöchelchen», sage ich entschuldigend. Gruseln und Überlegenheitsgefühl halten sich die Waage.

Die Wälder rund um Bremgarten leuchten in den prächtigsten Herbstfarben. Die Hochzeit ist zwei Monate her, und die junge Familie Bullinger hat sich schnell eingelebt. Die meisten Möbel gehören zum Pfarrhaus, daher mussten sie nicht viel ergänzen. Weil sie noch nie einen eigenen Haushalt geführt hat, ist Anna froh um die Hilfe der Schwiegermutter. Heinrich ist ununterbrochen unterwegs, predigt und unterrichtet in den verschiedenen Orten. Auch die regelmässigen Treffen in Zürich mit Zwingli und anderen gelehrten Reformierten befeuern seinen Tatendrang.

Anna indessen hat wenig Zeit, sich um Bücher und Schriften zu kümmern. Sie wartet seit ein paar Wochen vergeblich auf ihre Regelblutung und ist sich jetzt sicher, dass sie guter Hoffnung ist. Die Tatsache verwirrt sie, neben der Freude schwingt auch Unsicherheit mit. Sie benötigt noch ein wenig Zeit, um sich selbst an den Gedanken zu gewöhnen. Bis jetzt weiss nur Heinrich davon. Ihr Leben verändert sich so rasant. Damit sie sich wieder auf festem Grund bewegen kann, möchte sie möglichst viel über die ersten Tage und Wochen eines Neugeborenen erfahren. Sie besucht oft ihre Schwägerin Elisabeth und deren Säugling.

Noch nie hat sie ihren Mann so fassungslos gesehen: «So schnell beschert uns Gott mit Nachwuchs?», ungläubig starrt er sie an. Doch gleich darauf bricht es aus ihm heraus: «Endlich, meine herzallerliebste Hausfrau, werden wir unsere Familie gründen. Wie habe ich mich auf diese Nachricht gefreut. Du wirst sehen, ein kleines Menschenwesen vervollständigt unser Glück.» Auch Anna ist ein wenig überwältigt. Tatsächlich hat dieses Kindchen nicht lange auf sich warten lassen. Woche für Woche sickert das Wunder stärker in ihr Bewusstsein und erfüllt sie mit ungeahnter Glückseligkeit. Über die Geburt verliert sie noch keine Gedanken. Zu viel Angst ist damit verbunden.

An den Wochenenden kommt die ganze Familie bei ihren Schwiegereltern in der Marktgasse zusammen. Hier wird gesellig beisammengegessen, gelacht und politisiert. Seit der alte Dekan

Bullinger wieder in Bremgarten ist, haben er und seine Frau die Tradition des offenen Hauses gleich wieder eingeführt. Die Gäste werden immer köstlich verpflegt, denn die Bullingers wollen ihrem guten Ruf gerecht werden. Aber Freud und Leid wechseln sich in diesem Jahr, 1529, zuverlässig ab. Erst noch beschwingt von der Vermählung im August, wird die Familie am 15. Oktober wieder von einem Todesfall erschüttert. Hans Bernhard ist im Dienst der Habsburger umgekommen. Er hat in deren Streitkräften für Karl V., den römisch-deutschen König und erwählten Kaiser des Heiligen Römischen Reiches Deutscher Nation in Wien gegen die Türken gekämpft. Anna hat nicht damit gerechnet, dass sie so bald von ihrer eigenen Geschichtsstunde eingeholt würde, nun ist ihr Schwager ebenfalls als Söldner gefallen. Sie kann nicht begreifen, warum sich auch Männer aus wohlhabenden Familien für die Schlacht entscheiden. Wie Buben kommen sie ihr vor, wenn sie sich begeistert mit ihren Waffen ausrüsten, um in fremden Ländern zu kämpfen.

Die Bedrohung von Osten, den Osmanen, ist schon länger Tatsache. Auch Mutter Anna Wiederkehr hat schon viel über das unbesiegbare Heer gehört und das Schlimmste befürchtet, dennoch zieht ihr diese Nachricht von Hans Bernhards Tod den Boden unter den Füssen weg. Die ständige Angst um ihre Liebsten schwächt sie. Sie klagt die Männer wegen deren Grössenwahn und Kriegsgehabe an und betet für ihre drei verstorbenen Söhne genauso wie für die beiden, die ihr geblieben sind. Sie hofft inständig, dass seine Gebeine in geweihter Erde liegen.

Das junge Paar beschliesst, den Eltern noch nichts über die Schwangerschaft zu sagen. Während sich Anna und Heinrich in Bremgarten auf das Leben zu dritt vorbereiten, ist Abt Laurenz besorgt um seinen Stand und sein Leben. Selbstverständlich hält er sich nach wie vor an die katholischen Orte und liegt zunehmend mit Zürich im Streit. Insgeheim verflucht er Wyssenbach von Unterwalden. Der neue Landvogt ist aufbrausend und stellt sich allzu verbissen gegen die Neugläubigen. Er hat sich in Muri niedergelassen und droht allen Bürgern, die sich Zwingli anschliessen, mit schweren Strafen. In Muri gibt es aber viele Bauern, die sich jetzt dem neuen Glauben zuwenden, da in Bremgarten klare Machtverhältnisse herrschen. Dies verheisst wiederum für das Kloster nichts Gutes. Der Abt ist darauf angewiesen, dass die Pfründe von treuen Anhängern bestellt werden und die Abgaben pünktlich erfolgen. Die Vereinbarungen aus dem Kappeler Landfrieden werden von beiden Seiten nicht eingehalten. Einerseits hört Zürich nicht auf, in den katholisch dominierten Orten der Freien Ämter verbotenerweise für den neuen Glauben zu werben, immer wieder gibt es entsprechende Klagen an der Tagsatzung in Baden. Andererseits werden die Evangelischen im grossen Gebiet der Murianer Pfründe benachteiligt, geplagt und sogar vertrieben, obwohl die religiöse Minderheit vertraglich geschützt ist.

Der Landfrieden verlangt, dass jede Bürgergemeinschaft darüber abstimmen kann, welchem Glauben sie angehören, ob sie künftig katholisch oder reformiert-evangelisch sein will. Natürlich bearbeiten beide Seiten die Bürger, bevor diese sich demokratisch entscheiden können. Die Untervögte erklären Abstimmungen als ungültig und lassen sie nach eingehenden Verhandlungen mit den Bauern wiederholen, dabei gewinnen zuweilen die Gegner. Das Tauziehen ist nervenaufreibend. Der Missbrauch der Vereinbarung ist wegen der unpräzisen Formulierung vorprogrammiert gewesen. Beide Parteien wollen sich ihre Schlupflöcher offenhalten, was ein Leben in Frieden verunmöglicht.

In Muri und Hitzkirch ist der Konflikt stark zu spüren. Laurenz würde sich am liebsten ganz nach Bremgarten absetzen, wo er nicht dauernd Massnahmen gegen Evangelische ergreifen muss und im Gegenzug sofort Zürichs Reaktion zu spüren bekommt. Schon im Sommer hat Zürich in Baden gegen ihn geklagt.

Unterdessen spitzt sich der Konflikt noch weiter zu. Die inneren Orte, die katholischen Verlierer des Kappeler Landfriedens, weigern sich, die vereinbarten Kriegskosten zu zahlen. Dies gibt Zürich wiederum einen Grund, weitere Massnahmen zu ergreifen. Und diesmal geht die Stadt aufs Ganze: Im Herbst 1529 überredet sie die reformierten Gebiete, eine Zufuhrsperre gegen die fünf Orte Luzern, Zug, Uri, Schwyz und Unterwalden einzurichten. Wieder müssen die Freien Ämter, der Knotenpunkt der Handelswege, den Kopf hinhalten. Den Transport von Lebensmitteln zu stoppen, ist niemandem recht. Die Armen leiden zuerst darunter; deren Wut wird sich bald entladen. Weil die katholischen Orte nicht für einen bewaffneten Konflikt vorbereitet sind, geben sie zum Glück nach und erklären sich endlich bereit, die Kosten zu übernehmen. Noch einmal kann ein Krieg abgewendet werden.

Auch Heinrich Bullinger, der Ältere, atmet auf. Die kurze Exilzeit in Zürich und die Eheschliessungen ihrer Söhne haben das ältere Paar überzeugt, diesen Schritt ebenfalls möglichst schnell in die Wege zu leiten. Über all die Jahre haben sie sich ihrer Zusammengehörigkeit ohne Trauschein versichert. Jetzt können sie offiziell den Bund der Ehe schliessen. Es erfüllt sie mit Genugtuung. Zusammen mit Huldrych Zwingli legen sie den Termin für ihre Hochzeit fest: Am 31. Dezember 1529 traut der Antistes das Paar im Grossmünster in Zürich im Beisein vieler Freunde.

🌷

Seit die inneren Orte klein beigegeben haben, ist die Zufuhrsperre aufgehoben. Die einzelnen Gemeinden versuchen, Ordnung und Frieden herzustellen. Der Spätfrühling wirkt mit seiner Blütenpracht versöhnlich.

Vor zwei Monaten hat Anna Abt Laurenz besucht. Seitdem drehen sich ihre Gedanken gelegentlich um das Gespräch. Oft denkt sie an ihren Vater und ihre Kindheit; mag sein, dass dies auch der nahen Geburt geschuldet ist. Immer wieder landet sie bei der Krönchenblume in Abt Laurenz' Garten, bei Trinkler und Waldmann und der Erzählung ihres Vaters über die Tötung der Hunde.

Wehmütig lässt Anna die Stimme ihres Vaters im Kopf verklingen. Diese alten Geschichten lassen sie noch immer nicht los. Sie schaut sich in der Pfarrstube um, wo viele Gäste Platz finden müssen. Der grosse Tisch mit teils schlichten, teils schön verzierten Stabellen nimmt am meisten Raum ein. Diese Holzstühle mit ihren kunstvollen Rückenlehnen beleben den Raum: Da gibt es eine Fratze zu entdecken, dort zwei Fischkörper zu einem Herzen gebogen, und immer wieder bewundert Anna die Lehnen mit Weinranken, worin sich Obst, Eicheln und merkwürdige Gestalten verstecken. Durch die Butzenscheiben dringt angenehmes Licht, das Holztäfer strahlt Gemütlichkeit und Wärme aus. Der grün gekachelte Ofen steht an der Wand zur Küche, von wo er auch eingeheizt wird. Obwohl sie glücklich ist mit ihrem neuen Leben in Bremgarten an Heinrichs Seite, versteht sie ihre Erinnerungen als Mahnzeichen. Schon zu Zeiten von Hans Waldmann hatten die Machthaber die Bauern und vor allem deren Rache unterschätzt. Der Wind kann sich schnell drehen. Wie wird es heute, 40 Jahre später, herauskommen? Es wundert sie nicht, dass sich die Bauern und Handwerker mit dem neuen Glauben anfreunden. Die Handwerker haben sich durch die Besserstellung ihrer Zünfte zunehmend Gehör verschafft, sie sehen in der Reformation das Versprechen für eine gerechtere Verteilung der Güter. Seit Kurzem sind auch Bern und Basel reformiert. Hier jedoch in den Freien Ämtern sind die Untertanen komplett abhängig vom Wohlwollen ihrer Herren, deshalb schwanken sie hin und her: Einmal geloben sie Treue gegenüber dem alten Glauben, dann wieder entscheiden sie sich für den neuen Glauben, je nachdem, wer eine Stellungnahme verlangt. Es ist kein Geheimnis, dass sie von beiden Seiten bearbeitet werden. Sowohl die reformierten als auch die katholischen Schirmherrschaften drohen damit, ihren Schutz aufzuheben. Im Falle einer kriegerischen Auseinandersetzung sind die Bauern hier vollkommen hilflos. Hatten sie im Herbst noch auf ein wenig Ruhe gehofft, so begannen die verfeindeten Orte bereits im Januar erneut die Klingen zu wetzen. Unter anderem auch weil

Zürich den ehrwürdigen Dekan Bullinger gegen Luzerns erbitterten Widerstand als Prädikanten in Hermetschwil eingesetzt hat.

Heinrich und Anna Wiederkehr sind glücklich darüber, wieder in der Heimat, in ihrem Haus Zum Wilden Mann zu sein. Schon zu oft haben sie umziehen müssen; sie verdienen es, eingebettet in ihrer Gemeinde alt zu werden. Jetzt mit seiner zurückgewonnenen Aufgabe strahlt Heinrich Bullinger, der Ältere, wieder Lebensfreude aus. Regelmässig besucht er das Kloster und vermittelt zwischen den heiratswilligen Nonnen und Männern, meist Witwern, die für eine ehrbare Vermählung in Frage kommen. Auch Magarete befindet sich darunter. Erstaunlicherweise scheint es ihr aber kein dringliches Bedürfnis mehr, aus den Klostermauern hinauszukommen.

Obwohl sich Anna für ihren Schwiegervater freut, ist ihr bei dieser Entwicklung nicht ganz wohl. Der Landvogt schaut mit Adleraugen auf die Umgebung von Bremgarten. Zu diesem Zweck hat er sich in Muri niedergelassen. Er reagiert auf die kleinsten Anzeichen von reformatorischen Bestrebungen. Dass die kleine Gemeinde Hermetschwil, die eng mit Muri verbunden ist, sich für den neuen Glauben ausgesprochen hat, stösst ihm bitter auf. Er muss im Namen der sieben regierenden Orte für Recht und Ordnung in den Freien Ämtern sorgen. Seit über 100 Jahren sind die Gemeinen Herrschaften der Hohen Gerichtbarkeit durch diese Orte ausgeliefert. Haben ihre Gross- und Urgrosseltern noch unter den Habsburgern gelitten, so werden sie heute von den eidgenössischen Junkerfamilien und den Klöstern ausgesaugt. Die katholischen Machtzentren werden immer noch vom fremden Adel, allen voran den Habsburgern beschützt. Das Schmarotzertum reizt die unteren Stände bis aufs Blut. Anna kann den Unmut der armen Landbevölkerung verstehen. Alles scheint im Umbruch: Ungerechtigkeiten und Ungereimtheiten, die es vermutlich schon immer gegeben hat, werden heute mit anderen Augen wahrgenommen. Die Hoffnung auf ein besseres Leben als Reformierte ist geweckt.

Die erste Wehe setzt an einem Mittwochabend Mitte Mai 1530 unerwartet ein. Die Schwiegermutter hat Britta, die alte Magd der Familie Bullinger, schon zwei Wochen zuvor zu ihrem Sohn und seiner Gattin geschickt, damit sie bei der Geburt helfen kann. Wie jede werdende Mutter hat auch Anna Angst. Der Anblick einer schwangeren Frau löst bei manchen Frauen das Bedürfnis aus, ihre Erfahrungen der Niederkunft zu schlimmen Gräuelgeschichten auszuschmücken. In der Mitte ihrer Schwangerschaft hat Anna die Erzählungen noch mit grossen Augen und offenen Ohren in sich aufgesogen, doch bald hat sie gemerkt, dass ihr diese schaden. Auch sie hat einige Frauen gekannt, die bei der Geburt gestorben sind. Also hat sie sich entschieden, das Thema zu meiden. Nur mit Elisabeth, ihrer Schwägerin, hat sie auch in letzter Zeit noch gerne über das bevorstehende Ereignis gesprochen.

Britta, die in der Küche einen Teig vorbereitet, hört Annas Stöhnen und ist sofort bei ihr. Mit geübten Händen packt sie die Hochschwangere, führt sie zum Bett und gibt in aller Ruhe Anweisungen. Anna und Heinrich sind unendlich dankbar, dass die erfahrene Magd das Zepter übernimmt, die gelassene Zuversicht überträgt sich auf alle. Nach einer Stunde ist alles bereit: das warme Wasser, die Tücher, die verschiedenen Teeaufgüsse. Ausserdem hat Britta ein kleines Abendbrot auf den Tisch gezaubert. «Ihr beide müsst euch stärken, wir wissen nicht, wie lange die Geburt dauern wird», mahnt sie Anna und Heinrich. Erstaunt stellen sie fest, dass sie tatsächlich Hunger haben. Noch vergeht viel Zeit von einer Wehe zur nächsten. Heinrich schaut Britta zu, wie sie Annas Rücken massiert. «Das nächste Mal werde ich das übernehmen können», schmunzelt er. Heinrich lässt es sich nicht nehmen, bei der Geburt dabei zu sein. In der heftigen Diskussion mit Britta hat er sich dagegen gewehrt, dass dies reine Frauensache sei. Als Seelsorger sei er für das ganze Leben zuständig, nicht nur ab der Taufe bis zum Tod. Erst nach sechs Stunden schickt Britta nach der Hebamme. Die Zeit hat für Anna aufgehört zu existieren. Sie nimmt den nun eingetretenen Rhythmus der Wehen wie einen langsamen universellen Herzschlag wahr. Sie, das Kind und die Welt sind in einem einzigen grossen Leben verbunden. Doch irgendwann geht es nicht mehr vorwärts. Der Abstand bleibt konstant. Die Hebamme tastet den Bauch ab, horcht mit einem Hörtrichter die Herztöne ab und nickt zufrieden. «Alles in Ordnung.» Sie verabreicht Anna ein Pulver und rät ihr in den zehnminütigen Ruhephasen ein wenig zu dösen. Endlich nach vier Stunden verdichten sich die Wehen. Im Fünfminutentakt schiesst der Schmerz in Annas Unterleib. Immer kürzer werden die Abstände, sie kann kaum noch verschnaufen. Es kommt ihr vor, als wäre sie schon unendlich lang in diesem Rhythmus gefangen. Irgendwann möchte sie sich noch einmal hinlegen, nur noch schlafen. Doch die nächste Wehe ist schon wieder da. Wie in Trance begibt sie sich auf den Gebärstuhl. Sie drückt sich an die gerundete Rückenlehne, um Halt zu finden, ihre Hände krallen sich am vorderen Rand der hufeisenförmigen Sitzfläche fest. Unterdessen hat sich die Hebamme auf einem niedrigen Schemel vor sie hingesetzt, ihre Hände greifen zielsicher unter den Schlafrock und ertasten die Öffnung. Diese beträgt nun eine Spanne und die Hebamme ermuntert Anna: «Ich spüre das Köpfchen, du musst weiter pressen. Du machst das sehr gut!» Anna hat jegliches Zeitgefühl verloren. Nach 13 Stunden ist sie da: Änneli gibt einen kurzen Laut von sich, es ist weniger ein Schrei, als vielmehr ein Seufzer, ihr erster Atemzug. – Eine halbe Stunde später zieht sich Annas Unterleib nochmals zusammen und kurz darauf kommt die Nachgeburt zum Vorschein. Die Hebamme prüft sie genau, doch dann nickt sie zufrieden: «Sie hat eine leuchtende Farbe, ist schön durchblutet. Alles ist, wie es sein soll.» Die Erleichterung und Freude über die gut verlaufene Geburt und das gesunde Mädchen sind übermächtig.

Anna kann sich während des Wochenbetts erholen und ihr Töchterchen bestaunen. Dass sie wegen des Dammrisses kaum sitzen kann, hat ihr niemand vorausgesagt. Aber die Hebamme hat ihr gezeigt, wie sie den schlimmsten Schmerz mit einer Tuchrolle umgehen kann. Zum Glück hat sie bei Elisabeth gesehen, wie wichtig es ist, die Brustwarzen gut vorzubereiten. Sie hat sie seit Wochen gründlich abgerieben, sodass sie nicht mehr ganz so empfindlich sind. Wenn Änneli an ihrer Brust trinkt, ist das heftige Saugen trotzdem äusserst schmerzhaft. Die Hebamme tröstet sie damit, dass dies der guten Rückbildung der Gebärmutter diene. Heinrich betrachtet seine kleine Tochter verzückt. Wenn er zuhause arbeitet, stiehlt er zwischendurch einen Moment, um sich der Wiege zu nähern. Er merkt aber bald, dass die Kleine in erster Linie schläft. So kehrt er getrost zu seinen Aufgaben zurück. Anna nutzt die Zeit, wenn Änneli gut versorgt und zufrieden in der Wiege liegt. Sie weiss, dass sie diesen Freiraum bald nicht mehr haben wird. Oft denkt sie über die letzten Jahre nach und versucht ihre Zukunft zu skizzieren.

Obwohl Anna erst vor einem guten Jahr von Oetenbach weggezogen ist, kommt ihr der Aufenthalt dort wie aus einem anderen Leben vor. Die Anna von damals war erfüllt von einer geistigen Existenz. Es hat ihr an nichts gefehlt. Sie hat es genossen, ihren Alltag weitgehend selbst zu gestalten, zu lesen, beten und sich um die Armen zu kümmern. Die Abende hat sie meist allein in den zwei schönen Zimmern der Priorin verbracht. Den weiten Raum für ihre Gedanken hat sie durch ihre Vermählung für ein Gefühl der Einbettung und Geborgenheit in ihrer neuen Familie eingetauscht. Sie steht in der Küche des Pfarrhauses in Bremgarten und wird schlagartig aus ihren Erinnerungen gerissen. Ihr Töchterchen ist aus dem Mittagsschlaf aufgewacht und weint. Sofort ist sie mit ihren Gedanken zurück in der Gegenwart. Sie ist fasziniert von diesem Glücksgefühl, das sie beim Anblick des winzigen wunderbaren Wesens überrollt. Nachdem sie Änneli gestillt hat, legt sie es wieder in die Wiege, wo es zufrieden vor sich hin gurgelt. Unterdessen beendet Anna die Vorbereitungen für das Abendmahl. Der Teig liegt unter dem Leinentuch in einer Schüssel und kann nun ruhen. Die Linsen, eingeweicht seit dem frühen Morgen, wird sie in einer Stunde aufs Feuer stellen. Vom Sonntag gibt es noch Resten eines sauren Bratens. Diesen wird sie zerzupft einer dicken Sosse beigeben. Es bleibt Anna noch ein wenig Zeit, um frische Luft zu schnappen. Kurzerhand hebt sie Änneli nochmals liebevoll aus der Wiege und packt den Säugling ins Wickeltuch, das sie geschickt um ihren Körper geschlungen hat. Die wenigen Schritte am Fluss entlang tun ihr gut, um ihre Gedanken zu ordnen. Anna will ihren nächsten Besuch bei Abt Laurenz vorbereiten. Sie kann es sich nicht erklären, aber während diesen Audienzen möchte sie ihren Verstand beweisen, die katholischen Widersprüche mit ihren Argumenten zerpflücken.

Dass viele Pfarrer, Mönche, ja sogar Äbte ein Doppelleben führen, wissen alle. Das Zölibat ist eine verlogene Sache, entweder haben die Mönche in den Klöstern ihre Liebhaber, nicht selten junge Knaben, oder sie treffen sich gelegentlich mit Nonnen, die ein eher weltliches Leben führen. Priester leben recht offenherzig mit ihren Mägden im Konkubinat und zeugen Kinder.

Zu Beginn ihrer Klosterzeit hatte sie diese Menschen noch verurteilt: Wie konnten die Geistlichen nur so inkonsequent und würdelos sein! Noch hatte sie Heinrich nicht gekannt. Überall in den unteren Freien Ämtern, in Zufikon, Lunkhofen und Oberwil, haben die Pfarrer noch vor Kurzem in eheähnlichen Beziehungen gelebt, und die Bevölkerung hat das akzeptiert. Mancherorts hat sich die Situation nicht geändert. Es gibt sogar Pfarrer, die neben ihren festen Konkubinen herumhuren, und auch das wird meist bewusst übersehen. Heinrichs Vater wurde trotz seines nicht konformen Lebensstils nie in seiner Stellung als Pfarrer und Dekan angefochten. Niemandem in der Umgebung kam es in den Sinn, seine Söhne zu ächten. Weil Bullinger ein äusserst liebenswürdiger und gebildeter Mann ist, der aus einem alten Bremgarter Bürgergeschlecht stammt, konnte das Vergehen des Konkubinats seinem Ruf nichts anhaben. Die Menschen besuchten seinen Gottesdienst gerne.

Die Verstösse gegen den klerikalen Verhaltenskodex zeigen sich aber noch in weiteren Bereichen: Pfarrer und Kapläne wissen ein richtiges Fest zu schätzen; mit ihren Konkubinen und den Kindern nehmen sie in Zürich am Schützenfest teil. An Tanzanlässen gebärden sie sich oft ausgelassen, was manchmal zu Klagen führt. Der Bischof zu Konstanz, der für die Einhaltung der kirchlichen Gebote verantwortlich ist, fordert zwar das Zölibat seiner Kleriker, aber da er selbst ein recht lebenslustiger Geistlicher ist, der die Pracht liebt, legt er die Angelegenheit bei, indem er jährliche Bussen ausspricht. Diese zu begleichen, ist für die Pfarrer keine grosse Bürde, nehmen sie doch durch die Pfründe genug ein. Und der Bischof ist seit Jahr und Tag mit dieser Lösung recht zufrieden, er kann mit den zusätzlichen Einnahmen die Schlösser Meersburg, Markdorf und Arbon um- und ausbauen. Anna überlegt sich, wie sie diesen unhaltbaren Tatsachen entgegentreten würde. Es müsste doch Lösungen geben, diesem moralisch verdorbenen System Einhalt zu gebieten, ohne das ganze Glaubensgebäude zu zerstören. Was ist wirklich verwerflich? Ist der Kodex selbst nicht unangebracht, wenn ein gesunder Mensch beinah gezwungen wird, ihn zu missachten? Ihren Schwiegervater hat die Beziehung zu seiner Konkubine bestimmt nicht zu einem schlechteren Pfarrer gemacht, im Gegenteil.

Während die männlichen Kirchenvertreter Wege gefunden haben, die strengen Regeln zu umgehen, sieht es bei den Frauen anders aus: Die Frauenklöster sind zwar ebenfalls berüchtigt für den Sittenzerfall, weil sie sich seit Langem in einen Versorgungsort für adelige und wohlhabende Töchter gewandelt haben. Die Nonnen leisten sich zum Teil Bedienstete und einen weltoffenen Lebensstil. Aber es gibt keinen Status, der es ihnen ermöglicht, mit einer eigenen Familie zu leben und dennoch in der Kirche eingebunden zu bleiben. Und wie steht es jetzt bei den Reformierten um die Nonnen, die weder eine fürsorgliche Familie haben, noch einen Ehegatten möchten? Anna denkt an ihre lieben Schwestern in Oetenbach. Noch gewährt die Stadt rund 25 Nonnen das Wohnrecht im Kloster, darunter auch ihrer Freundin Eva Straessle. Anna hat selbst erlebt, wie wertvoll ein klösterliches Leben sein kann. Wenn es aber nach den Reformierten geht, soll damit Schluss sein.

Erst letztes Jahr hat ihr Margarete die ganze Geschichte um ihre Vermählung vor sieben Jahren erzählt. Anna schaudert ob der Ohnmacht gegenüber der väterlichen Gewalt, auch wenn dies ganz normal ist. Eine Frau gehört nie sich selbst, sondern ihren männlichen Angehörigen. Mancher katholische Vater würde seine Tochter gerne wählen lassen, ob sie sich eher in den Schutz eines Klosters oder eines Ehegatten begeben möchte. Aber das Vermögen reicht oft nicht für eine angemessene Verbindung. Damit die Söhne das Ansehen der Familie weiterführen und sich gut vermählen können, brauchen sie genug Ländereien und eine Burg, da bleibt oft nicht genug für eine Mitgift für die Töchter. Und eine Heirat unter ihrem Stand kommt nicht infrage.

Beinah noch schlimmer erscheint Anna die Gepflogenheit, die eigenen Kinder zum Zweck des Ablasses in ein Kloster zu bringen. Alles wird von den findigen Papisten als Sünde erkannt: Sogar wenn Mutter und Kind bei der Geburt sterben, werden sie im Fegefeuer landen. Das Totgeborene gilt als Frucht der Erbsünde, weil es die Taufe noch nicht empfangen hat. Nicht nur einmal hat Anna erlebt, wie Kinder beim Begräbnis ihrer Mutter eine solche Angst ergriff, die Verstorbene würde unendlich im Fegefeuer brennen, dass sie ihr eigenes Leben für die Gnade Gottes hingaben: Eine oder sogar zwei Töchter gehen dann für das Seelenheil der Verstorbenen als Bräute Christi ins Kloster, manchmal auch auf Druck der Familie. Die Mitgift kommt jedem Konvent gelegen. Die Mädchen verlieren schlagartig ihre Freiheit.

Mit meiner Freundin spiele ich im Wäldchen links vom Gartentor, zwischen Buchen, Nadelhölzern und Eiben. Von hier aus haben wir den Hof und das ganze Gebäude im Blick. Gegenüber lädt der Eingangsturm mit Portal in den Muri-Amthof ein. Auch das Rundportal in der Mitte des Haupthauses können wir beobachten. Wenige Treppenstufen führen dort hinunter in das grosse Kellergewölbe mit den starken Stützpfeilern.

Wir klettern auf die Bäume und stellen uns vor, wie die Feinde im Keller uns auflauern. Sie wollen uns gefangen nehmen. Die Gefahr ist greifbar nah. Leise wie Winnetou und Nscho-tschi bewegen wir uns durch das Gestrüpp. Wir sind mit unseren selbst gebastelten Pfeilbogen gegen einen möglichen Angriff gewappnet.

Bei Margarete liegt der Fall allerdings anders. Die Göldlis sind so reich, dass die Aussteuer üppig ausgefallen wäre. Margarete wurde damals Opfer der Gier von Kaspar Göldlis zweiter Gattin. Jeder Gulden, den sie für die Stieftochter ausgeben musste, reute sie. Margaretes Vater kümmerte das nicht. Die junge Gemahlin hatte ihn schnell überzeugen können, dass er das Ansehen seiner Familie durch die Anbindung an ein Kloster sogar steigern konnte: Jede seiner Spenden wurde öffentlich verdankt.

Wie Anna es auch immer dreht und wendet, ein Frauenleben im Kloster kann sowohl die grosse Befreiung als auch eine schreckliche Qual sein. Dass es der einzige Ort ist, wo Frauen unter sich sind und bis zu einem gewissen Grad auch ihre eigenen Regeln bestimmen können, bringt sie ins Grübeln. Sie selbst war und ist bevorteilt, das macht das Unrecht gegenüber den meisten Frauen aber nicht ungeschehen.

Eilig stapft Anna nach Hause. Sie muss das Abendmahl fertig zubereiten. Sobald sie die Haustür öffnet, löst sich ihre Anspannung. Ihr Blick streift über die Möbel in ihrer Kemenate, sie hat die warme Stube liebevoll eingerichtet. In der offenen Feuerstelle lodern die Flammen, es ist ein kühler Abend. Heinrich sitzt am Schreibtisch, lächelt sie kurz an, um seine Aufmerksamkeit gleich wieder der Feder und dem Briefbogen zuzuwenden. Anna legt das schlafende, eng in warme Tücher eingewickelte Änneli in die Wiege und gibt ihrem Gatten einen innigen Kuss. Sie muss über seinen Blick lachen. Erstaunen, Freude, aber auch gedankliche Abwesenheit liest sie in seinem Gesicht. «Lass dich nicht ablenken, mein allerliebster Herr Gemahl.» Wie glücklich kann sie sich schätzen. Sie hantiert geschickt in der Küche, Britta hat die Linsen schon über das Feuer gehängt und der Brotteig liegt im Kachelofen. Ein köstlicher Duft hängt in der Luft. Nachdem sie gegessen haben, kehrt Heinrich zurück an seine Schreibarbeit und Anna nutzt das verbleibende Licht, um ein Hemd zu stopfen. Sie geniesst die gemeinsamen Abende zu Hause, wenn sie beide ihren

Gedanken nachhängen können. Noch einmal schweift sie zu ihrer ehemaligen Klosterschwester.

Sie bewundert Margarete Göldli, die trotz der widrigen Umstände ihren eigenen Weg sucht. Seit sie die Junkertochter im letzten Jahr, zuerst an der Hochzeit ihres Schwagers und dann in Zürich, besser kennengelernt hat, ist Anna fasziniert von den verschiedenen Schattierungen ihrer Geschichten. Margarete hat die Achtung vor sich selbst behalten, weil sie sich entschieden hat, die öffentliche Meinung zu ignorieren und sich an die wenigen Menschen zu halten, die ihr wohlgesinnt sind.

Weil Anna von ihrem Vater einiges über die Familie Göldli weiss, hat sie sich immer mit Margarete verbunden gefühlt, trotz der Distanz zwischen ihnen: hier die gut behütete Bürgertochter Anna, dort die zwar bessergestellte und herausgeputzte, aber immer etwas einsam wirkende Junkertochter. Wie glücklich ist sie darüber, endlich eine Gefährtin zu haben, mit der sie sowohl über ihre Kindheit in Zürich, das Klosterleben als auch das noch ungewohnte Leben einer Hausfrau und Mutter sprechen kann.

Erst als Heinrich vom Schreibtisch aufsteht, löscht auch sie die Kerze. Gemeinsam begeben sie sich zu Bett. Sie schmiegen sich eng aneinander und erzählen sich noch kurz, was sie beschäftigt. Noch während Anna Heinrich ihre letzten Gedanken über Margarete mitteilt, hört sie seinen regelmässigen Atem.

Am folgenden Morgen besorgt Anna die Einkäufe für den Haushalt selbst. Nebst den Lebensmitteln möchte sie ein rot-schwarzes Zierband suchen. Natürlich hält sie sich an die mehrheitlich schwarze Bekleidung der Reformierten, aber es bereitet ihr Freude, unauffällig und bescheiden ein wenig Farbe anzubringen. Das Band wird die inneren Abschlüsse des Kragens sowie der weiten Ärmel ihres Mantels zieren. Gut gelaunt macht sie sich auf in Richtung Holzbrücke; am Brückenkopf angelangt, steigt sie linkerhand den steilen Bogen zum Markplatz hinauf. Im Laden bewundert sie die Bänder, lässt sich aber nur solche in verschiedenen Schwarz- und

Grautönen zeigen. Sie hat soeben beschlossen, die farbigen Bänder besser in Zürich zu kaufen, wo man sie nicht kennt. Zu gerne würde ihr mancher Bremgarter eine Verfehlung anlasten. Weiter oben in der Marktgasse holt sie noch ein Töpfchen Tinte, wie Heinrich sie gebeten hat. Da dringt aus dem Hirschen, wo nur katholische Reisende absteigen, lautes Geschrei an ihr Ohr. Noch liegen die Nerven wegen der Zufuhrsperre vom vergangenen Herbst blank. Während sich in Zürich dank der klaren Haltung des Rats so etwas wie Ruhe zwischen Reformierten und Katholiken eingestellt hat, entfacht in der Reussstadt schon ein kleiner Funken wieder Misstrauen und Groll. Ein reformierter Kahnführer, der am Tag zuvor spätabends endlich die Anlegestelle in Bremgarten erreicht und sich dann hat volllaufen lassen, muss die falsche Tür erwischt und dies erst jetzt erkannt haben. Er stolpert aus der Wirtsstube im Erdgeschoss, während zwei andere Gäste ihn durchs offene Fenster heftig beschimpfen.

Schnellen Schrittes macht Anna sich wieder auf den Heimweg. Seit der Entbindung ist sie dünnhäutig. Sie späht kurz links in die Schwyngasse. Wie mag es Abt Laurenz gehen? Unvermittelt stellt sie sich ihn in seinem Gemäuer vor.

Wenn ich den Süssmost im Keller holen muss, renne ich die Schnecke hinunter. Der Schlüssel liegt schwer und gross in meiner Hand. Bevor ich die breite, gerundete Holztür öffne, atme ich tief durch. Die Dunkelheit hinter der Tür droht, mich zu verschlucken. Dort, immer beim kleinen Absatz vor der ersten Stufe, bleibt mir das Herz beinah stehen. Erst wenn ich diesen Schritt getan habe, kann ich meinen Arm ausstrecken, um den Lichtschalter zu betätigen. Die schwache Glühbirne bringt das enorme Gewölbe zaghaft zum Vorschein. Es erstreckt sich so weit nach hinten, dass ich das Ende in dem spärlichen Licht kaum erkenne.

Die Panik lässt ein wenig nach, sobald ich rechts die Hurten und Harassen sehe. Aber hinter jeder der massiven Säulen könnte sich jemand verstecken. Eiligst überwinde ich die letzten Stufen, packe zwei der grünen Glasflaschen und haste die Treppe wieder hinauf.

Endlich zieht in Bremgarten so etwas wie Stabilität ein. Bullinger, der Jüngere, hat eine beschwichtigende Wirkung, gerade wegen seiner Offenheit. Abt Laurenz gehört zu den Verlierern des Kappeler Landfriedens, er ist aber froh um die klaren Verhältnisse. Während in der Stadt selbst keine Gewaltausbrüche mehr vorkommen, bleibt die Reussstadt dennoch ein Zankapfel zwischen den katholischen inneren Orten der Eidgenossenschaft und den zwei protestantischen, Zürich und Bern. Er ist sich sicher, die Entscheidung über die Glaubensfrage ist noch längst nicht gefallen. Die Reussstadt hat einiges zu bieten. Sie ist zwar etwa fünfmal kleiner als Zürich, der blühende Handel verschafft ihr aber eine grosse Bedeutung. Zusätzlich geniesst Bremgarten den stolzen Ruf, ein paar der gescheitesten Köpfe hervorgebracht zu haben. Mehr als 50 Männer aus Bremgarten haben in den vergangenen Jahrzehnten die besten Universitäten im deutschsprachigen Raum besucht. Dies hat mit der herausragenden Lateinschule zu tun. Die Knaben aus den wohlhabenden Familien werden hier ab dem fünften Lebensjahr unterrichtet. Es sind unter anderem Geschlechter wie Burkhard, Honegger, Schodoler, Bullinger, Weissenbach. Laurenz schätzt diese Tradition. Die Stadt ist geprägt von diesen gebildeten Bürgern, die sich mit dem Weltgeschehen auseinandersetzen. Hat der Vater studiert, so tun es die Söhne ihm oft gleich, sofern die Familie es sich leisten kann. Einige beginnen schon mit drei Jahren Latein und Griechisch zu lernen. Auch sein Freund Heinrich Bullinger, der Ältere, unterrichtete seine Söhne früh selbst. Er ist etwa zehn Jahre älter als Laurenz, doch sie haben ihre Karriere beinah gleichzeitig begonnen. Laurenz erinnert sich, wie das verfolgte Paar vor über 20 Jahren endlich in die Heimat zurückgekommen war und der Dekan im Jahre 1506 in Bremgarten zu predigen begann. Er selbst wurde zwei Jahre später als junger Mann zum Abt gewählt. In all den Jahren gingen sie regelmässig zusammen auf die Jagd. Viele Stunden verbrachten sie damit, über ihre Gedanken, ihre Freuden und Sorgen zu sprechen. Für Laurenz sind diese Begegnungen bis heute unendlich wertvoll. Sein Bekanntenkreis hat sich in den letzten Jahrzehnten vervielfacht: Würdenträger, Fürsten und andere Herren aus den benachbarten Ländern besuchen ihn regelmässig. Seinen alten Freund schätzt er dennoch nach wie vor besonders als eigenwilligen Freigeist, der ein umfassendes Wissen besitzt und die Ideen der Humanisten verfolgt.

Die Abende verheissen Kerzenlicht und Geborgenheit. Während meine Brüder, auf dem roten Buchara-Teppich liegend, Schach spielen, vertiefe ich mich am liebsten in ein Buch. Hinter uns zieren 30 alte Familienwappen die Wand: weltliche und geistliche Kurfürsten, Herzöge, Markgrafen, Freiherren und Dienstmannengeschlechter machen hier ihre Aufwartung. Sie kommen mir vor wie Schutzschilde aus der fernen Vergangenheit.

Ich stelle mir vor, wie der ursprüngliche Hausherr Laurenz von Heidegg seinen Fries bewundert. Heute dreht er sich um und zwinkert mir zu. Überrascht lasse ich das Buch sinken und schaue mich um. In dem Moment schlägt einer meiner Brüder wütend eine Schachfigur um. Ich lasse mich kurz ablenken, und schon ist der Geist verschwunden.

Bekenntnis über der Reuss

Der Herbst verkürzt die Tage. Anna hat bereits die Wollsachen aus der Kleidertruhe im Dachstock heruntergeholt. Änneli ist wenige Monate alt, und Annas Liebe für das schutzlose Wesen ist unermesslich. Bereits zeichnet sich wieder ihr wachsendes Bäuchlein ab. Seit sie Mutter ist, empfindet sie ihre Verantwortung noch stärker: Sie möchte Wissen vermitteln und so zu einer besseren Gesellschaft beitragen. Seit nunmehr einem Jahr unterrichtet Anna die Mädchen in Bremgarten. Sie ist überzeugt, dass sie damit einen wichtigen Beitrag leistet. Soeben schliesst sie die Schulstube. Wie immer nach dem Unterricht kreisen Annas Gedanken weiter um die behandelten Themen. Doch diesmal reisst sie sich los, denn sie hat wieder eine Verabredung mit Laurenz von Heidegg. Damit sie den Muri-Amthof nicht unvorbereitet besucht, versucht sie sich zu erinnern, worüber der Abt und sie das letzte Mal gesprochen haben. Trinkler, kommt es ihr in den Sinn, der Selbstmord. Sie bekommt Gänsehaut, worüber sie sich sogleich ärgert. Sie sollte sich nicht mehr so stark von Aberglauben und Geistergeschichten beeinflussen lassen. Schützend hält sie die rechte Hand auf ihren Unterleib. Sie nimmt sich vor, diesmal mit dem Abt über ihre Bücher zu sprechen. Zu lange hat sie das aufgeschoben. Den Rücken straff aufgerichtet, macht sie sich auf den Weg.

Nachdem sie die Pforte in der Schutzmauer durchschritten hat, steht sie vor dem Riegelbau. Da wird sie wie bei ihrem letzten Besuch von einer merkwürdigen Schwäche ergriffen. Abermals schiebt sich wie durch einen Schleier das Bild von einem offenen Portal unter einem Eingangsturm mit Spitzdach in ihr Bewusstsein. Es handelt sich um ein massives Steingebäude. Zum zweiten Mal wird sie von dieser Vision heimgesucht. Wie in einer Umnachtung durchschreitet sie das kräftig profilierte Portal und betritt eine kleine Eingangshalle, die zu einer einladenden Rundtreppe führt. Darüber hängt ein prächtiges, achtblättriges Rippengewölbe wie ein Stern. Anna bewundert die Schartenfenster. Tief in die stichbogigen Wandnischen eingelassen, wirken sie wie Durchblicke in den Himmel. Über den Fensterrahmen sind einzelne filigrane Blumen mit langen Stängeln und zarten Blättern erkennbar.

So schnell, wie sie aufgetaucht sind, verschwinden die Bilder. Anna fasst sich wieder. Sie wird zu Hause in Ruhe darüber nachdenken, was diese Visionen zu bedeuten haben. Und bevor sie den Klopfer betätigt, hat sie sich für diese Begegnung mit Laurenz von Heidegg gewappnet.

Die Tür wird von innen geöffnet. Wiederum steht der Abt hinten im Gang, vom Gegenlicht umkränzt. So stellt er sich gerne dar, denkt Anna. Eine solche Erscheinung beeindruckt, das muss sie zugeben. Da schreitet der Abt bereits auf sie zu und begrüsst sie herzlich.

«Schön, dass Ihr Euch die Zeit nehmen könnt, verehrte Anna Bullinger, bitte tretet ein.» Er führt sie diesmal in das Zimmer rechts neben dem Eingang. «Ich möchte Euch etwas zeigen, bevor wir uns ins Refektorium setzen.»

Anna schaut sich um und entdeckt in einer Ecke des Zimmers eine schwere Kassette aus Metall. «Ja, darin sind unsere Geheimnisse gut verwahrt», bemerkt der Abt, als er ihrem Blick folgt. Er durchquert den Raum, öffnet den Tresor mit einem langen Schlüssel und entnimmt ihm eine lederne Mappe. «Wir haben das letzte Mal nur kurz über Euren Vater gesprochen. Habt Ihr gewusst, dass ich ihn gut kannte?»

Völlig überrumpelt von dieser direkten Frage, muss Anna leer schlucken. Sie blickt zu Boden und schüttelt zaghaft den Kopf. Wie immer, wenn es um ihren Vater geht, fühlt sie sich klein, zurückversetzt in ihre Kindheit.

«Anna, es bleibt nicht viel Zeit, darum spreche ich offen zu Euch. Euer Vater war der beste Leibkoch, den es gab, deshalb und weil er in den Zünften unersetzbar war, wurde er nicht hingerichtet wie der Rest von Waldmanns Leuten. Er blieb bei den Meisen und den Weggen, Ihr kennt die beiden Zünfte, gleichzeitig war er betraut mit den wichtigsten Anlässen der Schildner. Warum ich Euch das erzähle? Es wird nicht mehr lange dauern, bis Bremgarten für Eure Familie zu unsicher wird. Ich werde Euch frühzeitig warnen, sodass ihr Massnahmen ergreifen könnt. Als Schildner bin ich über anstehende Ereignisse informiert, bevor die Räte in Bremgarten auch nur die geringste Ahnung haben.» Laurenz öffnet die Mappe und zieht vorsichtig ein Stück Pergament hervor. «Dieses Dokument sollte Beweis genug sein, dass Ihr mir trauen könnt.»

Anna erkennt das Siegel ihres Vaters, das andere muss jenes von Laurenz von Heidegg sein, also beginnt sie zu lesen:

Ich, Abt Laurenz von Heidegg, werde mich immer um das Wohl der Anna Adlischwyler, Tochter des Hans und der Elisabeth Adlischwyler, kümmern. Als Taufpate schenke ich ihr vier Schatullen mit guten Zürcher Münzen. Zürich 1504.

Benommen von dieser Offenbarung kann Anna keinen klaren Gedanken fassen. Der Abt erlöst sie aus der Starre, indem er freundlich sagt: «Kommt, wir setzen uns ins Refektorium und nehmen einen Becher Wein.» Die Schildner zum Schneggen! Die Mutter kommt ihr in den Sinn, hat sie ihr nicht kurz vor ihrem Tod etwas darüber erzählt? Offensichtlich will der Abt sie wieder auf festen Boden führen. Den unzähligen Fragen, die in Anna aufkeimen, lässt er keinen Raum.

«Ich kann Euch nicht mehr dazu sagen, aber ich bitte Euch, meinen Rat anzunehmen. In der Zwischenzeit verspreche ich Euch, die Bücher aus Oetenbach zu schützen.»

Sie schaut ihm nun direkt in die Augen, es gefällt ihr nicht, in dieser Abhängigkeit zu stehen. Wiederum scheint es Anna, als ob Laurenz ihre Gedanken lesen kann. Da wechselt er das Thema und fordert sie auf, über die Eheschliessung von Geistlichen zu sprechen. Das hilft Anna, aus ihrer Betäubung herauszukommen. Langsam, aber zielgerichtet geht sie den Gesprächsstoff an, den der Abt ihr zugeschoben hat. Sie konzentriert sich auf ihre Argumente, und es tut ihr wohl, ihre Pfeile gegen ihn zu schiessen. Wie hat er sie so überrumpeln können? Sie fühlt sich von allen hintergangen. Was haben die Eltern ihr verschwiegen? Und ist die Familie Bullinger auch Teil des Spiels? Haben ihre Schwiegereltern gewusst, dass der Abt ihr Taufpate ist? Wut steigt in ihr hoch, und der Disput um die Ignoranz der Katholiken, was die Frau anbelangt, kommt ihr gerade gelegen.

«In diesem Punkt, also der Eheschliessung von Geistlichen als von Gott gewollt, war ich mit den Reformierten von Anfang an einverstanden. In den katholischen Messen hatte ich oft das Gefühl, unter dem fein gewobenen Zeremoniell sei eine Leere, etwas Zentrales fehle.»

Der Abt hört ihr aufmerksam zu, er spürt ihre Wut. Anna kann sich gut erinnern und erzählt dem Abt, wie anders der junge Prädikant Zwingli im Gegensatz zu den katholischen Priestern auf die Nonnen in Oetenbach gewirkt habe – ein Mann, der mit einer Frau und deren Kindern aus erster Ehe zusammenlebt. Die Diskrepanz zwischen Lehre und Lebenserfahrung der zölibatären Seelsorger schleudert sie Abt Laurenz ins Gesicht: «Die römisch-katholische Kirche nimmt für sich in Anspruch, die absolute Wahrheit zu kennen, auch über uns Frauen, aber die Vertreter dieses Glaubens dürfen ausser in der frühen Kindheit keinen Kontakt zu Frauen haben. Sie haben doch keine Ahnung von unseren Fähigkeiten, unseren Sorgen, geschweige denn von unseren heimlichen Wünschen! Wie viel glaubwürdiger ist da ein reformierter Prediger, der sich mit Frau und Kind auseinandersetzen muss.»

Laurenz fühlt sich auf einmal sehr müde. Dass sie recht hat, ist ihm allzu bewusst, und doch ist es nur eine Seite der Medaille. Den Zorn dieser jungen Frau, der sich mit jedem Wort gegen ihn richtet, empfindet er auf einmal als erdrückende Last. Er ist erleichtert, dass Anna nun das Nötigste weiss, und bedeutet ihr, nachdem er ein letztes Mal den Becher zum Mund geführt und geleert hat, dass es Zeit ist, ihr Treffen zu beenden.

Erschöpft macht sich Anna auf den Weg nach Hause. Ihre kleine Tochter vermisst sie bestimmt schon. Der Gedanke an Änneli vertreibt ihr Ohnmachtsgefühl, und sie beeilt sich, ins Pfarrhaus in der Unterstadt zu gelangen. Eine ihrer älteren Schülerinnen lebt bei ihnen, um das Haushalten zu lernen. Sie ist fleissig und liebt Änneli innig, deshalb kann Anna die beiden mit gutem Gewissen allein lassen. Trotzdem überkommt sie eine plötzliche Angst. Was der Abt gesagt hat, setzt sich erst langsam in ihrem Kopf fest: Bremgarten werde bald zu gefährlich für die Bullingers.

Alleine zuhause setze ich mich in eine Ecke und lausche. Die Geschichte des Hauses wiegt schwer, sie erdrückt mich manchmal beinah. Wie Schwaden von Erinnerungen umgibt sie mich. – Ich gehe durch alle Zimmer, schliesslich bleibe ich im Esszimmer stehen und blicke auf den Fluss. Gedankenverloren nehme ich die kleinen rosa Blüten der Pflanze neben mir zwischen meine Finger und zerreibe sie. Ich steige aufs Sofa. Gleich unter der goldschwarzen Blumenverzierung im Fensterbogen setze ich meinen rechten Zeigefinger an. Planlos beginnt meine Hand eine Acht zu zeichnen. Der Strich endet jedoch nicht in der Schlaufe, er bleibt in der Luft hängen. Es hätte eine schöne Dekoration werden sollen, doch auch die zwei weiteren Versuche bleiben enttäuschend. Kein bezauberndes Rosa ziert die obere rechte Ecke des Fensterbogens, ein mattes Grau schaut mich an. Schnell flüchte ich in die Küche, wo ich die zerriebenen Blätter im Mülleimer, tief unten entsorge.

Wieder nehmen öffentliche Beschimpfungen und Handgreiflichkeiten zwischen reformierten und katholischen Bauern rund um Bremgarten zu. Die aggressive Haltung Zürichs ist auch in Hermetschwil und Muri spürbar. Wann wird es erneut grobe Übergriffe geben? Margarete Göldli kann die Anspannung nicht leugnen. Was soll sie bloss tun? Die Reformierten wollen alle Nonnen zwingen, die Klöster zu verlassen. Margarete möchte jedoch in Hermetschwil bleiben, denn sie hat gute Gründe, in der Nähe des Abts von Muri zu leben.

Als Margarete mit 18 Jahren die Klosterleitung übernahm, besuchte Laurenz die junge Meisterin wöchentlich. Zunächst empfand er diese Visiten als seine Pflicht gegenüber Kaspar Göldli, mit dem er seit Jahren durch die Schildner verbunden war. Bald aber begann er sich auf diese Treffen zu freuen. War er verhindert, überfiel ihn eine ungewohnt schlechte Laune, als ob ihm jemand etwas geraubt hätte. Schlagartig endeten die Begegnungen, als Margarete mit dem Schuhmacher German auf und davon ging. Laurenz musste eine andere Meisterin einsetzen, was ihn betrübte. Er vermisste seine Unterredungen mit der Göldli Tochter mehr als ihm lieb war. Der Schmerz liess sich nicht mehr leugnen: Laurenz hatte sich verliebt. Er war verwirrt über diese Erkenntnis. Wie sollte er mit seinen Gefühlen für diese junge Frau umgehen? Je mehr er sich einredete, sie würden sich durch Margaretes Heirat mit dem Schuhmacher und die Distanz zu ihr in Luft auflösen, desto heftiger regte sich in ihm die Sehnsucht nach ihr.

Dann kam sie zurück. Etwas beschämt musste sich Laurenz eingestehen, dass er über die Entscheidung Kaspar Göldlis nicht unglücklich war. Sobald dieser seine Tochter erneut ins Kloster verbannt hatte, fand der Abt gute Gründe die Abtrünnige unter vier Augen zu sprechen. Er zeigte Verständnis, ja sogar Respekt vor ihrer Tat. Vor allem litt er mit ihr unter der ehrverletzenden Behandlung. Als er die blauen Flecken an ihren Handgelenken sah, die von einer groben Rückführung zeugten, zerrann seine Loyalität gegenüber Kaspar Göldli.

Die Gespräche entwickelten sich zu aufrichtigen Begegnungen, in denen sie sich gegenseitig von ihren Familien erzählten. Schliesslich konnte er seine Zuneigung nicht mehr übergehen. Die Junkertochter ihrerseits erkannte in Laurenz endlich einen ihr ebenbürtigen Mann und verliebte sich ebenfalls in den Abt. Nicht irgendwelche Liebhaber empfing Margarete damals, obwohl die Leute darüber tuschelten, wenn sie in Bremgarten auf den Markt ging. Der Abt selbst war ihr einziger und liebster Besucher. Sobald sie sich alleine im Gästehaus aufhielten, liess Laurenz seinen Gefühlen freien Lauf. Die Anziehung zwischen den beiden hatte etwas Magisches. Wie zwei Verhungernde schlossen sie sich in die Arme und liebkosten sich. Die Leidenschaft, mit der Margarete sich ihm hingab, weckte in Laurenz seine alte Lebensgier. Manchmal hielt er mitten im Liebesspiel inne und nahm ihren Kopf sanft in seine Hände. Ungläubig betrachtete er sie dann, bevor sie beide erneut in ihre Küsse abtauchten. Danach unterhielten sie sich lebhaft bei köstlichen Gerichten. Margarete bereute die Rückkehr ins Kloster nicht mehr. Weit entfernt sind ihre Jugendjahre in Oetenbach mit den düsteren Gedanken, die sie noch immer mit dem Zürichsee verbindet. Aus der Verbindung zu diesem um viele Jahre älteren Mann entstand neues Leben: In den letzten Monaten vor ihrer Niederkunft mied Margarete die Öffentlichkeit. Unter den weiten Gewändern konnte sie ihre Schwangerschaft verbergen. Nur eine Hebamme war eingeweiht. Nikolaus, Laurenz' und Margaretes Sohn, wurde im November 1526 geboren. Am Anfang ihrer Liebschaft hatten Margarete und Laurenz jede Gelegenheit sich zu treffen genutzt. Zu diesem Zweck zeigte er ihr in Bremgarten den Schacht unter der Hofstatt zwischen der Reuss und dem hoch gelegenen Kellergewölbe des Muri-Amthofs. Eine unauffällige Tür am Fluss zwischen Katzenturm und Brücke führte in diesen Gang, der entlang dem Reussbord und schliesslich steil hinauf in den Keller stieg. Nachts konnten sie ungesehen die bewaldete Strecke von Hermetschwil nach Bremgarten oder umgekehrt leicht bewältigen.

Doch seit drei Jahren wird das Reussufer zu gut bewacht und sie müssen mit Laurenz' offiziellen Besuchen im Kloster Hermetschwil als Abt von Muri vorliebnehmen.

Wenn mein zweitältester Bruder mit seiner Band im Keller Rockmusik macht und mit den Trommelschlägern auf die alten Reisekoffer unserer Gross- und Urgrosseltern eindrischt, verschwinden die Schemen. Dann nehmen wir Besitz von diesem mächtigen Raum. Meine Schwester und ich sitzen in einer Ecke, hören zu und bewundern die Band.

Wir sind überzeugt, dass es da unten einen Geheimgang gibt. Im hinteren Teil des Gewölbes ist der Boden uneben, als ob etwas zugeschüttet worden ist. Die Nischen in der Wand dort hinten weisen in Richtung Reuss. Wo versteckt sich dieser Tunnel? Er soll weit unter der Erde, sogar unter dem Fluss liegen und den Amthof mit dem Kloster Hermetschwil verbinden.

Laurenz bewundert die schöne, geistreiche Margarete und freut sich unbändig über sein Kind. Seine Position und die politische Stimmung verunmöglichen aber die Offenlegung dieser Liebschaft. Auch zum Schutz von Margarete haben die beiden beschlossen, das Söhnchen nach Bremgarten in die Obhut einer Amme mit Familie zu geben. Bereits während der Schwangerschaft hatten sie diese sorgfältig ausgesucht und alles so vorbereitet, dass niemand Verdacht schöpfen würde. Die Frau ist dafür bekannt, dass sie sich aufs Heilen versteht. Regelmässig bringt Margarete ihr wertvolle Kräuter aus dem Klostergarten und kann so ihren Sohn besuchen. Sie weiss, dass der Abt sich nie für die neue Religion entscheiden wird, obwohl ihnen dies ein Leben als Familie ermöglichen würde. Seine Rolle in den politischen Machenschaften rund um die Freien Ämter, zwischen Zürich und Luzern, ist zu wichtig, als dass er aus rein persönlichen Gründen auf die Position als Abt und dadurch auf die katholischen Verbündeten der inneren Orte verzichten könnte.

Seit ein paar Monaten, seit Heinrich Bullinger, der Ältere, als Hilfspfarrer in Hermetschwil eingesetzt ist, wissen Margarete und Laurenz, dass sie ihr Glück so nicht weiterleben können. Während der alte Dekan seine Verbindung mit Anna Wiederkehr letztes Jahr im Grossmünster offiziell gemacht hat, werden sie diesen Schritt nie tun können. Sie haben es geschafft, ihre Beziehung zu verheimlichen, nicht einmal ihre engsten Vertrauten wissen davon. Margarete hat ihren Mitschwestern schluchzend berichtet, der Säugling sei der Sohn einer Base, die im Wochenbett das Zeitliche gesegnet habe. Auch die Hebamme hat diese Geschichte wie vereinbart weit gestreut. Dass Margarete sich des Waisenkinds angenommen und es zu einer Amme in Bremgarten gebracht hat, ist den Leuten nicht merkwürdig vorgekommen, weil solche Begebenheiten üblich sind. Auch Laurenz' Interesse an dem kleinen Nikolaus weckt kein Misstrauen. Als Abt, der dem Kloster Hermetschwil vorsteht, kann er das Waisenkind unter seine Fittiche nehmen.

Aber jetzt muss Margarete sich und ihren Sohn in Sicherheit bringen. Sie und Laurenz sind überzeugt, dass Zwingli bis zum Äussersten gehen wird und ein Krieg bevorsteht. Ein Jahr zuvor hat sie an der Trauung von Elisabeth und Johannes Bullinger einen netten Mann kennengelernt. Konrad Holzhalben kommt aus Hallau; sie mag die liebliche Weinlandschaft, und es scheint ihr vernünftig, sich fern der Freien Ämter niederzulassen. Laurenz sieht das ein, obwohl er noch nie so glücklich wie in den letzten sechs Jahren war. Nachts wälzt er sich hin und her. Gibt es tatsächlich keine andere Lösung? Wiederum verlangt ihm Margaretes lebenskluge Natur hohen Respekt ab. Sie entscheidet sich schliesslich für eine Vermählung mit Holzhalben. Aber zurzeit ist sie noch offiziell mit dem Schuhmacher German aus Bremgarten verheiratet. In Hallau, weit weg von Hermetschwil und Bremgarten, will sie mit ihrem Söhnchen als respektierte Gattin ein neues Leben beginnen. In der Gegend bei Schaffhausen kennt man sie nicht, und vom Tauziehen um die strategisch wichtigen Städte Bremgarten und Mellingen wird sie dort nicht direkt betroffen sein. Doch zunächst muss sie die überfällige Scheidung von ihrem ersten Gatten erwirken.

Sieben Jahre nach der Eheschliessung reicht sie die Klage ein und bittet um die Erlaubnis, sich scheiden zu lassen. Sieben Jahre ist diese Ehe nicht umgesetzt worden, da Margarete im Kloster Hermetschwil gelebt hat. Das Ehegericht, das Zürich bereits 1525, zwei Jahre nach Margaretes Heirat, eingeführt hat, ist allseits anerkannt und hilft ihr, dass die Scheidung ruhig abläuft. Ihrem Gatten Hans German wirft sie als Scheidungsgrund vor, dass er sie im Stich gelassen habe. Er habe sich nicht gegen die erzwungene Trennung gewehrt, obwohl die Vermählung in Zürich beglaubigt worden war. Ohne ihr beizustehen habe er Margaretes Rückführung ins Kloster durch den Vater hingenommen. Als Gatte hätte er sie beschützen müssen. Der Schuhmacher aus Bremgarten ist sofort einverstanden mit der Scheidung. Er seinerseits wirft ihr vor, in den Jahren des getrennten Lebens Männerbesuche empfangen zu haben. Das

Gericht zögert nicht, diese Ehe offiziell zu trennen. Bald nach der Urteilsverkündung sendet Zürich den übrigen sechs Orten sowie dem Kloster Hermetschwil eine Meldung, um sie über den Austritt der Margarete Göldli zwecks Vermählung mit Konrad Holzhalben zu informieren. In einer bescheidenen Zeremonie heiraten die beiden im November und ziehen gemeinsam mit dem vierjährigen Nikolaus nach Hallau.

Zweiter Kappeler Krieg und eine Enthüllung

An diesem kalten Frühlingstag im Jahr 1531 strahlt der Himmel tiefblau und wolkenlos. Die Aufregung im Grossmünster ist riesig. Ein Meisterwerk ist entstanden. Alle Beteiligten sind sich einig, dass es über Jahrhunderte seine Wirkung tun wird. Das Neue Testament ist zum ersten Mal in der Geschichte auf Deutsch übersetzt worden. Nicht Luther hat dies vollbracht, dessen Übersetzung des Alten Testaments bereits ein Meilenstein für die Verbreitung des Evangeliums darstellt. Nein, in Zürich sind die herausragenden Reformatoren und Gelehrten der deutschsprachigen Eidgenossenschaft seit sechs Jahren regelmässig zusammengekommen, um dieses grossartige Werk zu erschaffen. Auch das Alte Testament haben sie selbst noch einmal Wort für Wort überprüft und auf Deutsch übersetzt. In der *Prophezey*, dem Colloquium, haben sie sich vormittags dem hebräischen Urtext gewidmet. Ihre Übersetzung weicht von Luthers Interpretationen in zentralen Punkten ab. Nun ist es soweit: Die Zwingli- oder Zürcher Bibel mit Altem und Neuem Testament, bebildert mit 200 Illustrationen, ist druckreif. Die Stadt wird mit diesem Werk für den gesamten deutschen Sprachraum an Bedeutung gewinnen, der Rat hat schon ungeduldig auf die Fertigstellung gewartet.

Am Abend kommt Huldrych Zwingli siegesgewiss nach Hause zu seiner Anna Reinhart. «Meine allerliebste Anna, nun ist es an der Zeit, dass sich Zürich voll hinter mich stellt. Die Stadt hat einen grossen Nutzen durch meine Arbeit, ich möchte endlich in Ruhe mit dir und den Kindern leben können. Dies ist nur möglich, wenn wir die katholischen Orte bezwingen. Ist erst die gesamte Eidgenossenschaft reformiert, werden auch die restlichen Katholiken in Zürich unsere Anwesenheit und Lebensweise akzeptieren. Wir brauchen einen Krieg, und ich werde an vorderster Front kämpfen.»

Anna wünscht sich Frieden, dass ihr Gatte dieses Ziel mit Waffengewalt erreichen will, kann sie nicht gutheissen. In der Wirtsstube ihres Vaters hat sie früh mitbekommen, dass die Politik verschlungene Wege geht. Ihre Erfahrung lässt sie gegenüber radikalen Massnahmen kritisch bleiben. Doch ihr wird schnell klar, Huldrych hat sich entschieden. Er hat einen Grossteil des Zürcher Rats für die Offensive gegen die katholischen Orte gewonnen. Zwingli ist versöhnt mit der Stadt, auch wenn sie ihn nicht in allen seinen Plänen unterstützt. Er kann davon ausgehen, dass Zürich seine Truppen mobilisieren wird.

Unterdessen schaut Anna Adlischwyler Bullinger in Bremgarten der bevorstehenden zweiten Geburt zuversichtlich entgegen; ihre Erfahrung mit dem ersten Kind gibt ihr das Vertrauen, dass alles gut kommt. Jedoch bestimmt die grosse Sorge um ihre und Heinrichs Zukunft in Bremgarten die Tage. Machtlos gegenüber den Entscheidungen aus Zürich sehen sie ihre Existenz hier bedroht. Wiederholt bittet Anna Heinrich, seinen Freund Zwingli zur Vernunft zu bringen. Aber er winkt ab: «Er lässt nicht mit sich reden. Sein Entschluss steht fest.»

Margritli erblickt das Licht der Welt in den frühen Morgenstunden eines freundlichen Tags im April 1531. Wiederum ist Britta anwesend, auch Heinrichs Mutter hat sich anerboten, bei den ersten Anzeichen zu kommen und sich um Änneli zu kümmern. Margritlis erster Schrei dringt laut durch das Pfarrhaus. Er klingt nach Protest und Empörung. Anna und Heinrich müssen lachen beim Anblick des roten runzligen Gesichtleins.

Vier Monate nach Margritlis Geburt, im August, kommt Huldrych Zwingli mit ein paar Zürcher Gesandten nachts und unerkannt nach Bremgarten. Am folgenden Tag bespricht er die Lage mit Heinrich und eröffnet ihm seine Pläne. Abends schliesslich, ebenfalls im Pfarrhaus, versucht er die Abgesandten von Bern zum Angriff zu überreden. Aber Bern will den Krieg nicht beginnen. Am folgenden Morgen noch vor Tagesanbruch begleitet Heinrich seinen Freund zum Katzentörchen; der unauffällige Durchgang an der Reuss am westlichen Stadtrand ist gut versteckt neben dem gleichnamigen Turm, der die Stadtmauer direkt am Fluss abschliesst. In Zwinglis Blick liegt etwas Unergründliches. Heinrich kennt Huldrych gut genug, um zu wissen, dass dieser eine Vorahnung hat. Zwei aufgeregte Wachposten erwarten die beiden Freunde und warnen sie: «Wir haben mehrmals eine weisse Frauengestalt gesehen, die sich vom Schützenhaus, gleich neben dem Turm, zum Törlein und wieder zurück bewegt hat.» Die Stimme des einen überschlägt sich beinahe. Heinrich Bullinger ist zwar als gut gebildeter Humanist nicht dem Aberglauben verfallen, aber auch er verschliesst sich nicht ganz gegenüber solchen Zeichen. Die beiden Männer durchsuchen das Schützenhaus, finden jedoch nichts. Sie verlassen die Stadt im Dunkel der Nacht.

Mit leiser und belegter Stimme verabschiedet sich Zwingli mit den Worten: «Gib gut acht auf dich und deine Nächsten, geniesse jede Stunde in guter Gesellschaft. Zürich könnte für dich eine Zukunft bereithalten, die du in der Reussstadt nicht aufbauen kannst.» In seiner Stimme klingt etwas Endgültiges. Heinrich erforscht das Gesicht seines Freundes, dann umarmt er ihn. – Stunde um Stunde haben sie zusammengearbeitet, Zeile für Zeile die Bibel übersetzt, über Details haben sie gestritten, bis sie diesen einzigen wahren Text verfasst haben. Noch einmal drückt er Huldrych an sich und versichert, er werde an seine Worte denken und jeden Schritt sorgfältig abwägen.

Eine Provokation um die andere soll die katholischen Orte zum übereilten Handeln bewegen. Der Transport von Geschützen, Pulver und Steinen für Luzern wird blockiert. Mit Bern wird noch einmal verhandelt, ob nicht ein gemeinsamer Angriff am schnellsten zum Ziel führen würde. Aber Bern weigert sich, aktiv am Geschehen teilzunehmen. Stattdessen soll wiederum eine Proviantsperre die fünf Orte zum Nachgeben zwingen. Alle warnenden Stimmen, eine Nahrungssperre würde in erster Linie die Armen treffen, werden ignoriert. Wie zwei Jahre zuvor stehen die Städte an den Wasserwegen, vor allem die mit Brückenübergängen, im Zentrum des Geschehens. Bremgarten ist nicht begeistert, gibt aber schliesslich nach. Kurzerhand ist mithilfe von Zürich die noch verbliebene Minderheit der katholischen Opposition aus dem Rat entfernt worden. Unliebsamen Gegnern der Reformation wird vorgeworfen, sie würden aufwiegeln, das sei gegen die Vereinbarungen des Kappeler Landfriedens. Darum sei deren Wahl nicht gültig. Von hier soll kein Widerspruch gegen die Zürcher Entscheidungsgewalt mehr zu befürchten sein. Ebenfalls Teil der Blockade sind die strategisch wichtigen Orte im Osten, sodass die Transporte auch nicht über Umwege zu den inneren Orten gelangen können.

Mit Unbehagen beobachtet Heinrich das Kriegstreiben. Er ist sicher, dass eine langsamere und friedliche Einführung des neuen Glaubens sinnvoller wäre, aber sein Einfluss ist zu gering. Heinrich Bullinger, der ehemalige Stadtschreiber Schodoler und die Räte werden aufgefordert, die Stadt zu verlassen, weil man hier schlimme Kämpfe befürchtet. Aber die Familie Bullinger harrt noch aus. Heinrich bringt es nicht über sich, seine Gemeinde im Stich zu lassen.

Tatsächlich entlädt sich der Groll der katholischen Orte in erster Linie gegen die Untertanen der gemeinen Herrschaften. Diese müssten gemäss ihren Eiden zur katholischen Mehrheit der regierenden Orte halten. Von Tag zu Tag wächst der Unmut südlich von Bremgarten, da die Bevölkerung am Mangel an Getreide, Salz und Wein leidet. Unmöglich können die Menschen das durch die Gerbereien und vom Unrat verschmutzte Wasser trinken, sie benötigen dringend eine neue Lieferung von Bier und Wein. Verschiedene Vermittlungsversuche misslingen, sogar der französische König sendet Boten, um einen Krieg innerhalb der Eidgenossenschaft zu verhindern. Noch einmal steigt der ältere Bullinger in Bremgarten auf die Kanzel und plädiert für eine Versöhnung. Aber manche Reformierte halten sich an Zwingli, der stur bleibt. Er will den Krieg.

Die Zermürbungstaktik geht auf. Die inneren Orte rüsten sich für eine Schlacht. Bremgarten und Mellingen haben grosse Handelsverluste wegen der Sperre. Die fünf Orte bieten den zwei Städten volle Amnestie, unter der Bedingung, dass sie sich ihnen anschliessen und den gebührenden Gehorsam erweisen. Kein Vergehen der vergangenen Monate solle bestraft werden. Doch wieder entscheiden sie sich für Zürich, sie wollen nicht zurück zum Katholizismus. Ausserdem wissen sie, dass die Limmatstadt gemeinsam mit Bern ein stärkeres Heer auf die Beine stellen kann.

Am 28. September 1531 besucht der ehemalige Vorgesetzte aus Kappel seinen Prädikanten. Heinrich hört das Klopfen an der Tür des Pfarrhauses und öffnet selbst. Wolfgang Joner steht draussen im strömenden Regen. Auch Anna freut sich, den alten Bekannten, der Heinrich damals nach Zürich auf Brautschau geschickt hat, wieder zu sehen. Sie wissen sogleich, dass er keine gute Nachricht bringt. Mit erschöpfter Stimme warnt er das junge Paar: «Man hat ja schon länger Gerüchte über Kriegsvorbereitungen gehört. Jetzt ist es soweit: Die inneren Orte sammeln ihre Leute und halten sich für einen sofortigen Aufbruch bereit. Ihr müsst euch in Sicherheit bringen! Es wird bald losgehen. Auch Abt Laurenz rät euch zur Flucht.»

Sechs Tage später ist es nicht mehr zu übersehen. Die inneren Orte marschieren gegen Hitzkirch. Und was tut Zürich? Nichts! Die Limmatstadt schenkt den Berichten keinen Glauben. In den folgenden Nächten findet Heinrich keinen Schlaf. Wolfgang Joner hat sogar vernommen, dass der ehemalige Schultheiss von Bremgarten und Erzkatholik Honegger insgeheim mit 60 Altgläubigen in seiner Heimatstadt im Kontakt sei. Er sendet Heinrich eine Nachricht, dass die Gruppierung sich mit Plänen trage, die Stimmung gegen die Reformation von innen anzuheizen, ja die Macht über die Reussstadt sogar unter Anwendung von Gewalt an sich zu reissen. Auch wenn Heinrich Anna nichts davon erzählt, kann sie spüren, wie die Gefahr näher rückt.

Die Kriegserklärung erfolgt am 8. Oktober vonseiten der fünf Orte. In einem Manifest sind alle Klagen gegen Zürich aufgelistet. Mehrfach wird das Erzwingen des neuen Glaubens angeprangert. Namentlich werden auch Nonnen in Hermetschwil erwähnt, die genötigt worden seien, das Kloster zu verlassen und sich zu vermählen.

Als Anna von der Kriegserklärung und den aufgelisteten Klagen hört, wird ihr wieder bewusst, wie manipulierbar die sogenannte Wahrheit ist. Sie erinnert sich an ihre Priorin in Oetenbach, die damals Nonne bleiben wollte und nach Luzern flüchten musste, um ihr geistliches Leben fortzuführen. Aber Anna kennt genug andere Beispiele von Frauen, die das Kloster gerne verlassen haben. Wieder packt sie eine unbändige Wut, weil die Männer an der Macht sich nicht um die wahren Bedürfnisse von Frauen kümmern. Alle Begebenheiten werden im Licht der eigenen Bestrebungen dargestellt. Mit ein wenig Wehmut taucht sie gedanklich in den Tagesablauf im Kloster ein. Soll diese Tradition, eine jahrhundertealte Kultur, völlig verschwinden? Kann Zwingli nicht sehen, dass dies der falsche Weg ist?

Die reformierten Gemeinden in den Freien Ämtern zittern nun vor Angst. In Hitzkirch wird der erste Angriff erwartet. Dort erhofft sich die Bevölkerung Hilfe von Lenzburg, das unter Berner Herrschaft steht. Zum Entsetzen aller kommt keine Unterstützung. Immerhin lässt Lenzburg Bern wissen, es solle «eilends, eilends» zu

Hilfe gehen, ein starkes feindliches Heer ziehe von Baar aus. Zwei Tage später stürmt das katholische Heer in die Ortschaft und plündert die Häuser. Die Bauern haben Hitzkirch verlassen und suchen Schutz. Sie ziehen sich gegen Lenzburg und Bremgarten hin zurück. Immer mehr Leute flüchten nach Bremgarten; viele Frauen und Kinder wollen sich in der Stadt vor dem wütenden katholischen Heer in Sicherheit bringen. Im Pfarrhaus der Familie Bullinger herrscht wildes Treiben. Überall liegen notbeholfen Matratzen aus Stroh, um so viele Geflüchtete wie möglich unterzubringen. Die Reussstadt ist in heller Aufregung: In den letzten Tagen sind Hunderte von Frauen und Kindern über die Holzbrücke gekommen. Sie berichten, wie die Katholiken sie angegriffen und alles, was ihnen in den Weg gekommen ist, zerstört hätten. Sie würden Rosshaar aus den Betten reissen und auf die Gassen streuen, Gefässe voller Wein die Treppen hinunterschütten und jedes Buch zerfetzen.

Diese Meldungen heizen die Wut der reformierten Bevölkerung an. Mehrere Dutzend Bremgarter sammeln sich bereits auf der Reussbrücke. Immer mehr Leute strömen dort zusammen und wollen gegen die Feinde losziehen. Endlich kommen auch 800 Zürcher in Bremgarten an. Der Zürcher Hauptmann hat grosse Mühe, diesen Haufen unter Kontrolle zu behalten, und beschliesst, nach Seengen, im Westen zu ziehen, um sich mit den Lenzburgern und den heranziehenden Bernern zu vereinen. Erst mit dieser Verstärkung will er gegen Süden in Richtung der feindlichen Truppen marschieren. Aber die zögerliche Haltung der Reformierten hat diesen Krieg bereits entschieden. Der Hauptschauplatz ist nämlich nicht die Gegend zwischen Bremgarten und Lenzburg. Wie Joner gemeldet hat, ist das grosse katholische Heer mit gegen 8000 Mann von Baar her in Richtung Kappel, süd-östlich von Bremgarten gezogen. Erst jetzt, als Zürich sich in nächster Nähe bedroht sieht, zieht ein kleiner Trupp direkt aus der Stadt nach Kappel. Die Schlacht kann nicht vermieden werden. Die Heere stürmen aufeinander los. Die Männer feuern sich mit markerschütterndem

Gebrüll an. Von Mittag bis in die Nacht hinein dauern die Angriffe auf das reduzierte reformierte Heer. Die Zürcher beginnen zu fliehen, wobei 26 Mitglieder des Rates, 25 Geistliche und 400 weitere Männer verwundet oder getötet werden. Die Reformierten erleiden eine schreckliche Niederlage. Huldrych Zwingli, die Gallionsfigur der Zürcher Reformation wird gefangen genommen und als Ketzer verurteilt: Er wird niedergestochen, geviertteilt und anschliessend werden seine Körperteile verbrannt.

Es dauert ein paar Tage, bis das Ausmass des Schreckens in die Köpfe der Menschen in und um Zürich sickert. Auf dem Schlachtfeld liegen zertrümmerte Körper von Männern und Pferden. Verzweifelt suchen Angehörige nach ihren Liebsten. Die meisten sind zu verstört, um weinen zu können. Entsetzen zeichnet ihre Gesichter, ihre Beine tragen sie nur widerwillig von Leiche zu Leiche. Sie wollen ihre Liebsten in geweihter Erde begraben. Auf dem Feld riecht es nach Blut und verbranntem Fleisch.

Meine Oma sitzt in ihrem grossen Fauteuil vor dem Fernseher. Das Haus verlässt sie seit Jahren nicht mehr. Da beginnen ihre trüben Augen hinter den dicken Brillengläsern zu lächeln:

Mit deinem strohblonden Haar erinnerst du mich an die Herkunft meines Familiennamens Hioolen. Willem Hioolen, mein Vater, konnte belegen, dass seine Vorfahren Hugenotten waren. Du musst wissen, dass die Hugenotten eine grosse Gruppe von französischen, spanischen und weiteren Protestanten waren. Sie wurden fast in ganz Europa aufs Grausamste verfolgt und umgebracht. Jede Familie, die in ihrem Stammbaum einen Hugenotten vorweisen kann, gilt bei den Reformierten als ehrwürdig. ‹Hioolen› stammt aus dem bretonischen ‹Hiol› und bedeutet Sonne. Unsere Vorfahren flüchteten vor ein paar hundert Jahren aus Frankreich nach Holland.

Meine Oma schaut mich liebevoll an und versinkt abermals in ihren Erinnerungen. Sie vermisst Holland, ihre jugendliche Hoffnung auf Abenteuer.

Im Verlauf eines Monats sind die reformierten Heere demoralisiert. Zürich und Bern sind sich uneinig; die verschiedenen Truppen wissen nicht, wohin sie ziehen sollen. Das ganze Unterfangen wirkt unorganisiert, ein strategieloses Hin und Her.

Bremgarten steht unter Schock. Wie in einer Umnachtung hetzt Anna zwischen den Frauen, Kindern und Männern, die sich hier Schutz erhofft haben, hin und her. Wie hat es so weit kommen können? Sie schwankt zwischen Verzweiflung über die Katastrophe und Erleichterung darüber, dass Heinrich noch lebt. Schrecklich! Huldrychs Ende! Arme Anna Reinhart Zwingli! Unermüdlich pflegt sie Verwundete, kocht zusammen mit vielen Bremgarterinnen für Hunderte von Menschen und versucht Trost zu spenden. Es gibt Momente, in denen sie kurz innehält. Dann erschrickt sie, weil sie sich ihrer zwei kleinen Mädchen mitten in diesem Gestürm gewahr wird. Aber es gibt keine andere Möglichkeit; auch ihre Schwiegereltern haben das Haus Zum Wilden Mann für die Geflüchteten geöffnet.

Während die Zivilbevölkerung versucht, sich zu erholen, zieht sich das Berner Heer nach Muri zurück und tobt sich im Kloster aus. Es hinterlässt einen Trümmerhaufen: Die Söldner zerstören Bilder, Altäre, Kirchenstühle, Kirchenzierden und schrecken auch nicht vor den kostbar bemalten Glasscheiben zurück. Im Keller lassen sie die Weinfässer, die sie nicht selbst leer trinken, auslaufen. Einzig die Brandschatzung ist bei strenger Strafe verboten, und daran halten sich die meisten. Laurenz hat sich rechtzeitig nach Luzern abgesetzt; dass er seinen Narren Heini Dreyer nicht hat mitnehmen können, bedauert er zutiefst. Er befürchtet das Schlimmste. Tatsächlich wird Heini in Muri brutal erstochen. Als Laurenz davon erfährt, erfasst ihn eine tiefe Hoffnungslosigkeit. Schon bald steigt neben der Trauer Wut in ihm auf und bildet einen Knoten in seinem Bauch. Seine Schuld am Tod des Narren plagt ihn, sie raubt ihm den Schlaf.

Über 25 000 Mann zählt das reformierte Heer, das sich schliesslich bei Baar, viel zu spät, vereinigt. Die Schlacht ist längst verloren.

Viele der Männer sind kriegsmüde und ziellos, nicht wenige desertieren. Im November kommt es zum Friedensschluss, der Zweite Kappeler Krieg ist beendet. Zunächst einigen sich die Katholiken mit den Zürchern, einige Tage später auch mit den Bernern. Beide reformierten Orte lassen die zwei Reussstädte fallen. Die reformierten Gemeinden der Freien Ämter bleiben von den versöhnlichen Vereinbarungen ausgeschlossen. Als treulose Untertanengebiete erhalten sie um einiges härtere Bedingungen; die Städte Bremgarten und Mellingen verlieren alle ihre Vorrechte. Die katholischen Familien kehren zurück, unter dem Schutz der Siegerorte erhalten sie alle Sitze im Rat. Viele Neugläubige bekennen sich wieder zum alten Glauben.

Heinrich verliert keine Zeit. In der verregneten Abenddämmerung steht er abermals vor dem Katzenturm, wo er und Huldrych vor gut zwei Monaten durch den Geist der *Weissen Frau* gewarnt wurden. Die Niederlage bei Kappel hat die Reformation in den Freien Ämtern zerschlagen. Der Groll gegen Zürich und Bern tobt in ihm, vor allem wenn er an seinen Freund denkt. Aus etwas Distanz betrachtet, scheinen die Ereignisse der letzten Monate mit erschreckender Gradlinigkeit auf diese Situation hingeführt zu haben. Die vielen Opfer, die insgesamt über 1100 reformierten Leichen – wie sinnlos! Er erkennt aber auch Zwinglis Anteil an der Katastrophe. Heinrich hat sich wiederholt für eine friedliche Lösung ausgesprochen, doch Zwingli hat nicht hören wollen. Nicht einmal das übernatürliche Zeichen hat ihn in seinem Kriegswahn gebremst. Unter den unzähligen Toten befinden sich neben Huldrych Zwingli dessen ältester Sohn, der Gatte einer seiner Schwestern, ein Schwiegersohn sowie der Bruder von Huldrychs Gattin Anna.

Heinrich zwängt sich, eine Schatulle mit seinen wichtigsten Schriften unter den Arm geklemmt, durch das Katzentörchen. Seine engsten Vertrauten aus Bremgarten folgen ihm. Sie müssen sofort flüchten; von den Gegnern ist keine Milde zu erwarten. Jäh bleibt er stehen. Dass er Anna und die Kinder auf ihren Wunsch hin alleine in der Stadt zurücklässt, kommt ihm in diesem Moment unerhört vor. Wie hat er ihr nur den Willen lassen können. Noch einmal ruft er sich ihre Worte ins Gedächtnis: «Vertraue mir, ich weiss, was ich tue. Wir werden dir bald folgen.» Sie war unmissverständlich; er hätte sie nicht umstimmen können. Und vielleicht waren sie fern von ihm tatsächlich weniger gefährdet.

Haben Heinrich und 50 reformierte Anhänger die Stadt noch während der ersten chaotischen Tage nach der Schlacht verlassen können, so ist dies kurz danach nicht mehr möglich. Die Katholiken veranlassen eine strenge Kontrolle der Stadttore. Die Neugläubigen werden genötigt, den alten Glauben wieder anzunehmen. Es geht um die Rekatholisierung. Laurenz ist gleich nach den Berichten aus Kappel nach Bremgarten geeilt. Er möchte zur Stelle sein und seine Leute unterstützen.

Anna ist mit dem eineinhalbjährigen Änneli und Margritli in Bremgarten geblieben, weil sie noch etwas mit Abt Laurenz besprechen muss. Seit der Schlacht bei Kappel wälzt sie dieselben Fragen: Wie konnte das passieren? Und was wird nun aus ihren Büchern? – Sie muss das Risiko eingehen. Alle kennen sie. Und obwohl sie beliebt ist, wird die Wache beim Tor sie keinesfalls hinauslassen, falls sie nicht in katholischer Begleitung kommt. Sie verlässt sich auf Laurenz' Versprechen.

Ein letztes Mal geht Anna zu Abt Laurenz. Als ihr Pate muss er ihr jetzt eine Erklärung liefern. Sie stehen sich im Flur gegenüber, Anna lässt ihren Blick prüfend über sein Gesicht wandern. Kann sie ihm vertrauen? Wie hat er Zwinglis Niederlage voraussahen können? War diese Schlacht im geheimen Rat, den sie in Oetenbach bewirtet hatte, angezettelt worden? Die katholischen Stadträte in Zürich sind in der Minderheit, dennoch prägen sie die Politik durch die Schildner zum Schneggen mit. Sie erinnert sich daran, dass Margarete ihr erzählt hat, die beiden Brüder Kaspar und Georg Göldli ständen nicht auf derselben Seite. Ihr Vater habe als Landmann von Schwyz im Heer der Katholiken gekämpft, ihr Onkel für die Zürcher. Wie konnten beide die Schlacht überleben? So viele Zürcher haben ihr Leben verloren. Anna schwirren die Namen im Kopf herum, es handelt sich um einige mächtige Ratsmitglieder, die treusten Zwingli-Anhänger, aber der reformierte Georg Göldli ist davongekommen.

Sie wendet sich Laurenz zu: «Wie Ihr wisst, gibt es für mich und meine Kinder nur eine Möglichkeit, aus Bremgarten hinauszukommen: Ein uns wohlgesinnter Katholik muss uns zum Tor begleiten und sich für uns verbürgen. Mein hochverehrter Abt, mir scheint, Ihr seid eine genügend gewichtige Persönlichkeit in diesen Tagen, dass die Wächter uns passieren lassen.»

Laurenz kann Annas Misstrauen und den Spott beinah mit Händen greifen. Als guter Freund der Familie Bullinger tut ihm die Wende in der Reussstadt leid. Er weiss, dass die Reformation hier für lange Zeit verbannt sein wird, aber er sieht die Schuld dafür bei Zwingli und seinen draufgängerischen Anhängern. «Mein Abt», nennt sie ihn, obwohl sie nun weiss, dass er ihr Pate ist. Er will es ihr nicht verübeln, denn das Wirken der Bullingers in Bremgarten ist jetzt nur noch Geschichte. Wie glücklich ist sie gewesen, ihre neuen Aufgaben als Frau des Stadtpfarrers auszuüben. Sie hat das öffentliche Leben gut gemeistert und die Verantwortung für die Mädchenbildung mit grosser Hingabe und Ehrgeiz getragen. Würde sie ihm glauben, wenn er ihr sein Bedauern über die Situation ausdrückte? Wie offen kann er mit ihr sprechen? Er weiss bereits, wie ihre Zukunft in Zürich aussehen wird. Und sein Dazutun bereut er nicht, auch wenn diese junge Frau ihn mit ihren spitzen Worten kränken möchte.

«Anna Adlischwyler Bullinger», beginnt er vorsichtig, «Ihr habt das Recht auf die Wahrheit.» Ungläubig hört er sich selbst zu. Nun gibt es kein Zurück mehr, er wird ihr reinen Wein einschenken und hoffen, sie könne das Geheimnis ihrerseits bewahren.

In ihren Augen zeigen sich Angst und eine Vorahnung. Sie erinnert sich an die Momente mit Abt Laurenz, in denen sie sich geborgen und vertraut fühlte. Bei jeder Begegnung hat sich etwas Unaussprechliches näher an die Oberfläche geschoben.

«Als Ihr mich das letzte Mal besucht habt, konnte ich Euch bereits ein wenig über meine Beziehungen in Zürich verraten. Ich hatte nicht damit gerechnet, dass sich die Ereignisse dermassen überstürzen würden. Ihr werdet nach Zürich zu Eurem Gatten gehen, und ich befürchte, unsere Treffen finden vorläufig ein Ende.»

Anna liest in seinem Ausdruck aufrichtiges Bedauern. Wer ist dieser Mann? Er hat sich zweimal knapp gerettet und findet immer einen Weg, sich gleich wieder ins Geschehen einzubringen. Seine Kontakte sind verteilt über die ganze Eidgenossenschaft und weit darüber hinaus wie die ihres Gatten und dessen Vater.

Laurenz spricht weiter, indem er sich von ihr abwendet: «Mir ist zu Ohren gekommen, dass Euer Heinrich die Pfarrei Grossmünster übernehmen soll, die Räte in Zürich sind sich einig. Die Bullingers sind ein beliebtes Geschlecht, und sie haben die Gabe, nichts zu überstürzen. Gleichzeitig haben sie grösstes diplomatisches Geschick bewiesen. In der Limmatstadt hat man genug von kriegerischen Tönen; das Bedürfnis nach Harmonie und friedlicher Koexistenz der zwei christlichen Glaubensrichtungen soll nun gefördert werden. Dafür will die Stadt Euren Gatten als Zwinglis Nachfolger. Obwohl er ein überzeugter Reformator ist, bleibt er vernünftig.»

Die Worte sickern langsam zu ihr durch. Der Abt hat ihr beim letzten Treffen vorausgesagt, dass die Tage Zwinglis gezählt seien. Hat Zürich die Mobilisierung bewusst verschleppt? Der Rat in der Limmatstadt hat zur eigenen Niederlage beigetragen; er wollte eine Richtungsänderung und musste Zwingli und seine fanatischsten Mitkämpfer dafür opfern. Darum sind sich die inneren Orte und Zürich bei den Friedensverhandlungen so schnell einig geworden, es fällt ihr wie Schuppen von den Augen. Merkwürdigerweise erstaunt sie nichts mehr. Jetzt, da Laurenz es ausgesprochen hat, ist es ihr, als ob sie diesen Verlauf der Geschichte bereits geahnt hätte: Es scheint ihr nur logisch, dass Zürich auf die Fertigstellung der Bibel gewartet hat und Heinrich jetzt Zwinglis Position einnehmen soll. Sie nickt langsam und blickt zu Boden.

Laurenz will ihr noch mehr eröffnen. Er beginnt mit stockender Stimme: «Ich habe Euch das letzte Mal gesagt, die Politik würde in der Gesellschaft der Schildner zum Schneggen gemacht. Um meine Haltung diesen Ereignissen und vor allem Euch gegenüber zu erklären, muss ich ziemlich weit ausholen. Ich hoffe, Ihr habt ein wenig Zeit und auch Geduld. Bitte macht mir die Freude und setzt Euch noch einmal ins Refektorium, auch wenn heute keine Blumen zu sehen sind und Ihr von den vergangenen Kriegstagen stark mitgenommen seid.»

Sein Mitgefühl ist echt. Bevor sie ihm den Wunsch gewährt, muss sie aber Gewissheit haben: «Was immer Ihr mir mitzuteilen habt, es scheint Euch tief zu bewegen. Meine zwei grössten Anliegen sind aber, dass meine Kinder und ich sicher aus Bremgarten hinauskommen und die Bücher aus Oetenbach weiterhin beschützt werden. Wenn Ihr mir dies garantieren könnt, nehme ich mir gerne die nötige Zeit.» Anna weiss um ihre Dreistigkeit; sie befindet sich nicht in der Position, Forderungen zu stellen.

«Diese zwei Bitten kann ich Euch gerne erfüllen, ich verspreche Euch sicheres Geleit zum Stadttor und weiter bis nach Zürich. Was Eure Bücher anbelangt, so hört mir gut zu: Solang sie sich in meiner Obhut befinden, liegen sie in der grossen eisernen Geldkassette, die Ihr beim letzten Besuch gesehen habt. Niemand ausser mir kommt dort an sie heran. Bitte, lasst uns zusammen einen Schluck Wein trinken.» Er führt sie den Gang entlang. Auf der anderen Gebäudeseite angekommen, betreten sie den gemütlichen Raum mit Blick auf die steile Hofstatt und den Fluss. «Die Reuss wird unser Gespräch übertönen. Wie Ihr seht, bin ich selbst hier gezwungen, vorsichtig zu sein. Um zu unserer Wahrheit vorzudringen, muss ich Euch zuerst etwas über meine Person und die Schildner zum Schneggen erzählen.»

Wie in einem Labyrinth nähert er sich langsam dem Kern seiner Geschichte: «In der Gesellschaft der Schildner zum Schneggen sind wir 65 Personen. Das Zeichen der Zugehörigkeit ist ein Schild, den die Mitglieder in den meisten Fällen geerbt haben. So wird gewährleistet, dass die Familien über viele Generationen miteinander verbunden sind und sich aufeinander verlassen können.

Mein Vater und seine Ahnen stammen, wie Ihr wisst, aus einer adligen Familie, einige waren am Hof des Kaisers, andere dienten den Herzögen von Österreich. Sie waren ranghohe Leute in verschiedenen Regimentern. Unsere Stammburg befindet sich auf Solothurner Boden, und wir hatten nichts mit Zürich, geschweige denn mit den Schildnern zu tun. Da mein Vater sehr früh starb, waren wir Kinder auf Hilfe angewiesen. Das Schloss Kienberg war zerstört, und unsere Mutter wusste sich keinen Rat. Die meisten von uns Geschwistern kamen in Klöstern unter, und wir alle genossen eine gute Bildung. Das Wissen um unsere Herkunft und unsere einflussreichen Verwandten verhalf uns zu einer gebührlichen Behandlung. Meine ritterliche Herkunft habe ich nie verleugnet. Ich und zwei meiner Brüder verbrachten einige Jahre als Pagen bei Adelsfamilien, bevor wir studierten. Als wir ein beachtliches Vermögen von der Schwester unseres Vaters erbten, entschied ich mich für ein Leben im Kloster. Auch wenn ich stolz auf meine Herkunft war, besass ich weder eine Burg noch sonst etwas, das mich als Ritter oder Junker auszeichnete. Als wohlhabender Mönch war ich jedoch überall willkommen.

Das Erbe meiner Tante ermöglichte mir herkunftsgemäss zu leben. Ich suchte nach geeigneten Objekten, die mich auch im öffentlichen Ansehen zum Adelsstand zugehörig machten. Da erfuhr ich von der Familie Göldli, dass einer der begehrten Schilde zu erwerben war. Eine Mitgliedschaft bei der Gesellschaft der Schildner zum Schneggen war exakt das, wonach ich gesucht hatte. Wer ein Schildner war, gehörte zu den wichtigen Leuten. Diese Gesellschaft passte zu mir wie eine gute Rüstung. Ihr müsst wissen, dass alle habsburgtreuen Familien in der Eidgenossenschaft sich gegenseitig unterstützen. Wenn die Göldis einem von Heidegg einen Gefallen tun, gewinnen sie im Gegenzug einen treuen Anhänger ihrer Politik. Die Schildner schauen mit Argusaugen darauf, wer in den erlauchten Kreis aufgenommen wird und was die Mitglieder treiben. Äusserst selten wird ein Schild verkauft oder verschenkt, normalerweise wird er, wie ich schon erwähnt habe, von Generation zu Generation vererbt.»

Abt Laurenz unterbricht sich mit einem grossen Schluck Wein. Für Anna hört sich seine Geschichte ein wenig an wie eine Beichte. Sie bringt die Fäden noch nicht zusammen, weshalb erzählt er ihr diese Details? Also lässt sie ihn weitersprechen.

«Seit dem Jahr 1400 befindet sich das Lokal der Stubengesellschaft der Schildner zum Schneggen neben dem Rathaus. Und seit 1482, als Hans Waldmann Bürgermeister von Zürich und damit auch Mitglied der Schildner wurde, besitzt die Gesellschaft den Silberbecher aus dem Burgunderkrieg. Warum ich Euch das alles erzähle? Weil sich unsere Geschichte um diesen Becher dreht.

Die Schildner hatten zu jener Zeit ein neues Ritual eingeführt. Ihr wisst um die Rivalität zwischen Waldmann und Heinrich Göldli. Die zwei obersten Zürcher mussten sich das Amt des Bürgermeisters teilen, der eine Würdenträger aus den Zünften, der andere Mitglied der Constaffel. Jedes zweite Jahr wechselte die Amtswürde vom einen zum andern. Beide waren dank ihrer Verdienste in den Regimenten zu Rittern geschlagen worden. – Wie konnte man sicherstellen, dass die zwei Erzfeinde sich gegenseitig duldeten? Die Gesellschaft konnte sich weder leisten, einen der beiden auszuschliessen, noch war es denkbar, den ewigen Zwist der beiden Streithähne in der Stube austragen zu lassen. Die Lösung musste in einer gegenseitigen Abhängigkeit, einem undurchsichtigen Band gefunden werden. Das Ritual, von dem ich spreche, war gewagt und aussergewöhnlich, aber es diente der Sache und funktionierte. Die obersten Schildner hatten sich gedacht, dass die Familien untereinander noch stärker verbunden wären, wenn sie sich gegenseitig fremde Eier ins Nest legten, und dies unter Geheimhaltung, aber doch organisiert. Es geschah immer am selben Tag im Jahr während der Fasnacht. Die Schildner veranstalteten ihren eigenen Carneval, eine Tradition aus der Republik Venedig, die ein Mitglied dort selbst erlebt hatte. Es war ein rauschendes Fest, an dem alle Masken trugen. Die geladenen Gäste sassen an grossen runden Tafeln, und der mächtige Silberbecher wurde so lange von Stuhl zu Stuhl gereicht, bis er zehn Mal geleert war. Der Zeremonienmeister selbst hatte den Auftrag, den Becher wieder aufzufüllen und zu beobachten, dass das Ritual eingehalten wurde. Während dieser wertvolle Gegenstand gemächlich weitergereicht wurde, bändelten die Anwesenden ausgiebig miteinander an. Sie durften ihre Plätze verlassen und an einer anderen Tafel Platz nehmen, sofern ein Sitz frei wurde. Die meisten Eheleute wussten voneinander nicht, hinter welcher Maske sie steckten, damit sie sich nicht ihrer Eifersucht hingeben konnten. Die Frauen kamen nicht mit ihren Gatten zum Fest, sondern teilten sich eine Kutsche in kleinen Gruppen, um den Saal unerkannt betreten zu können. So merkwürdig es klingen mag, aber alle gaben sich diesem Ritual mit einer gewissen Spiellust hin. Die Anwesenden scherzten und neckten sich. – Liebe Anna, Ihr könnt Euch vermutlich nicht vorstellen, welche Magie von dieser Anordnung ausging. Die Atmosphäre war erotisch geladen. Sobald der Becher zehn Mal geleert war, blies der Zeremonienmeister in ein Horn. Dies war der Auftakt dazu, dass die Tafeln aufgehoben wurden und die Gesellschaft sich auflöste. Die Pärchen verzogen sich in Nischen oder verliessen den Saal, um sich der Lust hinzugeben. Dabei gab es bestimmte Regeln. Es durfte niemand dazu gezwungen werden, und über die Verbindungen verordnete die Gesellschaft absolutes Stillschweigen.»

In Anna keimt eine leise Ahnung auf, dass sie das Folgende lieber nicht hören will. Bilder schiessen ihr durch den Kopf: Ihre Mutter, die von den alten Zeiten schwärmte und ihr einmal von einer ausschweifenden Gesellschaft erzählte. Die schöne Elisabeth Stadler Adlischwyler, die sich in einem ihrer festlichen Gewänder in der Kemenate begutachtete, während Anna als kleines Mädchen gemeinsam mit der Magd Ursula die Mutter und Hausherrin bewunderte. Auch ihren klein gewachsenen Vater mit seinem dicken gemütlichen Bauch sieht Anna nun vor sich.

Laurenz von Heidegg hält seine Augen auf einen Fleck in der Holzdiele gerichtet, ein dicker Kloss steckt ihm im Hals. Er ist in der Mitte seines Labyrinths angekommen, nun würde er Anna endlich die Verhältnisse aufdecken. Dass es ihm schwerfallen würde, hat er gewusst, aber das Ausmass dennoch unterschätzt. Wie wird sie reagieren? Was kann er tun, wenn sie zusammenbricht? Deutlich erinnert er sich an die kleine Anna mit ihrem Vater Hans Adlischwyler. Er hatte, natürlich immer aus der Ferne, den Kontakt behalten. Die bedingungslose Liebe von Hans zu seiner Tochter berührte ihn tief. Adlischwyler musste dieselben Zweifel gehabt haben wie er, und trotzdem beeinträchtigte dies seine Zuneigung zu Anna nicht.

«Euer Vater, liebe Anna, war einer der liebenswürdigsten Menschen, den ich je gekannt habe. Seine Grosszügigkeit bewunderte ich. In jenem Jahr, 1504, fand der Carneval im Februar statt. Ich war erst neu bei den Schildnern und noch sehr jung. Euer Vater war mit der Festtafel betraut. Er war ein hoch angesehener Mann und durfte auch an den Festlichkeiten teilnehmen. An jenem Carneval war seine junge Gemahlin ebenfalls anwesend, Elisabeth, Eure Mutter. Als der Waldmann-Becher an jenem Abend zum zehnten Mal geleert war, sassen Eure Mutter und ich nebeneinander. Wir hatten uns lustig unterhalten und, ich gebe es zu, Gefallen aneinander gefunden. Die Masken aus Venedig taten das Ihre, dass Männer und Frauen sich einander hemmungslos annäherten.

Als Ihr neun Monate später zur Welt kamt, erhielt ich von Eurer Mutter sogleich eine Nachricht. Es war sofort klar, dass ich die Patenschaft übernehmen würde. Wer nun dein wirklicher Vater ist, weiss nur Gott.»

Anna ist blass geworden. Wie haben sie ihr dies antun können. Ihr Leben scheint in dem Moment in tausend Teile zu zersplittern. Es ist, als ob sie ihre Eltern zum zweiten Mal verlöre. «Vater», denkt sie, «warum bist du so früh gestorben?» Wie gerne würde sie sich nun an seinen dicken Bauch drängen und in ihn hineinweinen.

«Anna, du wirst in mir immer einen Beschützer haben. Dir und den Deinen werde ich mit all meiner Macht helfen. Glaub mir, in Zürich werdet ihr ein gutes Leben in eurem neuen Glauben führen können.»

🌷

Wie betäubt kommt Anna nach Hause. Aber Änneli jauchzt, als sie zur Tür hereinkommt, und holt sie schnell zurück in ihr heutiges Leben. Ihre ehemalige Schülerin hat auch gut zu Margritli geschaut. Mit Entschiedenheit verdrängt sie das soeben Gehörte, sie wird sich später damit beschäftigen. Sie hat jetzt andere Sorgen. Sie packt nur wenige Sachen in ihre Reisetruhe, darunter ihre liebsten Gegenstände wie das prächtige Tischtuch, das ihr die Schwiegermutter zur Hochzeit geschenkt hat, und einen silbernen Kamm aus dem Nachlass ihrer Mutter. Am liebsten hätte sie die Statue der Anna selbdritt, die ein umsichtiger Bürger vor der Räumung der katholischen Kirche in Bremgarten im Keller des Pfarrhauses in Sicherheit gebracht hatte, mitgenommen. Jedoch ist sie jetzt hier bei den Katholiken besser aufgehoben.

Anna Bullinger kann Bremgarten mit ihren zwei Kindern problemlos verlassen, wie ihr der Abt versprochen hat. Dank Laurenz' Einfluss lässt die Wache Anna mit Änneli auf der Truhe im Leiterwagen sitzend und den Säugling im Tragetuch problemlos durch, obwohl das Tor bereits für alle Abwandernden gesperrt ist. Der Wächter hätte jetzt, nach dem Sieg der Katholiken, nie gewagt, gegenüber dem Abt von Muri ungehorsam zu sein. Anna hat Laurenz versichert, dass sie in Birmensdorf bei einem Vetter ihres Mannes übernachten könne. In Zufikon schliesst Anna sich einer kleinen Gruppe an, um gemeinsam den steilen Weg nach Oberwil und Lieli in Angriff zu nehmen. In weniger als zwei Stunden kommen sie in Birmensdorf an. Die Überraschung ist gross, als sie dort nicht nur von Heinrichs Vetter, sondern auch von ihrem Schwager Johannes und seiner Frau Elisabeth empfangen werden. Lachend erzählen sie, ihr Töchterlein habe ein Puppenbett für die kleine Cousine vorbereitet. Johannes hat seit dem Kappeler Krieg keine Pfarrei mehr. Beim Abendmahl dankt er Gott für die schützende Hand, die ER über die Familie Bullinger gehalten hat. In Anbetracht der vielen Toten erscheint es ihnen wie ein Wunder, dass sie alle noch leben. Obwohl Anna von den Strapazen der letzten Tage müde ist, sprechen sie weit in die Nacht hinein über die Ereignisse in Bremgarten und die schreckliche Schlacht. Am folgenden Tag machen sich Anna, Änneli und Margritli schon am Morgen wieder auf den Weg. In zweieinhalb Stunden bewältigen sie die Strecke bis zum Sihlfeld vor Zürich, wo Heinrich ungeduldig auf seine Familie wartet. Die Erleichterung ist ihm ins Gesicht geschrieben und er schliesst sie mit feuchten Augen in seine Arme. Noch am selben Abend senden sie Laurenz die Nachricht, sie seien gut angekommen. Nach Anna gelangt niemand mehr aus Bremgarten hinaus.

Welt aus Zürcher Sicht

In der Reussstadt bildet sich schnell eine neue Regierung, Honegger hat im Hintergrund alles für den Machtwechsel vorbereitet. Moderate Vermittler wie Werner Schodoler kommen ihm gelegen, weil mit Leuten wie ihm innert Kürze eine Mehrheit der Bremgarter die Rekatholisierung unterstützt. Es bleibt gar nichts anderes übrig: Die fünf Orte lassen keinen Freiraum für reformierte Bürger, der neue Glaube darf in den Freien Ämtern nicht mehr ausgeübt werden.

Schultheiss Schodoler hat in den Friedensverhandlungen versprochen, dass es in Bremgarten keinen Widerstand geben und der alte Glaube sofort wieder eingeführt werde. So vermeidet er drastischere Massnahmen. Er ist ein gestandener Mann, der verschiedene Kriege erlebt und diese in seiner Chronik festgehalten hat. Als Spross eines alteingesessenen Geschlechts der Stadt hört man auf ihn. Auch die Familie seiner Gattin Barbara Wirz Schodoler hat einen direkten Bezug zu Bremgarten. Viele Jahre lang versah ihr Vater die Seenger Pfründe in der Reussstadt. Er war Schaffner und hatte somit die Kontrolle über die Erträge, was der Familie ein schönes Vermögen einbrachte. Diese Funktion übergab er seinem Schwiegersohn, dem Schultheissen. So haben Barbara und Werner Schodoler ein statthaftes Einkommen.

Werner Schodoler ist bekannt für seine Zurückhaltung. Man sagt von ihm, er halte sich aus allem Umstrittenen heraus und warte ab, welche Meinung sich künftig durchsetze. Ein reformierter Bekannter meint sogar, er schwanke in vielen Dingen des Glaubens. Auch halte er viel für christlich, was die Papisten für böse und zwinglianisch, also ketzerisch hielten. Wie auch immer, sein grosser Einsatz für die Altgläubigen unter reformierter Vorherrschaft hat ihm Glaubwürdigkeit verliehen.

Heinrich und Schodoler haben sich gegenseitig geschätzt, aber jetzt, nachdem die Gegenreformation in den Freien Ämtern eingezogen ist, gibt es keinen Spielraum mehr für Toleranz. Schodoler erwartet, dass die reformierten Familien, die nicht konvertieren, von Bremgarten wegziehen werden, sobald dies möglich ist.

Bremgarten verliert viele Freiheiten, die Selbstbestimmung weicht einer strengen Kontrolle durch die inneren Orte. Nach dem Zweiten Kappelerkrieg ernennt der Unterwaldner Landvogt Wyssenbach die Untervögte. Nach wie vor sind das Sprosse aus der wirtschaftlich mächtigen katholischen Oberschicht. Sie stammen aus Familien reich gewordener Kaufleute, bürgerlichen Notabeln und aus dem Landadel. Ihre Vermögen sichern sie, indem sie, zusätzlich zu den Pachteinnahmen, am Söldnerwesen und dem blühenden Handel verdienen. Die Klöster werden indessen überwiegend von den hochadeligen Geschlechtern geführt; mindestens einer der Söhne studiert Theologie, um die Stelle eines Abts einnehmen zu können. Diese Verbindung von Oberschicht und Kirche garantiert einen wachsenden Reichtum und ein Einvernehmen zwischen Kirche und politischer Obrigkeit.

Der junge Untervogt, der nun in Bremgarten eingesetzt wird, sorgt mit einem unvergleichlichen Eifer für Recht und Ordnung. Er macht vom ersten Moment an klar, dass es in der Religionsfrage nichts mehr zu rütteln gibt. Streng überwacht er den sonntäglichen Besuch der katholischen Messe, dieser ist für alle Einwohner Pflicht. Wehe, jemand versucht sich davor zu drücken. Die Aufsicht über alle Abgaben machen dieses Amt begehrt: Der Untervogt treibt die Steuern ebenso sorgfältig ein wie die Herbst- und Fasnachtshühner oder den Vogthafer – nur das beste Korn geht an die Obrigkeit. Auch das Militärwesen untersteht ihm. Zu diesem Zweck führt er eine Liste der Wehrmänner. Deren Harnisch und Waffen prüft er und wird dies von nun an jährlich tun, wobei er bei Nachlässigkeit strenge Strafen verhängt. Die Rekatholisierten fürchten seine Willkür, denn der Untervogt schaltet und waltet recht eigenmächtig. Wovor einigen Bürgern am meisten graut, ist seine Befugnis, Gefangene zu foltern. Sollten sie sich beklagen wollen, können sie zurzeit kein Erbarmen von der Obrigkeit erwarten. Weil ein Untervogt hohe Einnahmen erzielen kann, ist es nicht selten, dass Familien sich dieses Amt beim Landvogt erkaufen.

Anna nimmt mit gemischten Gefühlen wahr, dass ebendiese Untervögte zusammen mit der Obrigkeit die Klöster in den Freien Ämtern wiederherstellen. Die noch nicht verheirateten Nonnen kehren in die Frauenklöster Gnadental und Hermetschwil als Bräute Christi zurück. Noch immer lässt sie der Zwiespalt nicht los: Sie unterstützt die reformatorischen Bestrebungen, wo sie kann, aber die Auflösung der Frauenklöster befürwortet sie nur bedingt. Hier in Zürich hat sie wieder Kontakt mit den Frauen in Oetenbach aufgenommen. Tatsächlich leben einige ihrer Mitschwestern noch in der Gemeinschaft. Sie sind zwar offiziell schon lange keine Nonnen mehr, tragen einfache Kleidung, kümmern sich aber wie früher um Kranke und Bedürftige. Während alle anderen Klöster geschlossen wurden, dürfen sie hier wohnen bleiben. Beim Abschied vor ihrer Hochzeit hat Anna nicht damit gerechnet, ihre ehemaligen Mitbewohnerinnen nach zwei Jahren immer noch hier anzutreffen.

Annas Leben in Zürich ist ausgefüllt mit Hausarbeit. Jahr um Jahr wird sie schwanger, sie dankt Gott dafür, dass ihr das Gebären leichtfällt. Im grossen Pfarrhaus leben neben ihren Schwiegereltern auch Zwinglis Witwe und deren Kinder Regula, Wilhelm und Huldrych. Anna fühlt sich verbunden mit der Zwingli Familie, die vier helfen, wo sie können. Es rührt sie, wie liebevoll sie mit Änneli und Margritli spielen, wenn sie Zeit dafür finden. Von unschätzbarem Wert ist Brittas Unterstützung. Die erfahrene Magd bewältigt unzählige Aufgaben, ohne dass Anna sie unterweisen muss. Hingegen verursachen die Studenten in den Zimmern im Dachstock viel zusätzliche Arbeit. Täglich bitten sie darum, sich an den Familientisch setzen zu dürfen, um Heinrichs Ausführungen zu lauschen. Sie streiten sich sogar, wer möglichst nah beim Zürcher Antistes, dem Hauptprediger und Vorsteher der Zürcher Kirchen, sitzen darf, und buhlen um seine Gunst. Eine löbliche Ausnahme ist Rudolf Gwalther. Heinrich hat den begabten Sohn eines früh verstorbenen Baumeisters bei sich aufgenommen. Dieser bescheidene Student ist schnell Teil der Familie geworden. So nehmen regelmässig zwischen fünfzehn und zwanzig Personen an ihrer Tafel teil. Nach dem Essen verschwinden die Studenten in ihre kalten Dachkammern und die Schwiegereltern ziehen sich ebenfalls zurück. Auch ihr Zimmer ist nur bedingt geheizt. Es ist keine Kemenate mit einer Feuerstelle, aber liegt über der Küche, von wo die Wärme durch eine kleine Bodenluke hochsteigt.

An diesem Winterabend sitzen die Familien Bullinger und Zwingli nach getaner Arbeit in der warmen Stube. In einer Ecke spielen die Kleinen. Anna hat soeben mit Brittas und Anna Zwinglis Hilfe die Küche fertig aufgeräumt und setzt sich nun mit ihrer jüngsten Tochter in den bequemen Stuhl mit Seiten- und Rückenlehne, um sie zu stillen. Elisabeth, Bethli, ist wenige Wochen alt.
– Zwei Jahre sind vergangen, seit Anna in Zürich und mit der Ungewissheit ihrer Herkunft lebt. Der Abstand zu Abt Laurenz hilft ihr, die einzelnen Begebenheiten in Ruhe zu betrachten. Sie wendet sie hin und her, lässt sie in einem anderen Licht schimmern und erkennt allmählich die Gnade in ihrem Schicksal. Sie hat zwei Vaterfiguren, die sich beide, je auf eigene Weise, um sie gekümmert haben.

Da bemerkt sie, wie Heinrich sie liebevoll betrachtet. Dankbarkeit liegt in seinem Blick und vor allem Freude.

«Ich habe doch schon immer gewusst, dass wir zusammen viel auf die Beine stellen können.» Anna ist sein zweideutiger Blick nicht entgangen und sie schmunzelt: «Mit Gottes Segen.»

Heinrich kann sein Glück manchmal kaum fassen, wie jetzt, da sich seine junge Familie um ihn schart. In solchen Momenten kommt er zur Ruhe. Eine Melodie drängt sich hoch und er beginnt zu singen, zuerst das *Tellen-*, dann auch das *Sempacherlied*. Die Kinder halten inne in ihrem Spiel. Mit leuchtenden Augen setzen sie sich vor dem Vater auf den Boden. Änneli, die Älteste steht jedoch gleich wieder auf und hebt ihre Ärmchen hoch, damit er sie auf den Schoss nimmt.

Auch Anna liebt diese Winterabende, sie erinnert sich an die Erzählung, wie er als Junge in Emmerich auf der Strasse für Speis und Trank hat singen müssen. Da beginnt Heinrich einen Psalm zu singen, den Anna kennt. Sie wiegt das Bethli in ihren Armen, und wie von alleine erklingt auch ihre Stimme, bis sie sich im Psalm mit seiner verwebt. Anna lässt sich vom Gesang einhüllen. Es sind diese Momente, in denen sie ihr altes und ihr neues Leben miteinander verbinden kann.

Als der Psalm verklingt, erheben sich Anna Reinhart Zwingli und ihre Kinder. «Wir sind müde, entschuldigt bitte, wenn wir uns bereits in die Kemenate zurückziehen.» Noch immer löst das gemeinsame Musizieren bei ihnen vor allem Trauer aus; es erinnert sie zu stark an den grausamen Tod ihres Mannes und Vaters. Huldrych hatte zuhause oft Viola gespielt, das waren die wenigen unbeschwerten Stunden gewesen. Seine schreckliche Hinrichtung können sie nicht verwinden. Heinrich und Anna empfinden grosses Mitleid, sie haben aber gelernt, die Trauer der Zwingli Familie hinzunehmen, ohne sich selbst darin zu verlieren.

Heinrich schaut seine Frau fragend an. «Denkst du, sie wird darüber hinwegkommen? Sie ist Mitte vierzig, aber ihre Anmut ist ungebrochen. Einige Witwer verehren sie nach wie vor. Sie könnte nochmals heiraten und Mutter für deren Kinder sein, auch wenn sie selbst vielleicht nicht mehr gebären wird.» Anna erwidert nachdenklich: «Ich bezweifle, dass sie sich ein drittes Mal vermählen möchte. Die ständige Angst um Huldrych hat sie zermürbt. Trotzdem sollten wir häufiger singen. Schau nur, wie glücklich die Kinder sind.» Lächelnd schlägt Anna vor: «Lass uns wieder einmal deinen Freund Werner Steiner einladen. In Sachen Musik seid ihr beiden Männer nicht zu zügeln. Ihr stachelt euch gegenseitig regelrecht an.» Heinrich schaut sie verschmitzt an: «Ja, da hast du recht, Werner entfacht meinen Ehrgeiz. Das kann nicht verwundern, denn er hat begonnen, eine eigene Liedersammlung zu schreiben.» «Oh, das ist wundervoll!» Anna ist sogleich begeistert von dieser Nachricht.

Die Kirchenglocke schlägt acht Mal und Heinrich reisst sich aus der einträchtigen Geborgenheit. Er muss das morgige Treffen mit dem Bürgermeister Diethelm Röist noch vorbereiten. Täglich bespricht er mit ihm die Politik; als Oberster Pfarrer der Stadt zählt seine Meinung. Noch immer beschäftigt sie der Kampf gegen die Täufer. Auch wenn sich darunter ehemalige Weggefährten befinden, kann Heinrich diese Abspaltung der Reformierten nicht gutheissen. Anna bringt die Kinder zu Bett, sie knien hin und sprechen gemeinsam ihr Gute-Nacht-Gebet. Immer wieder wandern ihre Gedanken zu den Aufgaben im Haushalt. Sie schilt sich heimlich für diese Ablenkung, denn das Gebet ist für sie eine heilige Zwiesprache mit Gott, wie sie es im Kloster praktiziert hat.

Während Anna sich schliesslich über Flickarbeiten neigt, hört sie Heinrichs Feder im Studierzimmer nebenan über das Pergament kratzen. Ihr Tag ist unendlich lang, bis sie gleichzeitig mit Heinrich um Mitternacht ins Bett fällt. Trotz der bleiernen Müdigkeit geniessen sie die kurzen Stunden der Intimität. Sie könnten aus Erschöpfung gleich in den Schlaf sinken, raffen sich aber meistens auf, um Dinge zu besprechen, die keine Zuhörer dulden. Die Vertrautheit und das innige Teilnehmen am Leben des anderen gehen oft über in zärtliches Streicheln und Lust. So ist es für sie einfach, die eheliche Pflicht des regelmässigen Beischlafs als gute Neugläubige zu erfüllen. – Manchmal, wenn Heinrichs Atem verrät, dass er eingeschlafen ist, drehen Annas Gedanken weiter: Sie versteht es selbst nicht genau, warum sie ihm die verworrenen Umstände ihrer Zeugung noch nicht offenbaren kann. Zu fremd und unwirklich fühlt sich die mögliche Blutsverwandtschaft mit Laurenz von Heidegg an.

Seit Heinrich das Amt des Antistes in Zürich bekleidet, somit Verantwortung für alle Kirchen in einer der wichtigsten eidgenössischen Städte trägt, haben sich seine Kontakte zu Geistlichen und politischen Machtträgern in Europa intensiviert. Die Ereignisse in England beschäftigen ihn schon länger. Als sich Heinrich VIII. trotz päpstlichen Verbots schliesslich vor zwei Jahren von seiner Königin Katharina von Aragon trennte, war das ein mächtiger Sieg für die Reformierten. Damals war klar, dass dies Englands Trennung von der katholischen Kirche bedeuten musste. Jetzt, 1533, ist es so weit: Heinrich Bullinger hat die Nachricht soeben erfahren und platzt nach der Morgenpredigt in die Küche seines Pfarrhauses: «Anna, stell dir vor, Heinrich VIII. gründet die neue anglikanische Kirche! Er wird sich in vielen Einzelheiten an uns Reformatoren in der Eidgenossenschaft orientieren. Du weisst, dass ich seit einigen Jahren in Briefkontakt mit dem König von England und vor allem mit Thomas Cranmer, dessen wichtigstem Berater in religiösen und moralphilosophischen Fragen stehe. Cranmer kenne ich nunmehr seit bald zehn Jahren. Er hatte den Monarchen mit meiner und Calvins Unterstützung bestärkt, sich von der erzkatholischen Spanierin Katharina von Aragon zu lösen und die Dame seines Herzens zu ehelichen.» Anna kann dem Redeschwall kaum folgen. Tatsächlich hat Heinrich schon lange auf diesen Tag gewartet, sie versteht seine Aufregung und hört geduldig zu. «Die Hochzeit des Monarchen mit Anne Boleyn hat endlich stattgefunden. Die Engländer haben jetzt nicht nur eine neue Religion, sondern auch eine neue Königin sowie eine neue Thronfolgerin: Vor wenigen Tagen ist Elisabeth, die Tochter Heinrichs VIII. und Anne Boleyns zur Welt gekommen. Denk nur, was das bedeutet. Anne Boleyn hat nicht nur erreicht, dass die Katholikin abgesetzt worden ist, sondern auch deren Tochter Mary hat sie als Konkurrentin ausgeschaltet.

Sie hat ihren König dazu überredet, die 17-jährige treu katholische Mary Tudor, sein erstes und einzig überlebendes Kind aus der Ehe mit Katharina von Aragon, von der Thronfolge auszuschliessen.»

Anna versucht die Information zu ordnen. «Soll das heissen, die neue anglikanische Kirche entspricht unseren Glaubenssätzen? Und sie wird auch in Zukunft im ganzen Königreich England durchgesetzt?» Sie kann sich das Ausmass dieser Entwicklung noch nicht vorstellen. Sofort denkt sie auch an die Andersgläubigen dort. Wird es auf der Insel Krieg geben? Doch Heinrich hat keine Zeit, sich weiter mit ihr darüber zu unterhalten, er stürmt bereits wieder aus dem Haus.

Ungeduldig wartet Anna auf den Abend, denn sie möchte wissen, wie Heinrich seinen Einfluss bis nach England hat geltend machen können. Dieser Kontakt über den Ärmelkanal hat sie wachgerüttelt: Sie ist stolz auf ihren Gemahl, der in Zürich ein hohes Ansehen hat, aber dass er auch die Weltpolitik mitprägt, ist ihr doch unheimlich. Sie dachte, sie wisse fast alles über ihn. Nun erkennt sie, dass sein Wirkungskreis noch viel mächtiger ist, als sie es sich vorgestellt hat. Als sie endlich mit Heinrich alleine ist, drängt sie ihn beinah: «Mein liebster Gemahl, deine Worte sind mir nicht mehr aus dem Kopf gegangen. Wie kommt es, dass du diesen Thomas Cranmer kennst, und sogar mit dem Monarchen in brieflichem Austausch bist?» Heinrich betrachtet seine Frau nachdenklich, ihm ist ihre Ernsthaftigkeit nicht entgangen. Also beginnt er zu erzählen: «Thomas Cranmer, der Erzbischof von Canterbury, beschäftigte sich bereits 1520 mit den Ideen der Reformatoren, er tauschte sich mit Luther, Calvin und Zwingli aus. Nach fünf Jahren bildete sich um Cranmer eine lutheranische Gruppierung in England. Der König wandte sich jedoch strikte gegen die Lehre Luthers. – Damals schwor er noch dem Papst die Treue. – Aber noch bevor Cranmer nach Deutschland flüchten musste, zeichnete sich beim Monarchen eine unerwartete Entwicklung ab: Er musste einen Weg finden, um sich von seiner Königin zu trennen und seinem Herzen zu folgen. Der Papst konnte dem

Wunsch, die Ehe zwischen Heinrich VIII. und Katharina von Aragon zu annulieren, unmöglich nachkommen. Dies war Cranmers Rettung. Er richtete seine Religion mehr nach Calvin und uns Zürchern aus. Wie du weisst, befürworten wir die Scheidung einer Ehe, wenn diese krank ist. Cranmer und der Monarch wollten uns Eidgenossen treffen. Bei dieser Gelegenheit und dann nochmals im Jahr 1526 nahm mich Zwingli mit. Wir reisten nach England, um Cranmer zu unterstützen sowie Heinrich VIII. persönlich zu beraten. Anhand unserer Theologie konnten wir eine schlüssige, moralphilosophisch haltbare Begründung für die Scheidung darlegen. Darum vertraut Heinrich VIII. Cranmer auch heute noch. Die Nähe von Kirche und Staat, wie wir sie kennen, gefällt ihm. Es wird sich zeigen, ob er eher das Genfer oder unser Zürcher Modell umsetzen wird.» Anna kann sich vorstellen, wie Heinrich selbst einen Monarchen überzeugt. Wie viele andere Menschen muss dieser seine Integrität erkannt haben. Heinrich versteht es, seinen tiefen einfachen Glauben mit scharfsinniger Intelligenz zu verknüpfen. Dank seiner Bescheidenheit gewinnt sein Wort unermessliche Kraft. Dass sogar der König von England viel auf seine Meinung gibt, beeindruckt sie, aber hinterlässt auch ein wenig Unbehagen. Möchte Heinrich so viel Einfluss besitzen? Ist seine Einmischung in die Geschehnisse auf der Insel richtig? Er hat also den König massgeblich beraten. Unter anderem hat sein Drängen auf eine Scheidung von Katharina von Aragon zur Abspaltung Englands von der Heiligen Römischen Kirche geführt. Dennoch sieht sich Heinrich VIII. nicht als Teil einer der reformierten Strömungen auf dem Kontinent, seine anglikanische Kirche ist eigenständig, er das Oberhaupt. So hat sich der englische König zum Richter über seine eigene Moral erhoben. Diese Feststellung lässt sie schaudern.

Als sie spät zu Bett gehen, gesteht ihr Heinrich seine Zweifel. In den nächtlichen Gesprächen sind alle Gedanken erwünscht und frei, weil sie niemand herausgreifen und verdrehen kann. Er traut der Entwicklung in England noch nicht ganz, obwohl er sich über den Sieg des reformierten Glaubens freut. Er hofft inständig, dass die neue anglikanische Kirche versuchen wird, auch für die Allgemeinheit bessere Lebensumstände zu schaffen. Dass der Monarch die komplette kirchliche Macht an sich gerissen hat, widerstrebt auch Heinrich.

Die wenigen Momente, in denen Anna Zeit für sich hat, nutzt sie, um ihren Brieffreundinnen, mit denen sie in Oetenbach fast wöchentlich Kontakt hatte, zu schreiben. Sie freut sich über neue Veröffentlichungen und ist immer wieder begeistert vom Mut dieser Frauen. Es ist erst ein paar Jahre her, dass sie diese Welt für sich entdeckt hatte, und heute drehen sich ihre Gedanken täglich um die Frage, was Frauen in ihrer Zeit beitragen können, um ein besseres und gerechteres Leben für alle zu erwirken. Wie hat sie das Werk der Christine de Pizan damals im Kloster fasziniert. Vor hundertdreissig Jahren kämpfte diese für die Anerkennung der Tugenden und Fähigkeiten von Frauen und konnte mit ihren Büchern und Schriften sogar ihren Lebensunterhalt finanzieren – lange vor der Reformation. Wie sieht es heute aus? Sind Frauen wirklich bessergestellt? Sie weiss um die Anfeindungen ihrer Freundinnen als Buchdruckerinnen, Schriftstellerinnen und Theologinnen.

Schnell entwirft sie ein paar Zeilen an Marie Dentière in Genf:

Chère Marie,
mit Ungeduld erwarte ich Eure nächsten Schriften. Sie inspirieren und ermutigen mich, zu meinen eigenen Gedanken zu stehen. Denkt nur, neulich hat mich Heinrich gebeten, vor dem Speisen den Segen zu sprechen. Natürlich würde er nie so weit gehen, mich öffentlich predigen zu lassen, was Ihr verlangt. Aber ich spüre, dass wir in unserem bescheidenen Umfeld im Pfarrhaus wichtige Schritte unternehmen, die allen Anwesenden vorführen, wie Mann und Frau in gegenseitiger Achtung leben können. Heinrich demonstriert allen unseren Gästen, wie wichtig ihm die Meinung seiner Gattin ist. Nur gemeinsam können wir uns eine gerechtere und bessere Welt vorstellen. Seid meiner Hochachtung versichert, Eure Anna Bullinger.

Gegenreformation

Unterdessen erblüht das Kloster Muri in neuem Wohlstand. Abt Laurenz ist ein ausgezeichneter Wirtschafter: Er erreicht, dass Muri und Hermetschwil für ihre Verluste rund um die Kappeler Kriege von Zürich und Bern grosszügig entschädigt werden, so kann er zusätzliche Bodenzinse in Wohlen und «7 Tagwerke» Reben in Zufikon kaufen. Wehmütig denkt er an die vielen gemütlichen Stunden bei den Bullinger Eltern im Haus Zum Wilden Mann und an die Treffen mit Anna. Sie alle teilen seine Abneigung gegen diese sinnlose Gewalt, obwohl sie sonst klar hinter der Reformation stehen. Grossartige Kunstwerke werden immer noch in ganz Europa gnadenlos in Trümmer gelegt und verbrannt. Er erinnert sich an Anna, die den Tränen nah war, als sie beschrieb, wie ihre Glaubensgenossen mit den wunderbar illustrierten Büchern umgingen. Hunderte Stunden feinster Handarbeit stecken in diesen Meisterwerken, das weiss sie als ehemalige Nonne von Oetenbach nur zu gut. Es hat ihn gerührt, sie so aufgewühlt und liebevoll über Bücher sprechen zu hören. Als sie ihm, noch bevor sie nach Bremgarten gezogen war, geschrieben und ihn gebeten hatte, einige der wertvollsten Werke aus Oetenbach sicher aufzubewahren, hatte er ihr versprochen, ihren «Schatz» zu hüten.

Schon früher, wenn er sie als nachdenkliches Kind mit den grossen Augen beobachtete, hätte er sie in die Arme nehmen wollen. Aber war sie tatsächlich seine Tochter? Immer wieder hat er in ihr nach einer Familienähnlichkeit gesucht.

Zwei Jahre hat Laurenz nichts mehr von Anna gehört, was ihn schmerzt. Er lässt ihr Zeit und hält sich auch zurück, seinen alten Freund Heinrich Bullinger, den Älteren, zu besuchen. Dennoch fühlt er sich erleichtert, seit er die Ungewissheit über seine Vaterschaft mit Anna teilt. Dank seiner regelmässigen Aufenthalte bei den Schildnern ist er darüber informiert, wie es ihr und der ganzen Bullinger Familie in Zürich geht.

Er hat es sich nicht verkneifen können, die ihm anvertrauten Bücher anzuschauen. Zunächst hat er die wundervollen Manuskripte aus dem Kloster Oetenbach bewundert, wahre Kunstwerke. Das herausragende Werk aus dem Jahre 1405, *Le Livre de la Cité des Dames* von einer Christine de Pizan, versehen mit Illustrationen von höchster Qualität, versetzt ihn in Erstaunen. Wie kann es sein, dass er nie davon gehört hat? Indessen ist noch heute jedermann mit dem viel älteren Antagonisten, dem *Roman de la Rose*, vertraut. Doch nicht genug, in Annas Sammlung befinden sich auch zeitgenössische Druckschriften, allesamt von Frauen geschrieben. Er ist verblüfft, dass es Historikerinnen und sogar Theologinnen gibt. Vor allem Marie Dentière aus Frankreich beeindruckt ihn sehr. Trotzdem sind ihm die Schriften etwas zu kämpferisch verfasst. Das Wort «Protestanten», mit dem die Reformierten seit 1529, seit dem zweiten Reichstag zu Speyer, zunehmend bezeichnet werden, scheint ihm bei manchen Personen durchaus treffend.

Laurenz hat keine Ahnung gehabt, wie interessant es sein könnte, sich mit den Gedanken von Frauen auseinanderzusetzen. Er ist fasziniert von der Wortgewandtheit und der Überzeugungskraft dieser Autorinnen. Die Argumentationen sind schlüssig, und er kommt nicht umhin, seine Sicht auf die Geschlechter zu überdenken. Die Gespräche mit Anna hätten ihn eigentlich schon ein wenig darauf vorbereiten können, aber er hatte sie ja in erster Linie aus einem anderen Grund kennenlernen wollen. Darum war seine Aufmerksamkeit immer ein wenig abgelenkt. Bei ihrem letzten Besuch, bevor auch sie aus der Stadt flüchtete, steckte sie ihm noch einmal ein kleines Bündel mit Schriften zu. Darunter das Gesangbuch von Katharina Schütz Zell.

Sie nennt sich Theologin und hat die Liedersammlung veröffentlicht, damit die religiösen Gesänge mit evangelischem Inhalt nicht nur in der Kirche, sondern auch auf dem Acker und in der Kinderstube erklingen. Unter den Liedern findet er eines von Elisabeth Cruciger, ebenfalls eine ehemalige Nonne, die mit Katharina von Bora, der Gemahlin Luthers, eng befreundet ist. Das Lied hat ihn ergriffen.

Herr Christ, der einig Gotts Sohn

Herr Christ, der einig Gotts Sohn,
Vaters in Ewigkeit,
aus seim Herzen entsprossen,
gleichwie geschrieben steht,
er ist der Morgensterne,
sein Glänzen streckt er ferne
vor andern Sternen klar;
für uns ein Mensch geboren
im letzten Teil der Zeit,
dass wir nicht wärn verloren
vor Gott in Ewigkeit,
den Tod für uns zerbrochen,
den Himmel aufgeschlossen,
das Leben wiederbracht:
lass uns in deiner Liebe
und Kenntnis nehmen zu,
dass wir am Glauben bleiben,
dir dienen im Geist so,
dass wir hier mögen schmecken
dein Süßigkeit im Herzen
und dürsten stets nach dir.
Du Schöpfer aller Dinge,
du väterliche Kraft,
regierst von End zu Ende

kräftig aus eigner Macht.
Das Herz uns zu dir wende
und kehr ab unsre Sinne,
dass sie nicht irrn von dir.
Ertöt uns durch dein Güte,
erweck uns durch dein Gnad.
Den alten Menschen kränke,
dass der neu' leben mag
und hier auf dieser Erden
den Sinn und alls Begehren
und G'danken hab zu dir.

Laurenz hat sich über Katharina Schütz Zell, die Herausgeberin, kundig gemacht. Als Erste hat sie einen Pfarrer im Südwesten Deutschlands geheiratet. In Strassburg, wo sie wohnt, hat sie vor sechs Jahren im Bauernkrieg 100 Flüchtlinge aufgenommen. Auch hat sie bereits eigene Predigten und Streitschriften, ja sogar eine Verteidigungsschrift für ihren 20 Jahre älteren Gatten Matthias Zell verfasst, als dieser wegen der Heirat exkommuniziert wurde. Die Texte besitzen eine sanfte Schönheit trotz unerschütterlicher Stärke und Aussagekraft. Aber die Zeit ist noch nicht reif für mehr Ermächtigung. Und obwohl die Reformierten eher dazu bereit sind, zusammen mit ihren Gattinnen für eine neue gesellschaftliche Ordnung einzustehen, beobachtet er bei ihnen eine besorgniserregende Tendenz: Die Freiheit der Frauen wird zunehmend beschnitten. Die Kleidervorschriften werden immer strenger, in Basel tragen nicht nur die Pfarrersgattinnen strenge Kopftücher und striktes Schwarz. Am meisten bekümmert es ihn jedoch, dass Schwangerschaft als Dauerzustand bei den reformierten Frauen fast noch stärker verbreitet ist als bei den Katholikinnen. Religiöser Gehorsam und eine pragmatische Umsetzung der Gebote, die sich mit dem Alltag vereinen lässt, scheinen in einem älteren Glauben einfacher Hand in Hand zu gehen.

❦

Den Sommer in Zürich hat Anna schon immer geliebt. Die Stadt scheint frei zu atmen, die üppigen Linden und Rotbuchen sowie ausladende Platanen bieten an allen Ecken und in Gartenwirtschaften wohltuenden Schatten. Das Leben in den Gassen ist bunt und fröhlich, jedoch sieht Anna, seit sie den reformierten Pfarrer geheiratet hat, den übertriebenen Putz und die freizügige Kleidung der Frauen mit anderen Augen. Nach nur zwei Jahren in Bremgarten erkennt Anna die Sittenlosigkeit in der Stadt deutlicher. Zurück in Zürich, hat sie sich strengeren Kleidervorschriften untergeordnet. Wie Anna Reinhart Zwingli trägt sie nun ein weisses Kopftuch, das eng über Ohren und Haaransatz sitzt, sodass diese vollkommen verdeckt sind. Vorne unter dem Kinn hängt es lose um den Hals. Über die Stirn zieht Anna zusätzlich ein feines halbdurchsichtiges Gewebe. Als Gattin des Antistes kann sie ihre Vorbildfunktion nicht vernachlässigen. Auch als Nonne hatte sie kurze Zeit eine Haube getragen. Doch dann verbot der Rat die Tracht. Damals war sie unverheiratet und genoss die neue Freiheit, sich trotz des Lebens im Kloster weltlich zu kleiden.

Seit sie und Heinrich mit so vielen Menschen unter einem Dach leben, gibt es für Anna kaum eine ruhige Minute mehr. Trotzdem kann sie ihre drei kleinen Töchter auch einmal zu Hause bei Britta und den anderen helfenden Frauenhänden lassen. Sogar das halbjährige Bethli lässt sich von seiner Grossmutter oder den zwei Zwinglifrauen im Bullinger Haushalt verwöhnen; es ist immer eine helfende Hand zur Stelle, die sich gerne des Säuglings annimmt. So kann sie sich ausnahmsweise einen Ausflug leisten. Nach über zwei Jahren geht Anna an diesem strahlenden Julinachmittag nach Bremgarten, um Abt Laurenz zu besuchen.

Vor der Begegnung mit Laurenz nagt Unsicherheit an ihr. Wie wird das Gespräch verlaufen? Sie wünscht sich, wieder in die alte

Unbefangenheit zurückzufinden. Sie möchte sicherstellen, dass sie sich weiterhin auf ihn verlassen kann. Noch immer sind ihre literarischen Schätze bei ihm, und sie hat vor, diese sogar zu ergänzen: Ihre Brieffreundin Marie Dentière ist soeben Witwe geworden. Sie lebt derzeit in Aigle unter Berner Herrschaft, aber vermutlich wird sie nach Genf ziehen. Anna hat sich vorgenommen, Maries Texte sicher aufzubewahren. Immer wieder kommen ihr Verunglimpfungen von reformierten Denkerinnen zu Ohren. Ob reformiert oder katholisch, viele Männer schimpfen über «Weiber, die sich erdreisten, über Theologie und Politik zu sprechen». Für die meisten bleibt es unerhört, wenn eine Frau ihre Meinung öffentlich kundtut. Anna kennt die Rolle, die den Frauen zugestanden wird: Als Haus- und Kindsmutter ist es ihre grösste Ehre, dass Männer durch sie geboren werden. Selbst Zwingli hat immer den Standpunkt vertreten, Frauen sollten nicht in der Öffentlichkeit reden. Wenn eine Frau sich mit Bestimmtheit äussert, ist sie oft Kritik und Häme ausgesetzt. Sie wird zur Zielscheibe. Geht es nach Luther, Calvin oder auch ihrem lieben Gatten, so sollen die Frauen sich nur in den eigenen vier Wänden aussprechen. Treten sie mit ihrem Wissen zu selbstbewusst in der Öffentlichkeit auf, gelten sie schnell als zänkisch.

Beim Tor am Bremgarter Stadtrand angelangt, sieht sie links unten die Reuss mit ihrem eigenwilligen Verlauf vorbeiziehen. Erst jetzt wird ihr gewahr, wie stark sie den Fluss mit ihrem Lebensgefühl hier verbunden hatte. Wohin sind ihre unbändige Kraft und die mitreissende Überzeugung, die sie beim Unterrichten empfand, verschwunden?

Direkt am Fuss des terrassierten Gartens lockt uns die Reuss im Sommer täglich hinaus. Die Eltern haben uns eingeschärft, wie gefährlich der Fluss ist.

Mit meinen Brüdern gehe ich zur alten Reussbadi. Die verlassenen Holzbänke sind schon lange nicht mehr gestrichen worden. Seit es ein öffentliches Schwimmbad gibt, kommt fast niemand mehr hierher. Aber in den wilden Wellen zu schwimmen hat seinen Reiz. Ich habe keine Angst. Wir springen ins Wasser und zielen sogleich wieder ans Ufer, weil die Strömung uns schnell in Richtung Wehr und Holzbrücke treibt. Die Reuss ist tückisch, unerwartet taucht immer wieder ein Wirbel auf.

Geschäftiges Treiben füllt die Gassen von Bremgarten. Die Marktstände, Buden und offenen Ladenschranken ziehen sich vom oberen Stadttor bis hinunter zur Reussbrücke. Lautes Lachen und Kindergeschrei erinnern Anna an ihre Schulstunden, die sie hier zwei Jahre lang abgehalten hat. Sie hat die Leute hier gerne gehabt, die Stadt besitzt eine besondere Anziehung. Die Rekatholisierung Bremgartens ist offiziell innert weniger Monate vollzogen worden; wer sich nicht beugt, muss gehen. Trotzdem hat Anna nichts zu befürchten, denn die Bewohnerinnen und Bürger von Bremgarten haben auch sie gut gemocht. Mit einigen Frauen ist sie noch regelmässig in Kontakt. Wer sie erkennt, ist erfreut, Anna wiederzusehen. Wiederum hat sie sich eine offizielle Einladung von Abt Laurenz besorgt: Er wolle mit ihr über die neue Mädchenschule im Kloster Hermetschwil sprechen.

Ein junger Mönch lässt Anna durch das Tor auf den Vorplatz des Muri-Amthofs. Mit klopfendem Herzen steht sie vor dem Eingang. Schon ist sie darauf gefasst, wieder einer ihrer Visionen zu erliegen. Und tatsächlich, dieses Mal überkommt sie ein Gefühl, von Licht durchflutet zu werden. Als ob eine übermächtige Anna sich ihrer annehme und sie in ihre Arme schliesse – Anna, die Mutter der Gottesmutter. Die Kraft ist unermesslich.

Laurenz ist an die Türe gekommen, um seinen Gast in Empfang zu nehmen. Seine Freude über das Wiedersehen lässt ihn strahlen. Annas Kopftuch nimmt er zwar zur Kenntnis, doch sein Enthusiasmus ist stärker, als dass er sich davon ablenken liesse. Der Mönch, der sie unten an der Pforte eingelassen hat, hält den Kopf mürrisch gesenkt, er hat Anna kaum gegrüsst und verlässt die beiden sogleich, etwas Unverständliches murmelnd.

«Ich habe Johann gesagt, er könne sich gleich wieder seinen Aufgaben widmen, ich würde ihn nicht weiter brauchen», erklärt Laurenz. Schweigend blicken sie sich an, bis Laurenz Anna seine Hände offen entgegenhält. Nach einem kurzen Zögern legt sie ihre hinein. Langsam und vorsichtig, jederzeit mit Widerstand rechnend, hebt er ihre feinen Hände an seinen Mund und küsst sie. Anna ist verblüfft, und als sie in sein Gesicht schaut, erkennt sie, wie aufgewühlt er ist. «Die Familie wird mir immer das Wichtigste im Leben sein, das gehört zu den von Heidegg.» Ihre Blicke verschränken sich, doch im selben Moment kommt ihnen beiden diese Situation unwirklich vor. Wiederholt fragt sich Anna, ob er mehr weiss, als er ihr verraten hat. Doch der Abt verdrängt seine Rührseligkeit mit einem schrägen Grinsen: «Ohne meine Tante Barbara wäre ich noch heute ein armer Knappe oder ein versoffener Mönch.» Anna ist ihm dankbar dafür; was hätte sie einem weinenden Abt entgegenhalten können. Sie lacht über seine Selbstironie und lässt sich von Laurenz ins Refektorium führen, wo sie ungestört sprechen können. Mit dieser entwaffnenden Begrüssung hat Laurenz den Bann gebrochen. Anna lässt sich in die Vertrautheit sinken, mit der sie sich über die politische Entwicklung austauschen. Aber auch die Kinder und die Familie Bullinger interessieren Laurenz aufrichtig. Wie es ihnen gehe, ob die Jüngste schon durchschlafe, ob sie alle kräftig und gesund seien, jedes Detail will er wissen. Seine Fragen verraten erstaunliche Kenntnisse über das Leben mit Kleinkindern. Es ist leicht zu entdecken, dass Laurenz gerne ein Familienmensch wäre, aber das Schicksal hat es ihm nicht vergönnt.

Anna blickt aus dem Fenster, erst jetzt entdeckt sie wie bei ihrem zweiten Besuch viele Blüten. Sofort muss sie wehmütig an ihren Vater Hans Adlischwyler denken. Für sie würde er immer ihr Vater bleiben. Ist es Verrat an ihm, dass sie sich jetzt bei Laurenz geborgen fühlt? Der Blick zu den Blumen ist diesem nicht entgangen, und er weiss, woran Anna denkt.

Sie muss ein Zeichen setzen. Das vertrauliche «Du», das ihm vorher so leicht über die Lippen gerutscht ist, kann sie unmöglich übernehmen «Ich werde Euch nie als Vater sehen können, geschweige denn so nennen.» Sobald sie es gesagt hat, wird ihr bewusst, wie töricht es ist; natürlich will auch Laurenz nicht als leiblicher Vater bezeichnet werden, und dennoch ist die Bezeichnung «Vater» allgegenwärtig um ihn herum. Sie fährt fort: «Meine Mutter muss sich vom Leben betrogen gefühlt haben. Ausgerechnet mein Vater tröstete mich über ihre distanzierte Kälte hinweg.»

Laurenz wartet, ob Anna weiterredet. Weil sie schweigt, beginnt er sanft zu sprechen: «Ich bin froh, dass du deine dritte Tochter nach ihr benannt hast. Elisabeth war eine kindliche Person, die sich in dieser schnell wandelnden Zeit nicht zurechtfand. Als sie heiratete, war sie noch so jung und der Katholizismus in ihren Kreisen unangefochten. Die Politik wird nun mal von den Herren dominiert. Die Constaffel nahm mit ihren eigenen Gesetzen, wie dem Ritual der Schildner zu Beginn der Fastenzeit, keine Rücksicht auf Verluste. Wir waren damals alle sehr naiv. Als Elisabeth mit dir schwanger war, kamen wir uns vor wie Marionetten. Was sich wie ein Spiel anfühlte, konnte Leben zerstören. Niemand hatte sich ausgemalt, was dieses Ritual mit den betroffenen Menschen anrichtete. Sie hatte ursprünglich gedacht, mit deinem Vater einen wohlangesehenen Bürger geheiratet zu haben, mit dem sie glücklich sein würde. Nun wusste sie nicht, ob sie das Kind eines Geistlichen mit adliger Herkunft in sich trug. Als Pfarrer hätte ich sogar noch eine Familie gründen können, wie dein Schwiegervater. Aber meine Aussichten standen bereits fest, ich sollte Abt werden. Mir ist wichtig, dass du weisst, wie sehr meine Karriere auch in politische Strategien eingebunden ist. Es ist nicht der Abt, der sich selbst wählt! Alle anderen haben ihre Hände mit im Spiel. Als deine Mutter ihre Ohnmacht erkannte, wurde sie sehr verbittert. Zusätzlich haderte sie seit der Schwangerschaft mit ihrer Ehe. Hans Adlischwyler schien ihr keine gute Wahl mehr, sie begann ihn lächerlich zu machen. Weil er eine wichtige Position innehatte und ihn ganz Zürich kannte, übte er eine strenge Herrschaft über sie aus. Eine Gattin muss treu zu ihrem Gemahl stehen.»

Anna hat aufmerksam zugehört, den Rest kennt sie ja selbst. So betrachtet, müsste ihr die Mutter tatsächlich leidtun. Sie kann sich vorstellen, wie der hochgewachsene, stattliche Laurenz von

Heidegg als junger Mann Anziehung auf ihre Mutter ausgeübt hatte. Anna kannte sie als eitle Person. Sie hatte ihren Vater Hans Adlischwyler und ihre Mutter nie als Paar wahrnehmen können. Nie haben sie sich in die Arme genommen oder berührt, geschweige denn geküsst, auch nicht in den wenigen Momenten, in denen sie im engsten Familienkreis in ihrer Stube waren. Nie hat sie die beiden vertraulich miteinander schwatzen oder lachen sehen.

«Jetzt weiss ich endlich, warum meine Mutter so unerbittlich gegen meine Verbindung mit Heinrich war. Was ihr verwehrt blieb, nämlich eine glückliche Ehe mit einem Mann des Glaubens, konnte sie mir unmöglich zugestehen.»

Beide hängen ihren Gedanken nach. Dann ergreift Anna das Wort: «Ich bin zwar nicht für diese alten Geschichten hierhergekommen, trotzdem bedeutet es mir viel, mit Euch über meine Eltern zu sprechen. Gerne würde ich jetzt das Thema wechseln. – Noch immer verwahrt Ihr meine Bücher, und ich weiss, dass dies gefährlich ist. Auch wenn sie gut verschnürt sind, ist mir bewusst, dass Ihr sie angeschaut habt. Ich kann es in Euren Argumenten erkennen.» Fragend betrachtet sie ihn.

Laurenz hält ihrem Blick stand. «Ich bekenne mich schuldig», gibt er zu, «wie hätte ich ignorant bleiben können, wenn du mir doch die Gelegenheit gibst, mich so intensiv weiterzubilden.»

Sie fordert ihn lächelnd heraus: «Seid Ihr weiterhin bereit, Euch diesem Studium zu widmen? Ich denke da an ein, zwei weitere Bücher.»

Laurenz flüstert verschwörerisch: «Ein Abt kann sich seine eigene Lektüre zusammensuchen und diese an geheimen Orten sicher verstauen.» Ernst fährt er fort: «Ich habe schon lange mein Leben in deine Hände gelegt. Würdest du mich verraten, wäre ich schnell einen Kopf kürzer. Mein Gewissen sagt mir: Dies ist wichtig für unsere Zukunft. Zu lange haben wir die Meinungen von Frauen ignoriert. Aber erwarte keine Wunder von mir. Ich habe mich in den letzten 20 Jahren durch die Wirren und Ränkespiele der Politik gewunden. Der Entscheid, beim Katholizismus zu bleiben, ist mir nicht immer leichtgefallen. Vor allem als dein Schwiegervater sich bekehrte, schüttelte mich meine Überzeugung hin und her. Beide Religionen haben grosse Mängel. Mir scheint aber, die ältere könnte in gewissen Punkten sogar offener sein als die neue. Das zeigt sich auch darin, dass namhafte Wissenschaftler sich weiterhin zum Katholizismus bekennen. Erasmus von Rotterdam ist nur einer von vielen. Und das, obwohl er das Fundament für die Bibelübersetzungen in die deutsche Sprache geliefert hat. Ohne seine akribische Arbeit und das Bemühen, zusammen mit anderen Wissenschaftlern die besten Quellentexte für das Neue Testament zu destillieren, wüssten wir nicht, wie weit weg die *Vulgata* aus dem 5. Jahrhundert von diesen Quellen entfernt ist. Und dennoch ist sie nach wie vor die weitest verbreitete Bibelübersetzung in lateinischer Sprache. Schicht um Schicht hat er diese Bibel durchleuchtet und, wie er sagt, ‹vom Schlamm und Schmutz der Kleriker› befreit. Im Namen des Evangeliums hat er dies getan: ‹*Die Sonne ist ein allgemeines Gut, das der ganzen Welt geschenkt wird. Genauso steht es mit dem Wissen um Christus …*›» Laurenz zitiert Erasmus weiter: «‹*Ich bin ganz und gar nicht der Meinung derer, die nicht wollen, dass die göttlichen Buchstaben in eine Volkssprache übersetzt werden, sodass sie von den Profanen gelesen werden können, als wäre die Lehre Christi so verschleiert, dass nur eine Handvoll Theologen sie verstehen könnte, oder als wäre der Schutzwall der christlichen Religion aus der Unwissenheit gemacht, in der man sie gefangen hält. Ich möchte, dass alle, auch die einfachsten Frauen die Evangelien lesen …*›» – Laurenz führt weiter aus: «Dies schreibt Erasmus im Vorwort seiner Bibel auf Griechisch aus dem Jahre 1516! Ein Jahr bevor Luther seine Thesen an das Tor der Kirche in Wittenberg schlägt. Höre, wie Erasmus es formuliert: ‹Mögen diese Bücher in alle Sprachen übersetzt werden, sodass die Schotten, die Iren, aber auch die Türken und die Sarrazenen sie lesen und kennen können. … Möge der Bauer an seinem Pflug Abschnitte daraus singen können, der Weber an seinem Kamm eine Melodie *erklingen lassen oder der Reisende seine Strassenmüdigkeit mit den Erzählungen lindern können.›»*

Anna möchte aufbrausen und die Fortschritte der Reformation aufzählen, aber sie hält sich zurück. Natürlich hat sie die Enttäuschung Heinrichs mitbekommen, dass Erasmus, der so viel Gedankengut mit ihm teilt, sich nicht der Reformation angeschlossen hat. Sie muss sich eingestehen, dass auch sie schon gewisse Zweifel gehabt hat, ob Männer wie Zwingli und Luther die Zukunft prägen sollen. Nie hätte sie dies vor Laurenz zugegeben. Das Wichtigste für sie ist der Dialog, nur mit einer lebhaften Auseinandersetzung kann sich eine Gesellschaft als Ganzes weiterentwickeln. Eine Bemerkung kann sie sich aber doch nicht verkneifen: «Dafür haben die Papisten auch ein paar der hellsten Köpfe hingerichtet. Ich hoffe, dass Ihr recht behaltet und wir in eine Zeit des Wissens hineinwachsen.»

Die zwei Stunden sind wie im Flug zerronnen, und Anna muss sich schleunigst auf den Heimweg machen. Beim Abschied halten sie sich nochmals die Hände.

Einmal gehe ich alleine in der Reuss schwimmen. Eine abenteuerliche Freude packt mich. Aber dann geschieht das, wovor ich mich gefürchtet habe. Ein Wirbel erfasst mich. Im ersten Moment versuche ich mich mit aller Kraft zu wehren. Zwecklos. Sobald ich das einsehe, erinnere ich mich an die Worte meines Vaters: Es gibt nur einen Ausweg aus einem kräftigen Wirbel. Du musst dich hinunterziehen lassen, erst am Grund kannst du hinausschwimmen.

Zürcher Bürgerrecht

Kurz nach Annas Treffen mit Laurenz, im Jahr 1533, stirbt ihr Schwiegervater Heinrich Bullinger. Noch vor vier Jahren, nach dem ersten Kappeler Landfrieden, als er neu in Hermetschwil als Prädikant eingesetzt worden war, hatte er kräftig gewirkt. Die politischen Ränkespiele und seine wiederholte Verbannung aus Bremgarten haben ihn jedoch sehr mitgenommen. Seit sie erneut ins Exil nach Zürich gezogen sind, hat er seine Lieben nicht zu sehr belasten wollen, aber seine Gattin Anna Wiederkehr Bullinger hat die täglich zunehmende Schwermut besorgt wahrgenommen. Er hat seine Wurzeln verloren und, obwohl er grosse Freude an der wachsenden Familie gehabt hat, ist er sich alt und nutzlos vorgekommen.

Alle vermissen den grosszügigen und gutmütigen Mann, allen voran seine treue Gefährtin, sein Sohn Heinrich und sein Freund Laurenz.

Unterdessen hat sich Heinrich Bullinger, der Jüngere, innert zwei Jahren den ausgezeichneten Ruf eines besonnenen Antistes verdient. Umsichtig leitet er alle kirchlichen Belange und trifft sich mit den Räten und dem Bürgermeister der Stadt, um die sittlichen und seelsorgerischen Richtlinien zu hüten. Er findet mit allen den richtigen Ton, sodass er am 14. Januar 1534 ohne Gegenstimme das Zürcher Bürgerrecht vom Rat geschenkt bekommt. Ebenfalls mit Begeisterung wird er noch im selben Monat von der Zunft zur Meisen aufgenommen. Weil Annas Vater Verwalter der Zunft zur Meisen gewesen war und diese als die mächtigste in der Stadt gilt, hat Heinrich sich um die Mitgliedschaft bemüht. Der Betrag für seinen Einkauf ist zwar beachtlich, aber mit dem Vermögen, das ihm der Vater hinterlassen hat, kann er sich den Beitritt leisten. Ausserdem ist Anna eine sparsame Hausfrau. Die Ausgaben für Brot und Wein hält sie sorgfältig in ihrem Hausbuch fest und bespricht sie mit Heinrich; er, als Familienoberhaupt, führt die Kontrolle über die Finanzen.

Anna freut sich für ihren Gatten: Als Zürcher Bürger und Mitglied in einer Zunft hat er es in dieser Stadt innert kurzer Zeit sehr weit gebracht. Trotz dieser erfreulichen Entwicklung wirkt sie seit ein paar Wochen bedrückt. Heinrich fragt sie eines Abends: «Meine liebste Hausfrau, mir scheint, dich plagt etwas.» Ihr Bauch hat bereits wieder einen beachtlichen Umfang. Heinrich durchschreitet die Stube und berührt sie sachte. Inständig hofft sie dieses Mal auf einen Sohn. «Hörst du die Gerüchte nicht?», erwidert Anna müde. «Die Leute sprechen darüber, ich sei schon zu alt, darum könne ich nur Töchter zur Welt bringen.» Sie bricht in Tränen aus. Heinrich reagiert überrascht und leicht irritiert, noch nie hat er seine tapfere Anna so aufgelöst gesehen. «Das ist doch Blödsinn, seit wann schenkst du solchen böswilligen Unterstellungen Aufmerksamkeit?» Er liebt seine drei Mädchen über alles, trotzdem beschleicht Anna das Gefühl, eine vierte Tochter würde seinen Unmut wecken. Ein Mann ohne männlichen Erben wird auf die Dauer weniger ernst genommen. Sie reisst sich zusammen, lächelt ihn an und entschuldigt sich: «Vielleicht sind es bloss die anderen Umstände, die mich weinerlich machen.»

An einem Montagmorgen im Mai gegen acht Uhr haben sie Gewissheit. Nach nur drei Stunden erblickt der kleine Heinrich das Licht der Welt. Bei seinem etwas zögerlichen, aber im Crescendo begriffenen Schrei stürzt Heinrich in die Kemenate, noch bevor Britta den Neugeborenen in Tücher wickeln kann.

«Ich habe es gewusst!» Freude, Erleichterung und noch etwas Neues schwingt in seiner Stimme. Mit sichtlichem Vaterstolz blickt Heinrich beinah entrückt auf das Zipfelchen an seinem Sohn und umarmt Anna, die sich im Bett mühselig aufgerichtet hat, um ihr Kindlein besser sehen zu können. Sie hat diese kurze heftige Geburt erstaunlich gut überstanden. Anna ist erschöpft, weiss aber, dass sie bald wieder bei Kräften sein wird. Der Schub an Energie folgt unweigerlich auf eine Niederkunft. Gott hat die Natur perfekt eingerichtet. Anna schmiegt sich lächelnd in Heinrichs Arme und streckt ihre Hände fordernd Britta entgegen. Sie verspürt den unbändigen Drang, ihr Söhnlein gleich an ihre Brust zu nehmen. Dieser Reflex, auch das hat Anna unterdessen gelernt, hilft, dass sich die Nachgeburt schneller löst. Ehrfürchtig beten sie und Heinrich gemeinsam, von Dankbarkeit erfüllt. Erst jetzt lässt Britta Heinrichs Mutter und die drei Mädchen zur Tür herein. Leise und sachte treten sie ans Bett, um das Brüderchen zu bestaunen.

Heinrichli ist ein zufriedener Säugling. Seine Schwestern, allen voran Änneli, kümmern sich rührend um ihn. Wenn die zwei jüngeren noch unbeholfen und ein wenig zu grob an ihm zerren, dauert es lange, bis er protestiert. Änneli mit ihren fünf Jahren nähert sich ihrem Brüderchen bereits erstaunlich vorsichtig und es ist schon vorgekommen, dass sie die Kleineren zurechtweist. Annas Alltag ist von ihren Pflichten als Hausfrau geprägt, mit der zunehmenden Erfahrung meistert sie die sich endlos wiederholenden Aufgaben als Mutter, Haushaltsvorsteherin und Gastgeberin. Heinrichs Tagesablauf hingegen ist abwechslungsreich, dank seinem Amt, den Predigten, Beratungsgesprächen, Korrespondenzen sowie dem Verfassen von Schriften und Kommentaren. Die öffentlichen Predigten sind geprägt von seinen eigens entwickelten Deutungen. Seine Werke geniessen hohes Ansehen und werden sogar in verschiedene Sprachen übersetzt, vor allem in England erwartet man mit Ungeduld Heinrich Bullingers neuste Schrift.

Im August 1534 ist es soweit, er veröffentlicht sein Büchlein *Vom einzigen und ewigen Testament oder Bund Gottes* zunächst auf Lateinisch. Drei Monate später kann er es in deutscher Sprache herausgeben. Anna weiss, welche zentrale Rolle der Bund zwischen Gott und Mensch in Heinrichs theologischen Abhandlungen einnimmt. Es ist dieser Gedanke, den sie selbst am stärksten an die Reformation bindet. Heinrich wehrt sich dagegen, dass das Testament ein Gesetzeswerk sei, wie Luther es versteht. «Das Testament ist von Menschen verfasst, und Gott muss es ratifizieren. Sodann muss sich der Mensch daranhalten.» So predigt er es. Erst durch dieses Wechselspiel entstehe das Bündnis. Es handle sich um ein gegenseitiges Versprechen. Gottes Bund mit Abraham sei der Schlüssel zum Verständnis der gesamten Schrift. Ja, Gott habe sich uns Menschen gegenüber in diesem Bündnis sogar verpflichtet. Dadurch ständen wir aber auch in der Verantwortung.

Diese Ermächtigung jedes einzelnen Menschen hat Anna von Anfang an für die reformierte Lehre eingenommen. Seit zehn Jahren hat Heinrich an der Formulierung geschliffen. Sie freut sich für ihn, dass diese Botschaft dank der Veröffentlichung weit in die Welt hinausgelangt. Aus England sind bereits die ersten begeisterten Reaktionen eingetroffen.

Mit zwei Gleichaltrigen, die ich nicht kenne, sitze ich im Schulzimmer und warte auf den Lehrer. Mein erster Religionsunterricht in der Bezirksschule – speziell für die Reformierten. Ein etwas dicklicher, grosser Mann betritt den Raum. Er begrüsst uns mit den Worten: Heute bekommt ihr euer Religionsheft. Ihr könnt ein schönes Bücherregal mit zwölf Büchern zeichnen.

Die Stunde geht nur schleppend vorüber. Meine Erwartungen sinken in sich zusammen. Wieder zuhause schimpfe ich: Ich habe nichts gelernt! Wir mussten nur Bücher malen. Da gehe ich nicht mehr hin! Meine ganze Energie habe ich aufgebaut, um den Eltern Widerstand zu leisten. Meine Entscheidung wird jedoch ohne Diskussion akzeptiert. Der Religionsunterricht verschwindet klanglos aus meinem Leben.

Eigentlich hätte ich gerne mehr über Religion gewusst. Ich betrachte ein Foto von mir als Säugling im weissen Taufkleidchen und bin ratlos.

Spannungen im Kloster Muri

An einem lauen Abend im Oktober 1535 sitzt Laurenz in Bremgarten in seinem Amtszimmer. Er blickt aus dem Fenster zum Wäldchen hinüber, wo die Laubbäume ihre Herbstpracht in allen Farben tragen. Der Abt wartet auf Johann Christoph von Grüt. Unterdessen hat sich dieser schüchterne Mönch zu einem selbstbewussten jungen Mann gemausert, der vor einem Monat die ewige Profess abgelegt hat. Somit ist er festes Mitglied der Bruderschaft. Das bevorstehende Gespräch hat Laurenz nicht in Muri führen wollen, weil er möchte, dass Johann sich sein Angebot überlegt, bevor andere ihn beeinflussen. Es ist Laurenz aufgefallen, wie häufig die Sprösslinge der alteingesessenen katholischen Familien die Köpfe zusammenstecken. Das gefällt ihm nicht. Laurenz bringt Johann in Gedanken oft mit Annas letztem Besuch in Verbindung. Obwohl dieser bereits über zwei Jahre her ist, durchlebt Laurenz den Moment, in dem sie vor ihm stand, immer wieder. Nur kurz hatte er Johanns missbilligende Miene gesehen, bevor er sich ganz seiner Besucherin widmete. Diese unerwartet negative Reaktion hat sich erst nach Annas Verabschiedung in Laurenz' Bewusstsein festgesetzt. Er war von seinem emotionalen Affekt selbst so überrumpelt gewesen, dass er den jungen Beobachter gleich wieder vergessen hatte. – Er hatte die Worte damals bei der Begegnung mit Anna gesprochen, ohne sich vorher darüber Rechenschaft zu geben. Erst im Nachhinein ist ihm auch klar geworden, wie offensichtlich sie sein tiefstes Inneres preisgaben. «Seine Familie», die er nie so nennen darf, ist ihm tatsächlich das Wichtigste. Im Kontakt mit Margarete, seinem Sohn Nikolaus und Anna hat er erkannt, dass sich etwas in der Gesellschaft ändern muss. – Jetzt hofft er, Johann für seine Vorstellung eines weltoffenen humanistischen Katholizismus zu gewinnen, indem er ihn stärker in

Obhut nimmt. Er lässt Augen auf dem neuen Tresorschrank in der Wand ruhen. Die darin aufbewahrten Schriften sind für ihn zwar gefährlich, aber er schätzt Annas Vertrauen in ihn und hat aus der Lektüre mehr gelernt, als er für möglich gehalten hatte. Die Kassette ist ihm zu wenig sicher gewesen, darum hat er dieses Kunstwerk in Auftrag gegeben und einbauen lassen: Begeistert bewundert er die in die Wand eingelassene Tresortür mit ihren feinen Ziselierungen und dem kleinen Wächter über dem Schlüsselloch.

Laurenz kommt nicht umhin, einen gewissen Widerspruch in den neueren Entwicklungen zu beobachten. Obwohl viele Frauen aus katholischen Klöstern der Reformation Auftrieb gegeben haben, sollen sie sich jetzt ruhig verhalten und völlig unterordnen. Wie sollen sich intelligente Frauen, andauernd umgeben von einer grossen Kinderschar und verantwortlich für einen riesigen Haushalt, mit politischen Themen beschäftigen? Etwas wehmütig denkt er an Anna. Sie lebt seit vier Jahren in Zürich, und er sieht sie unterdessen etwa zweimal jährlich, meistens wenn er selbst etwas in der Limmatstadt zu tun hat. In ihrer sechsjährigen Ehe hat sie bereits fünf Kinder geboren: Anna, Margaretha, Elisabeth, Heinrich und vor wenigen Monaten Hans Rudolf. Soviel er weiss, ist sie bereits wieder schwanger.

Vor 20 Jahren bewunderte er das respektvolle Miteinander seines Freundes, des Dekans Bullinger, mit dessen Konkubine Anna Wiederkehr. Er erahnte darin den Anfang einer neuen Gesellschaftsordnung. Heute ist ihm bewusst, dass die Entwicklung höchst brüchig ist. Nicht alle Männer an der Macht sind so weise wie die Bullingers – und nicht alle haben einen so starken Ausgleich durch die städtische Obrigkeit. Er rechnet es Zürich hoch an, dass die Stadt den Besuch von katholischen Messen in der Umgebung erlaubt. Umso mehr bedauert er die unnachgiebige Strategie der Katholiken in den Freien Ämtern seit dem Zweiten Kappeler Krieg: Der neue Glaube wird nach wie vor unterbunden. Es herrscht keine Toleranz, die Strafen sind drakonisch. In Laurenz' Augen ist dies ein Rückschritt.

Er ist überzeugt, dass nur unterschiedliche Meinungen eine positive Veränderung bewirken können.

Laurenz von Heidegg bemüht sich, ein gütiger und gerechter Abt zu sein. Die katholischen inneren Orte, die über die Freien Ämter regieren, haben nun sechs von acht Stimmen, weil Uri nach dem Krieg mit erhöhtem Druck und schliesslich erfolgreich darum gekämpft hat, in die Tagsatzung aufgenommen zu werden. Die regierenden Orte haben dem Kloster Muri im Jahr 1532 die niedere Gerichtsbarkeit und auch die Lehen in den Freien Ämtern bestätigt. Dies bedeutet eine finanzielle Absicherung für den Konvent. Gleichzeitig hat das Klosterleben an Anziehung gewonnen. Nur noch acht Mönche waren im Chor gewesen, bevor die Katholiken das Ruder wieder herumreissen konnten. Sieben davon mussten in allen Himmelsrichtungen aushelfen, indem sie Messen in den Dörfern hielten. Der Zuwachs in den letzten fünf Jahren ist erfreulich. Laurenz hat begonnen, eine gute Klosterschule aufzubauen, die zerstörten Kapellen zu restaurieren und eine neue Bibliothek zu erstellen. Gleich nach der Wiederbelebung des Klosters hat Laurenz einen Gelehrten ohne abgelegtes Gelübde als Lehrer an seine Schule geholt. Dieser Laie scheint Laurenz höchst geeignet, da er die jungen Männer versteht; er ist nicht wie die meisten Mönche zu weit entfernt vom Leben ausserhalb. Dieser Lehrer ist breit gebildet. Es geht darum, sowohl die innere als auch die äussere Schule wiederaufzubauen. Die Knaben kommen mit fünf oder sechs Jahren ins Kloster, begleitet von einer grosszügigen Spende oder einem kostbaren Geschenk; für den Wohlstand eines Klosters ist diese Einnahmequelle enorm wichtig. In die äussere Schule kommen Söhne aus Patrizierfamilien. Diese erwerben sich in vier bis fünf Jahren das für das spätere Leben eines Junkers oder Kaufmanns nötige Schulwissen. Und schliesslich gibt es solche, die von Natur aus eine wissenschaftliche Neigung mitbringen und nach der Schule an eine Universität gehen. Auf jeden Fall misst man der Schule eine grosse Bedeutung zu, wenn es um den guten Ruf eines Klosters geht. Schnell hat es sich herumgesprochen, dass die Knaben in der Klosterschule Muri eine hervorragende Bildung erhalten. Nur so kann der Abt den personellen und finanziellen Zuwachs sichern.

Laurenz kehrt gedanklich zum bevorstehenden Gespräch zurück. Der junge Johann Christoph von Grüt war bei seinem Eintritt ins Kloster Muri 16 Jahre alt. Laurenz hat den Zögling im Auge behalten, da ist etwas an dessen Verschlossenheit, das ihn irritiert. Auch in den ersten Jahren, wenn dessen Vater zu Besuch kam, hielt Johann seinen Blick stets gesenkt. Weil Laurenz im Verlauf seiner Klosterlaufbahn mit vielen Jünglingen zu tun gehabt hat, ist er vertraut mit deren inneren Kämpfen und Ängsten. Deshalb möchte er diesem seltsamen Verhalten nicht zu viel Bedeutung beimessen. Von Johannes' Aufenthalten in Bremgarten erhofft sich Laurenz eine gesunde Distanz zu den traditionellen Kreisen in Muri.

Mit einem bestimmten, aber nicht aufdringlichen Klopfen an der Tür meldet sich Johann an.

«Tritt ein, lieber Johann», Laurenz ist sofort wieder auf das konzentriert, was er dem Mönch anbieten will. Es scheint ihm, dass der junge Mann sich für die Aufgaben des Sacratarius interessiert: Der Unterhalt und die Ausstattung der Sakristei bedürfen einer besonderen Fürsorge, ein Gespür für die wertvollen Gegenstände ist nicht allen gegeben. In Johann meint Laurenz eine Liebe zu den heiligen Gefässen und den reich bestickten Stoffen entdeckt zu haben.

Die Verhaltensregeln sind streng, Johann tritt schweigend und bescheiden in den schön renovierten Raum, den Blick zu Boden gerichtet. Nur wenn er etwas gefragt wird, darf er sprechen. Er mag Abt Laurenz gut. In den Gesprächen mit ihm fühlt sich Johann frei, seine Meinung zu sagen. Dennoch gibt es gewisse Dinge, die er nicht versteht und die ihn ein wenig verunsichern.

«Lieber Johann, wie du weisst, sind wir glücklich darüber, dass du dein Gelübde abgelegt und das Leben hier im Kloster zu deiner Aufgabe gemacht hast. Ich habe mich gefragt, ob du schon insgeheim eine bestimmte Funktion für dich ins Auge gefasst hast.»

Johann lässt sich seine Überraschung nicht anmerken, soviel er weiss, muss sich jeder erst als gemeiner Mönch bewähren, bevor er einen Wunsch äussern darf. Aber es passt zu Abt Laurenz, nicht den üblichen Weg einzuschlagen.

«Verehrter Vater, ich fühle mich geehrt, in diesem wunderbaren Kloster dienen zu dürfen, und werde in Demut alle Arbeiten verrichten, die Ihr für mich vorseht. Prior Georg selig hat mich darauf vorbereitet, dass ich voraussichtlich zuerst ein paar Jahre dem Camerarius in allen Bereichen der verschiedenen Küchen, der Brauerei und auch den Bäckereien zugeteilt würde. Auch dem Vestarius in der Waschküche, meinte er, würde ich fleissig zur Hand gehen müssen.»

Laurenz hätte es sich denken können: Sein langjähriger Prior hätte nie einem Mönch eine Aufgabe nach dessen Neigung zugeordnet – im Gegenteil. Der strenge Prior Georg Flecklin ist vor wenigen Monaten gestorben. Eine Erinnerung an die eigene Wahl zum Abt blitzt kurz auf. Flecklin hätte damals dieses Amt zu gerne selbst übernommen. Über die Niederlage kam er nie ganz hinweg. Aber nach 1519 nahmen die Unruhen zwischen den Glaubensrichtungen den Prior so sehr in Beschlag, dass er vermutlich seltener darüber grübelte. Doch dann, nach dem zweiten Kappeler Krieg, gab es in der Gegend um Muri keine unliebsamen Reformierten mehr, die er verjagen und verfolgen musste. In den letzten Jahren schien Flecklin sowohl Ziel als auch Lebensinhalt verloren zu haben. Vielleicht lag es auch daran, dass Laurenz seine Aufbauarbeit mit so viel Enthusiasmus in Angriff nahm, dass der ältliche Prior seinen Platz in der neuen Klostergemeinschaft nicht mehr fand. Etwas griesgrämig ging er in den letzten Jahren durch die Gänge, jeder Mucks der neuen Schülerschar musste wie eine Ohrfeige für ihn gewesen sein.

«Ja, unser lieber Prior Bruder Georg, möge er in Frieden ruhen, hat absolut recht: Jeder Mönch durchläuft alle Hilfsfunktionen im Kloster. Nur so kannst du den ganzen Betrieb kennenlernen. Trotzdem ist es keine Sünde, zu schauen, welche Aufgaben ein Mensch mit besonderer Hingabe verrichten kann. Vor Gott sind wir alle gleich, dennoch darf jedes Lebewesen darin gefördert werden, das zum Erblühen zu bringen, was in ihm schlummert. Ich habe den Eindruck, dass du einen tieferen Bezug zu den heiligen Reliquien und den Gegenständen in der Sakristei hast. Täusche ich mich darin?»

Johann mag es nicht, wenn man ihn durchschaut, er stottert beinah: «Äh, ja, Vater, das ist eine ehrenvolle Aufgabe.» Sogleich ärgert er sich darüber, wie offenkundig er seine Überraschung preisgegeben hat.

«Gut, dann wäre das beschlossen: Einmal im Monat wirst du den Custos begleiten. Als Gehilfe des Sacratarius kann er dir zeigen, wie unsere Heiligtümer gepflegt werden.» Der Abt entlässt seinen jungen Mönch. Dessen Zurückhaltung ärgert ihn ein wenig. Ihm wäre ein wenig Begeisterung statt beflissener Frömmigkeit lieber gewesen.

Noch im selben Jahr kann Laurenz seinen neuen Kreuzgang einweihen. Er will damit die Idee des Studierens unterstützen. Mit einem Buch in der Hand dürfen die Mönche im Kreuzgang ihre Runden drehen. Er erhofft sich dadurch einen Austausch unter ihnen; den Mönchen ist es erlaubt, sich leise über das Gelesene zu unterhalten. Die Freude über diese Neuerung wird leider nach kurzer Zeit überschattet. Am frühen Morgen eines eisigen Dezembertages hört Laurenz schnelle Schritte auf dem Gang vor seinen privaten Räumen. Draussen ist es stockdunkel. Der Abt hat sich soeben zum Morgengebet niedergekniet, als jemand an seine Tür klopft: «Vater, Vater, kommt schnell! Etwas Schreckliches hat sich ereignet!» Die kalten Gelenke schmerzen ihn, Laurenz erhebt sich mühsam und öffnet die Tür. Aufgeregt bricht es aus dem jungen Mönch heraus: «Als ich durch den Garten in Richtung der Ställe eilte, um die Kühe zu melken, bin ich gestolpert. Ich habe meine Öllampe gesenkt, um zu schauen, was mir den Weg versperrt hat. Oh, ehrwürdiger Vater! Es ist furchtbar, …» Der Schock in diesem unschuldigen Gesicht bereitet den Abt auf eine schwierige

Nachricht vor, trotzdem verliert er langsam die Geduld: «Nun sag schon, was ist denn geschehen?» «Der Herr Lehrer... er war doch so beliebt.» Laurenz erblasst, ohne ein weiteres Wort eilt er hinaus. Der Erfolg des jungen Schulvorstehers hat auch Neider auf den Plan gerufen. Er ist Opfer eines hinterhältigen Anschlags geworden. Dieser gebildete, weitsichtige Mann, den die Klosterschüler bewundert haben, ist hinterrücks erstochen worden. Da liegt er in seinem Blut. Drei Mönche stehen frierend mit Fackeln in den Händen um die Leiche, der Dolch steckt noch im Rücken. «Gütiger Gott im Himmel ...» Der Abt spricht ein kurzes Gebet und bekreuzigt sich. «Bitte tragt ihn in meine Kapelle und weckt die anderen. Lasst sie wissen, dass ich alle in zehn Minuten im Kapitelsaal erwarte!»

Er empfindet es als persönliches Versagen, dass er diesen Mann nicht hat beschützen können. Es kommt ihm vor, als ob er ihn in sein Unglück geschickt hätte, wie vor sechs Jahren seinen Narren Heini. Der Abt hadert mit sich. Hat er abermals übersehen, was sich im Untergrund zusammengebraut hat? – Trotz aller Bemühungen gelingt es ihm nicht herauszufinden, wer der Mörder ist. Dieses Ereignis, die Bedrücktheit unter der Schülerschaft und das Misstrauen, das sich im Kloster seither ausbreitet, quälen Laurenz längere Zeit. Er muss sich überwinden, die Baupläne wieder ins Zentrum seiner Aufmerksamkeit zu rücken.

Zum Glück hat der Ruf des Klosters dadurch nicht grösseren Schaden genommen. Tatsächlich geschieht kurz darauf im Frühjahr 1536 das Unglaubliche: Die Stadt Zürich, der langjährige Feind, verehrt dem Kloster Muri sein Wappen. Das ist ein klares Zeichen, dass die reformierte Stadt den Abt und seine Politik schätzt. Die wunderschöne Glasscheibe mit dem Zürcher Wappen bedeutet Laurenz von Heidegg mehr, als er gegenüber Luzern zugeben möchte. Zürich anerkennt seine Bemühungen um friedliche Lösungen. Es hat schon lange keine Klage mehr gegen ihn wegen Streitigkeiten mit den Dorfbewohnern gegeben. Das ist im Vergleich zu anderen Klöstern mit niedriger Gerichtsbarkeit selten. Ausserdem vertritt

Laurenz genauso wie Zürich die Ansicht, ehemalige Nonnen – auch die von Hermetschwil – hätten das Recht auf einen Anteil ihrer Mitgift. Was ihre Familien beim Eintritt ins Kloster bezahlt haben, sollte den Frauen zum Teil zurückerstattet werden. Meistens sind diese Beträge nicht riesig, aber es kann für den Neustart im weltlichen Leben ein Anfang sein. Die Familien der abtrünnigen Nonnen sind nur in den seltensten Fällen bereit, ihre Töchter wieder aufzunehmen, also müssen diese zumindest eine kleine Mitgift haben. Dass Laurenz damit einer bestimmten Frau zu ihrem Recht verhelfen will, weiss niemand.

Die Zeit mit Margarete Göldli wird ihm immer wie ein Traum aus dem Leben eines anderen vorkommen. Damals schien alles einfach – sie in Hermetschwil, er als ihr vorgesetzter Abt. Sie konnten sich regelmässig sehen, und die Zweisamkeit kam mit einer selbstverständlichen Leichtigkeit. Der gegenseitige tiefe Respekt machte ihre Liebe unantastbar. Die Sehnsucht nach Bindung, einer Familie, liebenden Eltern, die sie beide in der Jugend vermisst hatten, verband sie in den gemeinsamen Jahren. Wehmütig erinnert er sich an die Geborgenheit mit ihr. Aus der Ferne beobachtet er nun, wie es ihr in Hallau ergeht. Melancholisch stellt er fest, dass sie mit ihrem neuen Leben zufrieden ist. Die junge Frau, reich an Erfahrungen, gab ihm dank ihres starken, unabhängigen Charakters genau den Halt, den er damals dringend benötigte.

Erschütterungen in London und Basel

Heinrich Bullinger steht am 19. Mai 1536 um 10 Uhr morgens kreideweiss in der Tür. Er hält einen Brief in der Hand und ringt offensichtlich um Worte. Anna hat ihn zwar bemerkt, aber zwei Kinder hängen ihr am Rockzipfel, und sie trägt Hansi Rudolf, den vier Wochen alten Säugling, im Arm. Die zwei grösseren Schwestern sitzen am Tisch. Weil sie ihren Gatten noch nie so gesehen hat, bittet sie Britta, sich um die Kleinen zu kümmern, die anderen Kinder schickt sie nach draussen. Änni ist kein Änneli mehr. Die Älteste ist sechs Jahre alt und hilft schon kräftig mit. Sie nimmt den zweijährigen Heinrich auf den Arm und sagt mit grosser Bestimmtheit: «Margritli und Bethli, kommt mit, wir gehen in den Hof.»

Anna quittiert das verantwortungsvolle und selbstbewusste Auftreten ihrer Tochter mit einem stolzen Lächeln. Sanft nimmt sie Heinrich bei der Hand und führt ihn an den Tisch. Sie holt zwei Holzbecher und füllt sie mit Bier. Bei einem Schock wirkt Bier Wunder. Geduldig wartet sie, bis ihr Mann die Sprache wiederfindet.

«Er hat es getan.» Fassungslos legt er seinen Kopf in die Hände und beginnt zu weinen. «Mein lieber Herr und Ehegatte, beruhige dich, sonst mache ich mir ernsthaft Sorgen um deine Gesundheit.»

«Heinrich VIII. hat seine zweite Gemahlin hinrichten lassen.» Nachdem auch sie wie vom Donner gerührt ist, benötigt Anna nur einen kurzen Moment, um zu verstehen, was diese Tatsache bei Heinrich auslöst: «Mein Liebster, du willst dir doch nicht etwa die Schuld an diesem Tod geben?»

«Ich habe ihn dazu ermuntert, Anne Boleyn zu heiraten und sich nicht vom Papst vorschreiben zu lassen, wen er als Königin an seiner Seite hat, wie naiv war ich doch. Eine andere Liebe als die unsere konnte ich mir gar nicht vorstellen. In der Überzeugung, dass er in dieser Frau seine perfekte Ergänzung gefunden hatte, konnte ich nicht anders, als auch seine Liebesehe als gottgewollt darzustellen.»

«Was hat er ihr denn vorgeworfen?»

«Eine schwerwiegende Sünde! Sie habe mit ihrem eigenen Bruder Inzucht getrieben. Ausserdem sei sie bereits entjungfert gewesen, bevor sie mit dem König vermählt wurde. Es hatte schon vor der Hochzeit Gerüchte gegeben, sie habe bereits einen anderen heimlich und vor Zeugen geehelicht. Als der König sie ohne Wenn und Aber zur Ehefrau haben wollte, mass er diesen bösen Nachreden keine Bedeutung bei.»

Beide nehmen einen kräftigen Schluck Bier. Sie brauchen nicht weiter darüber zu sprechen, denn es ist ihnen klar, wie einfach es für einen Monarchen ist, Gründe für eine Hinrichtung zu finden. Was dieses Ereignis für die Kirche in England bedeutet, ist noch nicht abzusehen. Bereits aber ist die dreijährige Prinzessin Elisabeth, die gemeinsame Tochter von Heinrich VIII. und Anne Boleyn, zu einer «Lady» herabgestuft und von der Thronfolge ausgeschlossen worden. Ihre Halbschwester Mary Tudor, die Tochter von Heinrich VIII. aus erster Ehe mit der katholischen Katharina von Aragon, hatte dieses Schicksal vor drei Jahren erlitten. Nun zeichnet sich ab, dass sie ihren Vater doch als Oberhaupt der Kirche Englands anerkennen wird. Eine Versöhnung der beiden könnte sie bei der Thronfolge sogar wieder ins Spiel bringen. Für die Reformation wäre es eine Katastrophe, wenn die katholische Mary Tudor Königin von England würde. Doch zurzeit scheint es, als ob Heinrich VIII. bereits seine nächste Hochzeit plant. Da kann noch viel geschehen in Bezug auf seine Nachfolge.

Das Bier verfehlt seine Wirkung nicht. Heinrich ist zwar immer noch empört, aber er betrachtet England wieder aus der Ferne und merkt, dass er Hunger verspürt. Wie froh und dankbar ist er, mit Anna und ihren fröhlichen Kindern eine Familie zu bilden. Die Aussicht auf die grosse Runde beim Abendmahl mit seinen Studenten lenkt ihn ab; diese Stunde des Dozierens an der heimischen Tafel bereitet ihm nach wie vor Freude. Er zieht sich in sein Studierzimmer zurück, um die Tischrede vorzubereiten sowie seine vielfältige Korrespondenz zu führen. Täglich schreibt er ein bis zwei lange Briefe; über den ganzen Kontinent verstreut pflegt er schriftliche Kontakte. Heinrich ist stolz darauf, einer der bestinformierten Menschen seiner Zeit zu sein, und kann mit seinen persönlichen, wohlüberlegten Worten viel für die Reformation tun. Nach wie vor gilt es, die Menschen aufzurütteln und über die falsche Vormacht des Papstes aufzuklären. Die römische Geldgier, die sich durch Verbreiten von Angst vor dem Fegefeuer nährt, muss endlich ein Ende finden. Dass Heinrich VIII. sich ebenso unchristlich wie selbstherrlich zu benehmen beginnt, bedrückt Heinrich sehr, und er beschliesst, ihm sein nächstes Werk zu widmen. Er will es riskieren, seine Schrift mit dem provisorischen Titel «Gegen die Autorität der katholischen Kirche, gegen die Vorsteher des Aberglaubens und der Tyrannei Roms» mit einer Widmung an ihn zu versehen. Der Gedanke beruhigt ihn ein wenig. Auf diese Weise signalisiert er dem Monarchen, wie sehr sich die reformierte Welt von einem Kirchenoberhaupt, das in erster Linie seine Macht missbraucht, distanziert.

Anna ist in der Küche geblieben, um gemeinsam mit Britta und Heinrichs Mutter das Essen für die vielen Münder vorzubereiten. Wortkarg geht Anna an die Arbeit; sie will ihre Gedanken über das Königshaus in England noch einmal in Ruhe sortieren. Dies ist nicht die Reformation, die eine gerechtere Ordnung schaffen wird.

※

Bereits zwei Monate später folgt der nächste harte Schlag: Erasmus von Rotterdam, einer der wichtigsten Denker seiner Zeit und Freund Heinrichs, stirbt im Alter von 67 Jahren. Dieser Freidenker, der sich konsequent geweigert hat, den neuen Glauben anzunehmen, obwohl er mit diesem sympathisierte, ist für Heinrich ein Vorbild gewesen.

Erasmus hat in den Augen Heinrichs für einen progressiven Katholizismus gestanden, der neben der Reformation existieren kann. Er hat ihm geholfen, die von Zürich verlangte Toleranz mit einem gewissen Optimismus auszuüben. Während Zwingli und Luther Erasmus als Zauderer, Skeptiker und insgeheim als Feigling betrachteten, hat Heinrich in ihm eine Kraft gesehen, die den römisch-katholischen Glauben von innen reinigen könnte. Trotzdem hätte er es lieber gesehen, der berühmte Wissenschaftler wäre übergetreten und hätte an seiner Seite gekämpft.

Eine tiefe Traurigkeit erfüllt Heinrich, während er sich für die Reise nach Basel rüstet. Die Beisetzung wird dort im Münster stattfinden. Das reformierte Basel weiss, was es bedeutet, diesen Mann zu verlieren, und erweist zum ersten Mal seit neun Jahren wieder einem Katholiken die Ehre, im mächtigen Gotteshaus aus rotem Sandstein hoch über dem Rhein seine letzte Ruhe zu finden. Heinrich hat nebst dessen herausragenden Geist Erasmus' tiefschürfenden Witz verehrt. Im Büchlein *Das Lob der Torheit* verspottet er gleichsam Philosophen, Theologen wie auch insbesondere Mönche. Der Philosoph hatte vor der Basler Reformation acht Jahre am Rheinknie gewohnt. Nach dem Religionswechsel bemühten sich die Reformierten vergeblich um ihn. Schliesslich musste er die Stadt 1529 verlassen. Erst vor Kurzem war er zurückgekehrt. Sein leicht fragender Blick, der einen stets dazu ermuntert hat, sein Bestes zu geben, wird Heinrich weiterhin begleiten. Auch der meist lächelnde Ausdruck im Gesicht hat die Studenten angespornt. Erasmus war für ihn der Inbegriff eines wohlgesinnten Lehrers. Der Mann mit den tiefliegenden Augen über hohen, ausgeprägten Wangenknochen und den immer leicht angehobenen, schmalen Augenbrauen wird ihm schmerzlich fehlen.

Anna unterbricht ihn in seinen Grübeleien und umarmt ihn. Sie weiss, wie sehr er diesen Mann bewundert und geliebt hat.

Während Heinrich wegen Erasmus' Abdankung in Basel weilt, treffen in Zürich im Haushalt der Bullingers die ersten Glaubensflüchtlinge aus England ein. Die Eigenmächtigkeit des englischen

Herrschers wird nicht von allen widerspruchslos hingenommen. Wer sich jedoch kritisch äussert, muss schnell erkennen, dass dies gefährlich ist. Es sind junge Studenten, aber auch verdiente Theologen, die den Monarchen nicht unterstützen. Anna und ihre Schwiegermutter sind damit beschäftigt, für alle Ankömmlinge zu sorgen und weitere Unterkünfte zu organisieren. John Butler, Nicholas Partridge und William Woodroffe gehören zu den Ersten, die sich auf der Insel nicht mehr sicher gefühlt haben. Jetzt erhoffen sie sich im Haus des Reformators Zuflucht. Zum Abendmahl im Hause Bullinger findet sich eine wachsende Gesellschaft ein, die Anna gut im Griff hat. Sie leitet, organisiert und hält alle Fäden in den Händen. Die Flüchtlinge wissen ihre Gastfreundschaft zu schätzen. Anna ihrerseits geniesst trotz der Anstrengung die Gespräche auf Französisch und Lateinisch, in denen sie viele Informationen über die Situation in England erhält. Zwischen Nicholas Partridge und Rudolf Gwalther, Bullingers verwaistes Mündel, entsteht eine enge Freundschaft. Er hat sich zu einem vielversprechenden Studenten der Theologie entwickelt. Die zwei jungen Männer planen, wenn die Situation es wieder zulässt, zusammen nach England zu reisen.

Sobald Heinrich aus Basel zurückkehrt, lässt auch er sich von den Geflüchteten in die Geschehnisse in England einweihen. Er macht sich grosse Sorgen und stürzt sich in die Arbeit: Neben den täglichen Predigten gilt es, mit seinen Schriften fortzufahren. Die Neuigkeiten über England, die durch seine vielseitige Korrespondenz erhärtet werden, kann er geschickt in seinen Text gegen die Tyrannei der katholischen Autorität einflechten. Er enthält klare Hinweise, wie ein Kirchenoberhaupt seine Glaubensgemeinschaft zu führen hat und was von diesem als Vorbild zu erwarten ist.

Ein halbes Jahr später, im Januar 1537, getraut sich Nicholas Partridge zurückzukehren. Zusammen mit Rudolf bricht er auf. Sie reisen über Basel, Strassburg und Antwerpen. Unterwegs besuchen sie führende Köpfe der Reformation, für die sie Begleitschreiben von Heinrich Bullinger mitbringen. Überall werden sie herzlich aufgenommen, sie fühlen sich durch dieses grosse Netzwerk gestärkt.

Anfang März besteigen sie in Calais die Fähre. Rudolf kann seine Aufregung nicht verbergen, als er die weissen Felsen von Dover auftauchen sieht. Was für ein Abenteuer! Auf dem Pferderücken gelangen sie von der englischen Küste nach Canterbury, wo sie sich erholen. In vier Tagen wollen sie weiter nach London reiten und den berühmten Erzbischof Cranmer treffen. Seit Rudolf Heinrich Bullingers Mündel ist, hat er dessen Korrespondenz mit dem Engländer verfolgt. Seit Jahren tauschen sich sein Ziehvater und Cranmer über den Zusammenhang von Politik und Religion aus. Er kann es kaum erwarten, Heinrichs Briefe Cranmer zu übergeben. Die ganze Reise hindurch hat er sie sorgfältig gehütet.

Frühmorgens satteln sie ihre Pferde und sind überrascht, wie kühl die regenschwere Luft ist. Nach vier Stunden erreichen sie nass und durchgefroren Dartford, wo sie eine Rast einlegen. Die Gaststube ist mit dunklem Holz verkleidet, gemütlich lodern die Flammen in der offenen Feuerstelle. Rudolf bestaunt die schwarzen Balken des Riegelbaus und geniesst sein «Ale». Nicholas hat für sie beide «Stew» bestellt. Die deftige Mahlzeit mit «Dumplings» und «Beans» schmeckt köstlich, wobei Rudolf über diese englischen Wörter und den merkwürdigen Dialekt lachen muss. Er verschlingt den Eintopf, die dicke braune Sosse wärmt ihn sofort auf. Trotzdem steigt ihm der Alkohol leicht zu Kopf, dieses englische Bier ist nicht zu vergleichen mit dem in der Heimat. Etwas schwerfällig machen sie sich wieder auf den Weg. Der zweistündige Ritt nach London tut gut, die frische Märzluft hilft Rudolf, wieder nüchtern zu werden. Endlich erreichen sie die Themsestadt. Wie klein wirkt Zürich im Vergleich. Das Leben an der Themse pulsiert. Cranmer empfängt sie höflich, jedoch wird schnell klar, dass er nicht viel Zeit für die jungen Männer hat. Sobald Rudolf die Briefe seines Ziehvaters dem

Erzbischof überreicht hat, fällt eine Last von ihm. Jetzt kann er diese verrückte Stadt auskundschaften: Dem Eidgenossen kommt es vor, als wäre alles durchdringender, greller als bei ihm zuhause. Auch der Himmel scheint ihm viel unmittelbarer. Hunderte von Menschen tummeln sich in den Strassen beim Hafen. Sie kaufen und verkaufen alles, was Land und Meer hergeben. Zusätzlich erschallt lautes Geschrei von den grossen Galeonen, die gelöscht werden. Die Seeleute schleppen schwere Truhen, Körbe und Kisten sowie pralle Stoffballen die schmale Rampe hinunter. Die Ware kommt von Holland und Spanien. Mit offenem Mund bestaunt Rudolf die neuartigen Schiffe mit ihrem spitzzulaufenden Vorbau am Bug. Die Dreimaster segeln wendig die mächtige Themse hinauf, bevor die Männer sich an die Ruder setzen, um vom Kapitän sicher an die Docks gelotst zu werden.

Anfang Juni kehrt Rudolf voller Eindrücke und um viele neue Kontakte bereichert nach Zürich zurück. Er ist überwältigt, wie stark die Engländer sich an den Reformatoren aus der Eidgenossenschaft orientieren, während Lutheraner nicht geduldet werden. Als erstes überreicht er Heinrich Cranmers Antwort. Dieser versichert Heinrich seiner Freundschaft und der treuen Gesinnung im Sinne des Zürcher Reformators. Die knappen Worte verraten jedoch, dass Cranmer sehr vorsichtig geworden ist. Heinrich ahnt nichts Gutes, ist sein Vertrauter am Hof des englischen Königs jetzt auch in Ungnade gefallen?

Im März 1539 ist Heinrichs neues Buch druckreif. Der definitive Titel lautet: *Von der Autorität, Gewissheit, Dauerhaftigkeit und Kraft sowie der absoluten Vollkommenheit der Heiligen Schrift.* Zwei Jahre sind seit der schrecklichen Hinrichtung in England vergangen. Heinrich VIII. hat in der Zwischenzeit wieder geheiratet und seine Kritiker im Zaum gehalten. Heinrich beobachtet aus der Ferne, wie der einst so besonnene und loyale Monarch sein Land spaltet. Er hofft, mit seinem Buch einen Beitrag zu leisten, dass der König sich seiner Demut als Werkzeug Gottes erinnert. Eine Hauptaussage in seinem neuen Werk lautet: Die wahre Kirche besteht aus der Gemeinschaft der Gläubigen, nicht aus einem einzigen Kirchenoberhaupt. Zusammen mit der Widmung gratuliert Heinrich seinem Namensvetter in England auch zur Geburt des lang ersehnten Sohns Edward. Gleichzeitig versichert er den Monarchen seines Beileids zum Tod der dritten Gattin Jane Seymour. Sie ist kurz nach der Geburt gestorben.

Nicholas Patridge, der in der Zwischenzeit ein paar Mal auf den Kontinent gereist ist, bringt das Geschenk nach London: Ein Exemplar gibt er Cranmer, das andere Thomas Cromwell, der das Buch dem König darreichen soll. Enttäuscht, weil ohne Dankesschreiben, verlässt er den königlichen Hof in London. Heinrich erhält jedoch kurz darauf einen Brief aus Oxford. Ein Dekan der dortigen Universität schreibt ihm begeistert, wie viele Engländer seine Bücher läsen und von seiner Bibelinterpretation überzeugt seien. Sie würden sich auf weitere Schriften aus seiner Hand freuen.

Englands Zukunft bleibt jedoch ungewiss und die reformierten Gebiete in Europa schauen angespannt über den Ärmelkanal: Heinrich VIII. hat sich mit der erwachsenen Tochter Mary Tudor versöhnt, er hat sie als Taufpatin Edwards, des kleinen Thronprinzen, eingesetzt. Ob die Gefahr einer Rekatholisierung in England durch diese Geburt gebannt ist oder nicht, kann niemand voraussagen. Sollte Mary Tudors Einfluss auf Edward hinter dem Rücken des Königs zu stark werden, liesse sich eine Rückkehr zum alten Glauben nicht vermeiden, darin sind sich alle einig.

Mary Tudors Rückkehr an den Hof löst eine Flüchtlingswelle aus. Wer bis in die Eidgenossenschaft zieht, landet in Basel, Genf und Zürich. Allein hier, an der Limmat, sind es über 40 Männer, Frauen und Kinder. Über zehn Personen finden bei Anna und Heinrich Unterschlupf, doch auch andere Familien nehmen die Geflüchteten auf.

Schriften im Bremgarter Exil

Endlich kann Anna die Reise nach Bremgarten wieder einmal unternehmen. Die Jahre sind so schnell verstrichen, und sie kann sich kaum erinnern, wann sie Laurenz zuletzt besucht hat. Sieben Kinder hat sie unterdessen, 1537 ist Christof, Stöffeli, und vor wenigen Monaten Hänsli zur Welt gekommen. Anna schätzt sich glücklich, dass alle gesund sind und sie selbst mit ihren Kräften einigermassen über die Runden kommt. Die Stunden der Abwesenheit muss sie ihrem Haushalt schwer abringen. Trotzdem bringt sie nichts von diesem Treffen ab; ihr Anliegen ist so stark, dass es keinen Aufschub duldet. Ausserdem kann sie sich auf die Frauen im Haushalt Bullinger verlassen, da sind ihre Schwiegermutter, die treue Magd Britta sowie Regula Zwingli, die bereits im heiratsfähigen Alter ist. Anna Reinhart Zwingli trugen sie im letzten Dezember zu Grabe. Mit 52 war sie von ihren Verlusten gezeichnet gewesen. Das lebhafte Ein und Aus im Pfarrhaus war ihr längst zu viel geworden. Ihr Körper wehrte sich zu wenig stark gegen den Husten, der sie befiel. Anna vermisst die ruhige, kluge Frau.

Laurenz freut sich auf den Besuch, er möchte Anna von seinen Plänen für den Muri-Amthof erzählen. Aus ihrem Brief hat er etwas Dringliches herausgehört und ist gespannt zu erfahren, was Anna bewegt. Wiederum empfängt sie derselbe Mönch wie bei ihrem letzten Besuch.

«Guten Tag, Johann», begrüsst sie ihn an der kleinen Pforte in der Mauer.

Die Anrede ist ihm spürbar unangenehm. Er hat nicht damit gerechnet, dass sie seinen Namen noch kennt. Mit kühler Abneigung führt er sie direkt ins Refektorium. Zum ersten Mal, seit Anna hierherkommt, wird sie nicht von einer schönen Empfindung erfüllt.

Leicht enttäuscht darüber nimmt sie zunächst gar nicht wahr, dass sich eine unangenehme Kälte in ihr breitmacht. Was hat sich verändert? Noch bevor Laurenz das Zimmer betritt, blickt sie sich um, kann aber den Grund für ihr ungutes Gefühl nicht orten. Sobald er vor ihr steht, ist alles wie immer. Innert kürzester Zeit kommen sie auf Annas Bitte zu sprechen.

«Ich habe Euch bereits eine Schrift von Marie Dentière gebracht. Unterdessen ist etwas Schreckliches passiert. Wie Ihr wisst, ist der Protestant Johannes Calvin aus Genf verbannt worden. Stellt euch vor, Marguerite de Navarre, die reformationsfreundliche Schwester des streng katholischen Königs von Frankreich, hatte Marie gebeten, zu beschreiben, was sich in Genf tue, ob sich die Reformation nun, da Calvin ausser Landes sei, zerschlagen habe. Marie Dentière ist selbst aus adligem Haus und sogar Patin eines Kindes der Königsschwester. Dies erklärt auch ihr selbstbewusstes Vorgehen; sie hat tatsächlich ihren Brief veröffentlicht: *Eine sehr hilfreiche Epistel, die von einer Christin aus Tornay verfasst wurde, adressiert an die Königin von Navarra, Schwester des Königs von Frankreich, gegen die Türken, die Juden, die Verräter, die falschen Christen, die Anabaptisten und Lutheraner.* Der Rundumschlag, der sich vor allem gegen Männer richtet, hat starke Reaktionen hervorgerufen.» Begeistert fährt Anna fort: «Marie betont, wie wichtig es sei, dass Menschen, insbesondere Frauen, dort Führung übernehmen, wo Männer offensichtlich versagen. Sie sollen sich nicht mehr verstecken, sondern kämpfen, aufstehen, sich ermächtigen, selbst die Bibel zu lesen. Ähnlich wie Christine de Pizan vor über 100 Jahren argumentiert sie anhand der starken Frauen aus der Bibel. Im Kapitel ‹Die Verteidigung der Frau› leitet sie aus der Heiligen Schrift auch das Recht der Frauen ab, die Bibel zu interpretieren und in der Kirche Leitungsfunktionen zu übernehmen. Marie hat ihrem Ärger über die ständige Kritik an unserem Geschlecht Luft gemacht, schliesslich sei es nicht eine Frau gewesen, die Jesus verraten habe. Und ich denke, sie spricht vielen Frauen aus dem Herzen! Sie beendet den Brief mit der dringlichen Bitte an die Königin von Navarra, ihrer Pflicht als Regentin nachzukommen und für die verfolgten Hugenotten einzustehen, und zwar gemeinsam mit ihrem Bruder König Franz I. von Frankreich.» Während Anna sich ereifert, gerät sie ausser Atem. Sie holt tief Luft: «Mit diesem Schreiben hat Marie Dentière es gewagt, den Mächtigsten gegenüberzutreten. Dieser Schritt könnte ihr den Kopf kosten. Sowohl für Katholiken wie Reformierte ist Marie ungeheuerlich, für die meisten Frauen eine radikale Verrückte. Nicht deren Gedanken verurteilen die reformierten Denkerinnen, sondern den Übermut, sie auf diese Weise zu veröffentlichen.» Anna ist überzeugt, dass es genau diese Waghalsigkeit benötigt, um gegen Ungerechtigkeiten anzukämpfen.

Meine Schwester möchte das Schlafzimmer nicht mehr mit mir teilen. Alle Zimmer sind belegt. Darum muss jemand in den zweiten Stock ziehen.

Hier kommt nur ein Zimmer infrage. Vor langer Zeit hatte das Kindermädchen meiner Grosseltern dort geschlafen. Das Zimmer ist nur über den grossen Raum mit den Gästebetten erreichbar. Gleich daneben befindet sich die Kapelle.

Ich will mutig sein. Also ziehe ich allein in den oberen Stock. Trotz meiner Angst male ich mir die Unabhängigkeit aus. Der einzige Fernseher im Haus steht im Wohnzimmer meiner Oma. Sie geht am Abend früh ins Bett. So könnte ich, nachdem auch meine älteren Brüder schlafen gehen, unbeaufsichtigt schauen, was mir gefällt.

Beim Aufwachen pocht das Wort «Hiol» in meinem Kopf.

Anna blickt Laurenz eindringlich an und fährt aufgewühlt fort: «Marie Dentière prangert die schändliche Verfolgung der Hugenotten beim französischen König und seiner Schwester an. Sagt mir, lieber Laurenz, müssten dies nicht alle guten Christen tun? Aber das Gegenteil geschieht: Der reformierte Klerus von Genf hat Marie augenblicklich bestraft. Ihre Bücher sind verbrannt worden und ihr Drucker Jean Girard verhaftet. Unterdessen ist Girard im Gefängnis, und die meisten der 1500 Exemplare sind konfisziert. Das Erschütterndste ist, dass nicht einmal Calvin sich für Marie einsetzt. Im Gegenteil!»

Anna könnte weinen. Die Männer an ihrer Seite, die sich gemeinsam mit ihnen für eine bessere Gesellschaft einsetzen sollten, belohnen die Anstrengungen von Frauen mit Nichtbeachtung. Sie ist überzeugt, dass Marie eine wichtige Vorkämpferin ist. Anna weiss selbst, dass Männer die Rolle der Frauen in der neuen Gesellschaft nicht alleine definieren können. Sie als Betroffene müssen mitreden können, wenn es darum geht, die Bedeutung der neuen Theologie für ihr Leben herauszufinden. Ihre nächtlichen Gespräche mit Heinrich lassen sie oft staunen, wie schlecht er über den Alltag von Frauen informiert ist. Doch sie verzeiht ihm seine Unwissenheit; wie sollte er sich auch noch um diese Dinge kümmern. Obwohl er in alle Himmelsrichtungen auch mit Vertreterinnen ihres Geschlechts im Briefkontakt ist und durchaus Anteil an den häuslichen Ereignissen nimmt, ist er dennoch weit entfernt von ihrem Leben, ihren Sorgen und den täglichen Ungerechtigkeiten. Sie nimmt die gedruckte «Epistel» aus dem Leinensack, den sie normalerweise für Brot und Obst verwendet, und legt sie Laurenz hin. Eigentlich ist es hirnrissig, einen hohen Katholiken um die Aufbewahrung dieser Schrift zu bitten.

Laurenz hat die ganze Zeit aufmerksam zugehört. Anna nimmt also die Diskrepanz auch wahr: Die Protestanten haben gebildete Frauen aus den Klöstern geholt, aber sie wollen nicht, dass diese sich in die Politik einmischen. Während die Frau in den katholischen adligen Kreisen sowohl Mutter als auch Gelehrte sein kann, ist dies in den reformierten Haushalten nicht mehr möglich, weil die Hausarbeit und Kindererziehung zu den Hauptaufgaben der Ehefrau erhoben worden ist. Er selbst bewundert Marguerite de Navarre, die sieben Sprachen beherrscht.

Nach einer kurzen Pause fährt sie fort: «Nun erdreistet sich Calvin sogar, sich über Marie und andere intellektuelle Frauen lustig zu machen. Er hat einen billigen Spruch gemacht, sie soll von einer ihrer Anhängerinnen, einer Pfarrerswitwe, nicht nur zu Tisch, sondern auch in deren Bett eingeladen worden sein. Wie können die verehrtesten Männer nur so tief sinken?»

Laurenz muss ihr recht geben. Dies ist eine der ältesten Methoden, sich in Gesellschaft über eine Frau zu erheben: sie der Lächerlichkeit preiszugeben. Dass sich dies unter den Reformierten noch zuspitzt, hat auch Laurenz nicht vorausgesehen. Zum wiederholten Mal sieht er deren Sittsamkeit in einem anderen Licht. Ohne Ehemann ist die Frau eigentlich nichts. Sie hat nicht einmal mehr die Möglichkeit sich für ein Leben im Kloster zu entscheiden, sondern wird dem Gespött gnadenlos preisgegeben. «Die Schrift wird bei mir gut aufgehoben sein. Mehr kann ich in dieser Sache nicht unternehmen. Ihr Reformierten müsst euren eigenen Weg finden.»

Natürlich weiss Anna, dass er recht hat. Aber sie ist nicht mehr so zuversichtlich wie noch vor Kurzem.

Laurenz lächelt sie aufmunternd an: «Ich hoffe, ich kann dich dafür mit meinen Bauplänen etwas fröhlicher stimmen. Nun, da ich die wichtigsten Renovationen in Muri erledigt habe, möchte ich hier ein neues Gebäude errichten. Es soll ein würdiger Amtshof im neuen Stil unserer Zeit werden. Sein Prunkstück wird genau hier im heutigen Refektorium sein. Ich möchte einen schön verzierten Raum errichten, wo wir in humanistischer Tradition Gelehrtenzirkel abhalten können. Wie in den reichen Städten südlich der Alpen, in Mailand, Venedig, Genua und Florenz bereits vor 50 Jahren sollen auch gelehrte Frauen eingeladen werden. – Ich denke zum

Beispiel an Margarete Blarer aus Konstanz. Wie bewundere ich ihre klare Haltung. Sie weigert sich zu heiraten, weil sie das Studium vorzieht. Du weisst, ihre Brüder und auch der Neffe Johann Zwick, alles Freunde deines Mannes, verehren sie genauso wie euer grosser Hoffnungsschimmer in Strassburg, Martin Butzer. Auch die Schwestern Pirckheimer aus Nürnberg oder die Kaufmannstochter Margarete Welser aus Augsburg wären wunderbare Teilnehmerinnen an unseren Disputationen. Vielleicht sogar die streitbare Katharina Schütz Zell, du hast mir ihr Gesangbuch hiergelassen. Aber sie hat auch eine Schrift verfasst, welche die Priesterehe verteidigt. Ich habe gehört, sie schreibe sogar an einer Predigt. Oder auch Anna Alexandria von Rappoltstein – ich weiss, dass sie wie die anderen mit deinem Mann in Briefkontakt steht. Ist dir übrigens bewusst, dass sie und ihr Mann beide heimlich die Bibel auf Deutsch lasen und erst später feststellten, dass sie die gleichen Zweifel gegenüber dem Katholizismus hegten? Aber auch unsere ehemalige Äbtissin vom Fraumünster in Zürich Katharina von Zimmern scheint mir eine äusserst interessante Gesprächspartnerin. Du siehst, ich habe meine Ohren geöffnet und eine ganze Schar von gebildeten Frauen entdeckt, die etwas zu sagen haben. Gerne würde ich auch Marie Dentière kennenlernen.» Seine offenkundige Begeisterung rührt Anna und sie erwidert sein Lächeln aufrichtig. Dazu ermuntert, fährt er fort: «Ich erlaube mir die kleine Eitelkeit, den Raum «Fürstenzimmer» zu nennen. Der Name signalisiert eine weltliche Ausrichtung, bei der es keine Rolle spielt, ob die Gäste katholisch, reformiert, jüdisch oder sogar Muselmanen sind.» Mit einer fast bübischen Verschmitztheit beobachtet er Annas Reaktion.

Anna hätte Laurenz diesen Mut nie zugetraut. Am liebsten würde sie ihn umarmen. Es darf einfach nicht sein, dass die kleinen Fortschritte in der Bildung der Frauen sich wieder in Luft auflösen. Die Schulen für Mädchen, die von den Reformierten aufgebaut werden und die klösterlichen Einrichtungen ablösen, entpuppen sich in Annas Augen zu Schmieden für gute Hausfrauen und Mütter.

Natürlich befürwortet sie diese, aber ein wenig mehr Bildung, welche die Mädchen zum Denken anregt, wäre ihr lieb. Selbst kommt sie gar nicht mehr dazu, zu unterrichten. Latein verschwindet zusehends vom Lehrplan, da die jungen Frauen nur die Bibel lesen sollen, und die gibt es ja jetzt in einer wunderbaren deutschen Fassung. Aber die alten Schriften! – Wie sehr hat sie es genossen, die Römer Vergil und Ovid zu lesen. Die *Aeneis* war eine Offenbarung gewesen, die griechische Mythologie eine Welt voller Wunder, die *Metamorphosen* eine grandiose Darstellung von Hybris und Demut. Wie wichtig war es für sie zu erkennen, wie Orient und Okzident miteinander verknüpft waren. Europa, die schöne Tochter des phönizischen Königs, wurde von Zeus in Form eines Stiers von der östlichen Mittelmeerküste auf die Insel Kreta entführt. Der Kontinent der Christenheit trägt denselben Namen wie eine Prinzessin aus dem Orient. Anna scheint dieses Wissen unabdingbar, damit auch Frauen über den Tellerrand ihres Alltags hinausblicken und politische Entwicklungen in einen grösseren Zusammenhang stellen können. Wehmütig denkt sie an ihre Geschichtsstunden hier in Bremgarten. Sie hätte noch so viel zu sagen.

Laurenz stellt mit Genugtuung fest, dass Anna von seiner Idee beeindruckt ist. Er hat sie tatsächlich von ihrer Entrüstung über Calvin ablenken können. «Wir werden noch etwas Geduld brauchen, ich rechne damit, in etwa sieben Jahren bauen zu können.»

«Hoffen wir, dass die Welt bis dann noch nicht untergegangen ist. Karl V. und die Habsburger rasseln schon länger mit den Säbeln», sagt Anna leichthin, aber insgeheim scheint ihr eine Zeitspanne von sieben Jahren ewig und die Entwicklungen bis dahin unvorhersehbar.

Auf der Fahrt nach Zürich kehren Annas Gedanken zu Marie und Calvin zurück. Genf hat vor drei Jahren, 1536, die Reformation eingeführt. Aber Calvin und sein Mitstreiter Farel, die den Religionswechsel angeführt haben, sind der Stadt zu streng und eigensinnig geworden. Staat und Kirche sind bei ihnen untrennbar. Ihre Prädestinationslehre ist radikal. Sie geht davon aus, dass die Menschen von Geburt an bestimmt sind: Entweder sie sind gut und werden in den Himmel kommen oder schlecht und in der Hölle landen. Das geht einigen Räten nun doch zu weit. Aus diesem Grund sind die beiden vor wenigen Monaten aus der Stadt verbannt worden. Von seinem Exil in Strassburg aus unternahm Calvin kürzlich eine Reise in die Eidgenossenschaft, um sich mit den anderen Köpfen der Reformation über das Abendmahl zu einigen. Auch bei ihr und Heinrich verbrachte er ein paar Tage. Anna erlebte ihn als mürrischen, beinah unhöflichen Gast. Heinrich versuchte sie zunächst zu beschwichtigen, sie dürfe Calvin nicht so schnell verurteilen. Doch nach wenigen Tagen pflichtete er ihr bei, Calvin sei ein unangenehmer Mensch, die Übereinkunft sei nicht zustande gekommen.

Anna hofft inständig, dass diese Missachtung von gescheiten Frauen nur eine kurzfristige Erscheinung ist. Bestimmt werden die reformierten Männer wieder offener und respektvoller gegenüber dem weiblichen Geschlecht, sobald sie die Konflikte gelöst haben.

Zürich
Geständnisse und Unheil

Gelegentlich trifft sich Anna mit Margarete Göldli, die mindestens zweimal im Jahr nach Zürich auf den grossen Markt kommt. Die Heirat und der Umzug nach Hallau haben sie verändert: Sie wirkt ruhiger und klar. Die etwas wilde Seite, zu der auch eine unbändige Lebenslust und Fröhlichkeit gehört hat, zeigt sich nicht mehr so oft. Dennoch mag Anna sie gerne; schliesslich ist Margarete die Einzige, mit der sie Kindheitserinnerungen teilen kann.

Der 15-jährige Nikolaus begleitet Margarete an diesem warmen Frühlingstag im April 1541 nach Zürich. Er weilt für einen Monat zu Hause, bevor er wieder nach Tübingen zurückkehrt, wo er die Universität besucht. Der Jüngling besitzt bereits eine stattliche Statur und schlendert stolz an der Seite seiner anmutigen Mutter durch die Stadt.

Als Anna die zwei im Menschengewimmel entdeckt, stutzt sie. Dieser junge Mann an Margaretes Seite! Auf einen Schlag weiss Anna, wer hier vor ihr steht: Er ist das Ebenbild von Laurenz von Heidegg. Der Abt muss noch ein weiteres Geheimnis gehütet haben. Wie konnte sie all diese Jahre nichts davon geahnt haben? Zögerlich begrüsst sie ihre ehemalige Schulkameradin: «Liebe Margarete, wie lange ist es her, dass ich dein Mündel gesehen habe? Und jetzt ist er ein stattlicher Student – beinah ein Junker.»

Margarete ist der Unterton nicht verborgen geblieben. Was mag ihre Freundin so irritiert haben? Es ist recht üblich, dass eine Familie ein Mündel bei sich aufnimmt. Dies hatten sie und ihr zweiter Gatte auch weiterhin verkündet: Der Knabe habe seine Mutter, eine Base Margaretes, im Wochenbett verloren, und sie wollten ihn wie ein eigenes Kind bei sich aufnehmen. Was kann der Grund für ihr plötzliches Misstrauen sein? Niemand hat bisher daran gezweifelt, nur ihr Mann weiss um Nikolaus' wahre Herkunft. Aber eigentlich hat sie Anna etwas Erfreuliches erzählen wollen. Ihr Schwung wird gleich wieder gebremst, als sie noch einmal ins Gesicht der Freundin blickt. Nachdem Nikolaus Anna freundlich gegrüsst hat, schickt Margarete ihn fort, er solle eine Besorgung für sie machen. Treffpunkt sei vor dem Grossmünster.

«Warum hast du es mir verschwiegen?», Anna wendet sich sogleich, nachdem Nikolaus sich ein paar Schritte entfernt hat, vorwurfsvoll an ihre Freundin.

Margerete erblasst auf der Stelle. Ohne sich zu versichern, weiss sie, dass Anna die Wahrheit kennt. Wie hat sie herausfinden können, dass Laurenz von Heidegg Nikolaus' Vater ist und sie die leibliche Mutter? Sie versucht erst gar nicht, es abzustreiten. «Was hättest du getan?», kontert sie den Angriff. Schweigend betrachten sie sich, jede in ihre eigenen Gedanken vertieft.

Da beginnt Anna zaghaft und beinah flüsternd: «Margarete, du hast keine Ahnung, was das für mich bedeutet. Natürlich konntest du nicht wissen, wie wichtig diese Information für mich ist. Ich mache dir keinen Vorwurf, denn auch ich habe dir etwas verschwiegen. Lass uns aus dieser Menschenmenge verschwinden, ich möchte dir an einem stillen Ort alles erzählen.»

Die zwei Frauen spazieren zum Grossmünster. Im Pfarrhaus eine ruhige Ecke zu finden, ist undenkbar, also bleiben sie auf der Terrasse vor der Kirche und lassen sich dort auf einer Bank nieder. Tatsächlich ist um diese Uhrzeit kein Betrieb rund um das Collegium. Anna hofft im Innersten, dass sie keinen Fehler macht, wenn sie Margarete über ihre nebelhafte Herkunft aufklärt. Es ist, als ob das Wissen um die mögliche Existenz eines Halbbruders einen unaufhaltsamen Fluss in ihr ausgelöst hätte. Sie kann das Geheimnis nicht länger für sich behalten. Die Freundin ist über Annas Geschichte dermassen schockiert, krampfhaft umklammert sie den Korb mit seltenen Kräutern vom Markt mit beiden Händen. Noch immer liebt sie Laurenz. Die Tatsache, dass ihre einzige Freundin vielleicht dessen Tochter ist, während sie seinen Sohn geboren hat, kann sie sich nicht vorstellen. Bleich und fassungslos starrt sie vor sich hin. Anna hat Margarete noch nie so erlebt. Aber ihre eigene Reaktion vorhin ist nicht anders gewesen, daher wartet sie geduldig darauf, dass der Freundin das Blut wieder ins Gesicht zurückfliesst. Endlich fasst diese sich, und was nun folgt, ist für Anna völlig überraschend.

Die Freundin wendet sich ihr zu und mit einem explosiven Lachen umarmt sie Anna stürmisch. «Wer hätte das gedacht, nun gehören wir fast zu einer Familie! Liebste Anna, das macht mich glücklich.»

Da ist sie wieder: die spontane, mutige Margarete, die sich das Leben möglichst nach ihren Bedürfnissen gestaltet. In Anna löst sich durch diese Reaktion die Verhärtung. Sie weint in die Schulter ihrer Freundin und empfindet ein Gefühlsdurcheinander von Erleichterung, bodenloser Traurigkeit und überschwänglicher Freude. Diese neue Enthüllung ist unfassbar. Wie wenig kennt sie ihre Mitmenschen. Das Sichtbare, so wird ihr bewusst, ist immer nur eine dünne Schicht an der Oberfläche. Was darunter liegt und wuchert, bleibt meistens unerkannt. Margarete erklärt Anna, wie sie und Laurenz sich Nikolaus' Zukunft vorstellen. Er werde nach seinen Studien zum Vater ins Kloster gehen. Dieser könne ihn bald als Sohn anerkennen, denn bei einem Adoleszenten mit einer guten Bildung ist es nicht mehr von Belang, wer die Mutter ist. Die Hauptsache ist, dass Nikolaus alle Möglichkeiten offenstehen, die sein Vater ihm bieten kann, einerseits dank seines Geschlechts der «von Heidegg», andererseits als ein gut vernetzter Kleriker.

«Nicht einmal auf einem Grabstein werden wir Mütter erwähnt, nur die Väter zählen.» Anna spricht die Ungerechtigkeit aus, aber in dem Moment wissen sie beide, dass dieser Umstand für Margarete auch Schutz vor gesellschaftlicher Ächtung bedeutet.

Tatsächlich hat sich Margarete mit ihrem Schicksal versöhnt. Sie mag ihren Mann gerne und er verehrt sie. Als selbstbewusste

Frau hat sie gemeinsam mit ihm in Hallau eine Existenz ohne den Ballast ihrer Geschichte aufbauen können. Ihr Mann stammt aus einer erfolgreichen Glaser- und Glasmaler-Familie. Zusammen mit seinem Bruder Heinrich führt er vornehmlich Aufträge für die Stadt Zürich und ihre reichen Bürger aus. Margarete hat sich als tüchtige Geschäftsfrau erwiesen, sie führt die Bücher und hat zunehmend auch den Einkauf des Materials unter sich. Die weit verbreitete Sitte der Fenster- und Wappenschenkungen unterhält ein blühendes Handwerk. Doch Margarete besitzt auch ein wenig eigenes Geld, sie hat dieses Jahr endlich einen Teil ihrer Aussteuer vom Kloster Hermetschwil zurückerhalten. Zürich, das nicht unbeteiligt gewesen war an der Abwanderung der Nonnen, hat sich jahrelang dafür eingesetzt, dass ihnen Gerechtigkeit widerfährt. Aber erst elf Jahre nach der Heirat hat Margarete von der Meisterin 60 Gulden erhalten. Dies entspricht etwa einem Viertel von dem, was Margaretes Vater ursprünglich dem Kloster bezahlt hatte. Ihre Mitgift war lächerlich gewesen im Verhältnis zum Reichtum der Familie Göldli. Aber in ihrem neuen Leben spielt das Vermögen der Göldlis keine Rolle mehr. Sie und ihr Ehegatte können für sich sorgen. Ausserdem kommt vom Abt des Klosters Muri noch eine regelmässige Zahlung direkt an sie. Laurenz hat ihr erklären müssen, wie das geht: Sein Familienvermögen gehört zwar offiziell dem Kloster, aber er hat gut vorgesorgt. Einen Teil seines Besitzes hat er ohne Wissen des Bischoffs angelegt. Seit 1504 kann er bei der Basler Staatsbank auf jährlichen Zins zählen, über den er niemandem Rechenschaft abgibt.

Sie lächelt beim Gedanken an ihn und flüstert: «Ich habe ihn unermesslich geliebt. Kein anderer besitzt so viel ungeheucheltes Mitgefühl und wohlwollenden Verstand. Und nur die wenigsten Männer, denen ich begegnet bin, trauen dir als Frau auch noch zu, ihren Argumenten folgen zu können. Schade, dass die Kirche ihn uns Frauen weggeschnappt hat – deinen möglichen Erzeuger und meinen Geliebten.»

Anna kann es sich nicht verkneifen: «Zumindest weiss ich jetzt, dass ihm die Potenz dazu nicht abzusprechen ist.»

Abermals brechen sie in Gelächter aus, während sie ungläubig die Köpfe schütteln.

Da hören sie aus einer Gasse lautes Geschrei. Ein noch sehr junger Bänkelsänger kommt vom Markt her und will durchs Niederdorf weiterziehen. Eine Traube von aufgeregten Leuten umringt und begleitet ihn. Sie scheinen ihn auszufragen, wobei alle auffällig Abstand zu ihm halten.

Margarete springt auf und erreicht die nächsten Schaulustigen, als diese wegrennen wollen: «Was ist geschehen? Weshalb dieser Tumult?»

«Die Pest! Die Pest ist wieder da. Sie hat bereits Glarus erreicht. Wie immer kommt sie von Osten. Die Juden, die Kaufleute bringen sie mit.»

Sofort erfasst auch Anna und Margarete eine schreckliche Unruhe; sie müssen beide eiligst nach Hause und schauen, was zu tun ist. Vor allem hofft Margarete, dass der Fuhrmann, mit dem sie verabredet ist, sie und ihren Sohn noch nach Hallau im Nordosten bringen wird. Wer geht schon freiwillig der Pest entgegen. Sie verabschiedet sich mit einer heftigen Umarmung und rennt den Hügel hinunter, um ihren Sohn auf dem Markt zu suchen. Er hat sich mit den Besorgungen viel Zeit gelassen. Hätte er nicht längst hier auf dem Platz vor dem Grossmünster auftauchen müssen?

Anna blickt ihr nach, bevor sie auf das Pfarrhaus zugeht. Viel zu kurz ist die Zeit gewesen, in der sie mit ihrer Freundin über die Verstrickungen im Leben gelacht hat. Wie schnell weicht die Lebensfreude einer bleiernen Angst. Annas jüngstes Söhnchen Diethelm ist erst zwei Monate alt, und Hänschen, der Zweitjüngste, ist mit seinen zwei Jahren eher klein und schwach. Möge Gott sie alle beschützen!

Eine Woche später hat die Pest Zürich erreicht. Sie kommt Anna vor wie eine Flutwelle, die unerbittlich in jeden Winkel vorstösst. Es gibt kein Haus, in dem nicht mindestens eine Person mit hohem Fieber im Bett liegt, meistens sind es drei, vier Mitglieder derselben Familie. Wie sie befürchtet hat, trifft es Hänsli zuerst. Matt und appetitlos mit heissem Köpfchen liegt er in ihren Armen. Sie hofft noch, dass es sich trotz der Epidemie bei ihm nur um eine Kinderkrankheit handelt. Sie klammert sich an diese Hoffnung und will auch die ersten Anzeichen von Beulen nicht wahrhaben. Während ihrer Zeit als Nonne im Kloster Oetenbach hatte sie einen Pestausbruch erlebt. Damals erlag ein Drittel der Bevölkerung in Zürich dem Schwarzen Tod. Sie kann sich gut an die Rezepte erinnern. Tag und Nacht hatte sie damals die Kranken gepflegt und ihnen Wickel gemacht. Teeaufgüsse flösste sie den Halbtoten löffelweise ein. Aber jetzt bei ihrem eigenen Kind ist sie wie gelähmt. Es darf nicht sein, dass Hänsli die Pest hat. Britta, die Magd, bemerkt als Erste, dass Anna ungewöhnlich tatenlos dasitzt und auch im Gesicht keine Regung zeigt. Hat sie überhaupt begriffen, was mit ihrem Sohn los ist? Alarmiert darüber spricht sie zuerst mit deren Schwiegermutter. Diese kommt sofort in die Küche und nimmt Hänsli zu sich. Sie legt Anna den kleinen Diethelm in die Arme und macht sich selbst daran, die Wickel vorzubereiten. Schmerzlich ist sie an ihre eigenen verstorbenen Söhne erinnert. Hänslis Beulen sind erst klein, keine ist blau oder aufgesprungen. Aber das Büblein öffnet kaum die Augen, so kraftlos ist es. Zum Glück sind der vierjährige Christoph und der fünfjährige Hans Rudolf munter wie immer. Sie bauen draussen im Hof mit Stecken und Holzklötzen eine Burg, sodass sie den kranken Bruder gar nicht richtig zur Kenntnis nehmen. Die grösseren Kinder sind in der Schule.

Anna stillt Diethelm und schaut der Schwiegermutter zu, langsam durchbricht sie den Kokon, in den sie sich zum Schutz verkrochen hat. Der Duft des Teeaufgusses, die Kräuter im Mörser für die Paste zur Behandlung der Beulen, jedes Detail holt sie Schritt für Schritt in die Realität zurück. Sie weiss, jetzt besteht noch Hoffnung für Hänschen, aber nur, wenn sie akzeptiert, dass in seinem kleinen Körper tatsächlich die tödliche Krankheit tobt. Sachte legt sie den Säugling in die Wiege und beginnt der Schwiegermutter zu helfen.

Nach vier Tagen sind sie erleichtert, weil es ihm ein wenig besser geht. Die Beulen sind jedoch unverändert. Nach weiteren zwei Tagen kommt das Entsetzen. Sowohl die Schwiegermutter als auch Klein-Diethelm bekommen hohes Fieber. Gleichzeitig verbreiten sich die Pestbeulen auf Hänschens ganzem Körper explosionsartig. Es sind zu viele, als dass Anna den riskanten Schritt wagen kann, sie aufzuschneiden. Sie wachsen an, zuerst pflaumengross, dann verfärben sie sich, einzelne beginnen zu platzen. Anna, Britta sowie Regula Zwingli sind rund um die Uhr beschäftigt mit der Pflege der drei Kranken. Was sich in ihrem Haushalt abspielt, ist kein Sonderfall. Zürich befindet sich im Ausnahmezustand.

Heinrich hilft in der Nacht zu Hause, aber er ist auch als Pfarrer der Bevölkerung Zürichs gefordert wie noch nie in seinem Leben. Immer wenn die Pest wütet, zeigen sich Argwohn und Beschuldigungen bis hin zu Hetzjagden. Die Reformatoren predigen Nächstenliebe und Unterstützung. Sie gehen als gutes Beispiel voran, indem sie kein Haus meiden, auch wenn das Zeichen der Pest an die Haustüre gemalt ist. Selbst von Angst beinah überwältigt, versucht Heinrich die Gemeinde zusammenzuhalten. In der Kirche richtet er eine Nische für die Kranken ein, welche niemand mehr bei sich haben will. Der Aberglaube sitzt immer noch tief in den Menschen. Ist dies eine Strafe Gottes? Wie wichtig ist es da, dass er dank seiner vielseitigen Korrespondenz glaubhaft erzählen kann, wie die Pest sich unabhängig von der Glaubenszugehörigkeit über alle Städte hermacht. Die Leute wissen, wie gut er informiert ist, und kommen sogar extra zu ihm, um zu erfahren, wo und wie sich die Epidemie weiterverbreitet. Viele haben Verwandte, die nicht in Zürich wohnen, sie wollen in Erfahrung bringen, wie es diesen geht.

Am Morgen des 16. Augusts schleppt sich Heinrich erschöpft in die Kirche. Seine eigene Trauer hat im Moment keinen Platz. Vor wenigen Tagen trugen sie die beiden jüngsten Kinder zu Grabe. In der vergangenen Nacht um 3 Uhr ist nun auch seine Mutter an der Pest gestorben. – Anna, Heinrich und Britta haben an ihrem Bett gewacht, versucht die Schmerzen zu lindern und Trost in Gottes Wort zu spenden. Anna Wiederkehr Bullinger war bei ihrem letzten Atemzug nicht mehr bei klarem Bewusstsein. Heinrich verbrachte stumm zwei Stunden an ihrem Totenbett, während die Frauen sich in der Küche um das Frühstück für die Kinder kümmerten.

Die Pest wütet ungehindert weiter. Die Frauenklöster waren früher Auffangstätte für alle Menschen in Not gewesen. Jetzt, zu Beginn des Ausbruchs, haben die Nonnen arg gefehlt. Obwohl die reformierte Stadt alle aufgehobenen Klöster in Armenhäuser umgewandelt hat, gibt es zu wenig Menschen dort, die die Bedürftigen auch pflegen. Es kommt vor, dass Pestkranke noch lebend in offene Massengräber geworfen werden oder dass Nachbarn die Türen und Fenster zu deren Häuser verbarrikadieren, während die Verseuchten drinnen elendiglich umkommen. Endlich reagiert der Rat, er erlässt strenge Regeln, um die Gewalt gegen die Kranken einzudämmen. In den ehemaligen Klöstern werden notdürftig Spitäler eingerichtet, damit die Hunderten von Pestkranken, die nicht von Angehörigen gepflegt werden, auch einigermassen würdig sterben können. Aber die Zahl der Freiwilligen nimmt ab, auch sie sterben dahin.

Im ebenfalls reformierten Konstanz sind Margarete Blarer und ihr Neffe, der Stadtpfarrer Johannes Zwick, ununterbrochen auf den Beinen, um die Kranken zu besuchen. Doch im selben Jahr erliegt Margarete der Pest. Heinrich und Anna trauern um die grossartige Frau und sind tief berührt, als sie Ambrosius' Brief lesen:

Mein lieber Freund, hochverehrte Anna,
nun habe auch ich meine geliebte Schwester verloren. In allen Belangen meines erbärmlichen Lebens vermisse ich sie; ihren klaren Geist, ihre umsichtige Art ebenso wie ihre kaufmännischen Fähigkeiten. Wir sind, ich gestehe es, völlig überfordert mit den Büchern unseres elterlichen Geschäfts. Margarete hat alles mit einer Leichtigkeit erledigt, und erst jetzt erkennen wir, welche Arbeit und welches Verständnis dahintergesteckt haben. Gott segne Euch und Eure Liebsten! In meiner unendlichen Trauer fühle ich mich noch stärker verbunden mit Eurem Haus, Euer tief ergebener Ambrosius Blarer.

Anna und Heinrich blicken sich lange stumm in die Augen. Weder sie noch er vermögen ein Wort herauszubringen. Heinrich gibt für Margarete Blarer ein Trauerlied in Auftrag, das ihre grossartige Persönlichkeit für immer vergegenwärtigen soll. Er verspricht Ambrosius, dass er es drucken lassen wird. Das Gedenken an die Verstorbene ist der einzig verbleibende Trost.

Wieder einmal streift Anna der Gedanke, dass die Klöster durchaus wichtige Zwecke erfüllt haben. Bei den Katholiken verbinden sich die Nonnen und Mönche nach wie vor in ihren persönlichen Gebeten mit den Toten, mit den verflossenen Leben ihrer Angehörigen. Deren gute Taten fliessen in neue Gebete ein. Anna fragt sich, ob die Liebsten in Vergessenheit geraten, wenn die Lebenden ihrer nicht mehr in der Zwiesprache mit Gott gedenken? In diesen schwierigen Zeiten ist sie nicht die einzige Reformierte, die die Institution der Klöster vermisst.

Chaos und Verzweiflung herrschen. Nicht nur die reformierten, auch die katholischen Gebiete sind der Katastrophe preisgegeben. Mancherorts werden Stimmen laut, die verkünden, Gott bestrafe die Menschheit. Es brauche jetzt klare Signale, die Kirche müsse endlich ihre Verantwortung übernehmen und etwas für die Welt tun und Gott besänftigen. Die Bevölkerung möchte eine starke Führung, keine zerstrittenen Bistümer, Fürsten, Könige. Nicht nur die Abspaltung der Reformierten gibt Anlass zur Kritik am Klerus, sondern auch innerhalb der katholischen Kirche gibt es Abspaltungen. So ist die humanistisch evangelische Bewegung ebenfalls eine grosse Bedrohung für die Glaubwürdigkeit der römisch-katholischen Glaubensgemeinschaft. Schon lange fordern mahnende Stimmen ein Konzil: Der Papst und seine höchsten Kleriker sowie die weltlichen Herrscher müssen endlich wieder einmal zusammenkommen, um sich zu einigen, wie sie auf die Reformation und andere Unruhen ihrer Zeit reagieren wollen. Weil sich aber der römisch-deutsche Kaiser Karl V. mit dem französischen König Franz I. im Krieg befindet, kommt es nicht dazu. Noch einmal wird das Kirchenkonzil verschoben.

🌷

Seit Anna ihre zwei jüngsten Kinder verloren hat, ist sie nicht mehr dieselbe. Bereits das Aufstehen am Morgen bereitet ihr Mühe. Sie ist müde und würde sich gerne zwischendurch hinlegen, was natürlich unvorstellbar ist. So schleppt sie sich von einer Aufgabe zur nächsten, versucht den Kindern gerecht zu werden und vor allem ihren Gatten nicht zu belasten.

Eineinhalb Jahre nach Diethelms und Hänslis Tod ist Anna wieder schwanger und sie weiss nicht, was sie dabei empfinden soll. Zum neunten Mal spürt sie das Leben in ihrem Leib heranwachsen. Unweigerlich denkt sie dabei an die beiden Buben. Nur langsam überwindet sie die Angst, sich auch mit diesem Menschlein in Liebe zu verbinden. Indem Anna beginnt, sich auf dieses Kind einzustellen, kann sie Schritt für Schritt einen Teil ihrer Trauer ablegen.

Heinrichs Worte: «Es ist in Gottes Macht, uns Leben zu geben und auch wieder zu nehmen. SEINE Entscheidung müssen wir vorbehaltslos annehmen!», sind ihr zunächst grausam erschienen. Sie weiss, er hat sie und nicht zuletzt auch sich selbst damit trösten wollen. Auch das Dahinscheiden seiner Mutter hat eine riesige Lücke in ihr aller Leben gerissen. Erst jetzt begreift Anna die Demut, die aus Heinrichs Worten spricht. Obwohl sie meint, die Kraft für diese Schwangerschaft nicht mehr aufbringen zu können, beginnt sie sich auf das bevorstehende Wunder der Geburt zu freuen. Anna ist dankbar für die Offenbarung, die sie in diesen letzten Monaten erfahren hat. Kurz darauf erblickt ihr Töchterchen Veritas das Licht der Welt.

Das kleine hilflose Geschöpf holt Anna endgültig aus ihrer Gefühlstaubheit zurück. Wie bei jedem ihrer Kinder staunt sie über die Vollkommenheit ihrer vierten Tochter. Es gelingt ihr die täglichen Aufgaben wieder mit mehr Schwung anzupacken, gleichzeitig nimmt sie auch ihre Umgebung besser wahr. Es fällt Anna erst jetzt auf, wie traurig Regula Zwingli wirkt, und sie fragt sich, wie lange das schon andauert. Abends spricht sie mit Heinrich darüber. Er nimmt sie liebevoll in seine Arme und beschwichtigt: «Warte, bis Rudolf zurückkommt. Ich bin sicher, die Schwermut wird sich schnell auflösen.»

Rudolf Gwalther hat sich zu einem aufstrebenden Wissenschaftler entwickelt. Er ging schon bei Heinrich in Kappel in die Schule und hat in Basel, Strassburg, Lausanne und Marburg studiert. Nebst in Theologie ist er in Mathematik und Poetik bewandert, beherrscht Französisch und Italienisch. – Seit er vor drei Jahren einige Monate auf Reisen, unter anderem in England, verbrachte, ist er tatsächlich dauernd unterwegs. Aber bald wird er von Regensburg, wo er an Religionsgesprächen teilnimmt, nach Hause kommen.

Am Tag seiner Heimkehr steht er mit Regula im Hof des Pfarrhauses. Anna beobachtet die beiden aus dem offenen Fenster. Dass sie sich gut verstehen, ist dem ganzen Bullinger Haushalt schon längst aufgefallen.

Anna hört Regula vertraulich auf Rudolf einreden: «Angesichts der ungewissen Zukunft und der Gefahren, denen wir alle ausgesetzt sind, möchte ich nicht mehr zuwarten.» Rudolf antwortet unbefangen: «Denk nur, ich habe die Pfarrstelle am St. Peter erhalten. Heinrich hat ein gutes Wort für mich eingelegt.»

«Dann können wir es jetzt allen sagen?» Noch schwingt Unsicherheit in Regulas Stimme. Doch Rudolfs Antwort ist unmissverständlich. Er küsst sie ungeachtet der möglichen Zuschauer, hebt sie hoch und dreht sich wie betrunken mit ihr im Kreis. Anna lächelt wehmütig über diesen jugendlichen Übermut und versucht, sich auf die bevorstehende Hochzeit zu freuen. Regula ist ihr immer stark zur Hand gegangen, sie wird sie vermissen. Zum Glück ist Britta noch immer die grösste Stütze im Haushalt, zusätzlich tragen Änni und Margrit mit ihren zwölf und elf Jahren viel bei.

Badenschenken in Urdorf

Endlich, vier Jahre nach der Ankündigung findet das Konzil statt. Die Ausbreitung der Reformation lässt keinen Aufschub mehr zu: Das katholische Europa muss sich einig werden, welche Doktrin fortan gilt. Die Zerrissenheit der Christenheit beruht auf alten Kritikpunkten. Papst Pius III. und Karl V., Kaiser des Heiligen Römischen Reichs Deutscher Nation, haben sich auf Trient als Durchführungsort geeinigt, auf deutschem Boden, aber in vier Tagen von Rom aus erreichbar. Was hier beschlossen wird, gilt für das ganze Reich, für das ganze katholische Europa.

Im Dezember 1545 treffen die Prälaten und Theologen aus dem Vatikan und den angrenzenden Republiken sowie dem Königreich Neapel in Trient ein. Etwa 200 Männer sollen über die Zukunft des katholischen Glaubens debattieren und entscheiden. Der Kaiser will die Einheit des christlichen Glaubens im Reich bewirken. Er hat den Papst dazu drängen müssen, die Kirchenversammlung einzuberufen. Unter diesen Voraussetzungen misstrauen die Reformierten dem Konzil. Auch wenn Redefreiheit gewährt wird, könnte sich keiner der Anwesenden gegen die päpstliche Dominanz aussprechen. Die Gefahr, im Nachhinein als Ketzer stigmatisiert zu werden, ist zu gross. Nördlich der Alpen wissen aber sowohl die reformierten als auch die katholischen Theologen, dass sie in Zukunft mit dem religiösen Zwiespalt leben müssen. Dies hat zur Folge, dass weder die Eidgenossen noch Polen oder Ungarn bei der ersten Zusammenkunft des Konzils erscheinen, auch die Bischöfe aus Deutschland fehlen in Trient.

Gebannt wartet Abt Laurenz auf die ersten Beschlüsse. Wird die katholische Kirche sich dem neuen Glauben ein wenig annähern, sodass ein Nebeneinander in Frieden denkbar ist? Ist es der alten Kirche möglich, Fehltritte zu korrigieren? Die ersten Meldungen sind ernüchternd. Erstes Dekret: Die *Vulgata*, die gängige lateinische Bibelübersetzung, die Erasmus bereits vor 30 Jahren zerpflückt und als ein Werk voller eigenmächtiger Interpretationen entlarvt hat, wird als zuverlässige und dogmatisch beweiskräftige Grundlage bestätigt. Das zweite Dekret stellt sich gegen die reformatorische Überzeugung «sola scriptura»: Es widerspricht der Auffassung, dass die Heilige Schrift als Gottes Wort für alle Menschen zugänglich sein soll. Es wird beschlossen, dass die mündliche Überlieferung durch Geistliche gleichberechtigt mit der Schrift sei. Weiterhin soll das Volk das Evangelium anhand von missbräuchlichen Interpretationen, die Aberglauben und Ablasshandel begünstigen, vermittelt bekommen. Laurenz schüttelt den Kopf; dies wäre die Gelegenheit gewesen, wieder Ruhe und Frieden herzustellen.

Die Nachricht erschüttert auch Heinrich. Er hat seine Hoffnung an dieses Konzil geknüpft. Noch während des Konzils führt Kaiser Karl V. seinen Feldzug gegen die Protestanten in Deutschland konsequenter als bisher. Sein Land ist bereits gebeutelt vom Krieg mit Frankreich und den Bauernkriegen von 1524. Allerorts gab es Aufstände und selbsternannte Anführer, welche die Wut der Bauern gegen ihre Herrschaft schürten. Im Namen der Reformation kämpften sie für eine sofortige Absetzung ihrer oft selbstherrlichen Barone und Fürsten. Die Schlösser wurden gestürmt und niedergebrannt, die Adeligen geköpft und gepfählt. Obwohl Luther sich damals lautstark gegen diese Meute stellte, hatte seine Reformation eine Eigendynamik entwickelt, die völlig ausser Kontrolle geriet. Was die Autorität Karl V. als Kaiser und König aber am stärksten bedroht, kommt in Form der vielen übergetretenen Reichsfürsten: Sie schliessen sich der Reformation an, um dem Kaiser die Stirn zu bieten. Ihnen ist Karl V. zu mächtig geworden. In der Abspaltung sehen sie eine Möglichkeit, ihn zu schwächen. Und auch dem Papst gefällt die Machtballung des Kaisers längst nicht mehr; er kündigt ihm das Bündnis und zieht seine Hilfstruppen ab. Trotzdem gelingt es Karl V. in den folgenden Jahren, viele Gebiete in Süddeutschland innert kürzester Zeit zu rekatholisieren.

Wiederum hält Heinrich einen Brief von Ambrosius Blarer in der Hand:

Meine verehrten Zürcher Freunde,
es bleibt mir wenig Zeit. Das kaiserliche Habsburger Heer hat Konstanz überrannt. Wir sind immer noch erschöpft von der Pest, darum hat die Bürgerschaft von Konstanz die neue Übergangsregierung ohne grossen Widerstand angenommen. Die Stadt hat keine Reichsfreiheit mehr, und der Bischof ist soeben zurückgekehrt. Mein Bruder, meine Neffen und ich, wir sind auf der Flucht. Alle lassen euch recht herzlich grüssen. Euer ergebener Ambrosius Blarer.

Neben Strassburg ist nun auch Konstanz für die Reformation verloren. Er liest die Worte laut vor. Anna, die seine Verzweiflung spürt, überspielt ihre eigene Zerbrechlichkeit.

«Liebster Heinrich, bestimmt finden die Blarers und Zwicks einen guten Unterschlupf. Sie wissen auch, dass sie jederzeit hierherkommen können. Du brauchst eine Pause. Du bist nur noch Haut und Knochen, die Sorgen nagen zu sehr an dir. Wäre ich dein Medicus, würde ich dir eine Badekur verschreiben.» Und sie versucht ihn abzulenken: «Hast du gehört, was in Frankreich geschehen ist? Die ganze Welt wusste ja um die Geliebte des Thronfolgers Heinrich II., des Sohns von Franz I., verheiratet mit der gleichaltrigen Katharina de Medici. Seit er 14 Jahre alt war, hatte er eine innige Beziehung zu Diane de Poitier. Man sagt, sie habe ihn liebevoll begleitet, während er noch als Kind zusammen mit seinem Bruder von Karl V. als Geisel genommen und nicht standesgemäss behandelt worden war. – Was er dem Kaiser nie verzeihen wird! – Diane de Poitier ist 19 Jahre älter als er, und trotzdem haben die beiden eine Liebschaft. Die mütterliche Dame seines Herzens hat ihn fest im Griff. Nach all den Jahren der Diskretion haben sie sich nun, da er zum König gekrönt worden ist, entschieden, ihre Beziehung öffentlich zu leben. Für die Medici muss dies ein schrecklicher Schlag sein. Die Dame de Poitier scheint sich indessen auch vor Konkurrentinnen zu fürchten, hat sie doch ihren König dazu überredet, eine neue Kleiderordnung zu erlassen. Alle «Superfluités» sind in Frankreich verboten worden. Denk dir nur, alle diese wunderbaren Spitzen aus Florenz, Venedig oder Neapel finden nun dort keinen Absatz mehr. Ganz in unserem Sinn müssen die Damen sich sittlicher kleiden.» Mit ungewohnt verschmitztem Lächeln und ironischem Ton fährt sie fort: «Vermutlich soll nichts den König von der reifen Schönheit seiner Diane ablenken.» Heinrich blickt sie leicht entrüstet an. Unbeirrt beendet Anna ihren Bericht: «Die Königin scheint aber auch ein Wort mitzureden. Man munkelt, dass sie den Kleidererlass begrüsse, sich selbst und ihre «Entourage» aber davon ausschliessen möchte.»

Anna schafft es auch diesmal, Heinrichs Kummer ein wenig zu lindern. Er schenkt ihr ein zaghaftes Lächeln: «Geschwätz kann offensichtlich auch eine wirkungsvolle Medizin sein. Aber du hast recht, ich sollte mir überlegen, wie ich mich ein wenig erholen kann. Vor elf Jahren war ich das letzte Mal in einer Kur, es könnte mir tatsächlich guttun. Habsburg wird nicht die Dreistigkeit besitzen, sich noch einmal in die Eidgenossenschaft vorzuwagen. Es kennt unsere Söldner noch allzu gut. Ausserdem weiss ich unseren Haushalt mit allen Gästen in deinen fleissigen und verständigen Händen gut aufgehoben.» Obwohl Anna schon wieder schwanger ist, lässt sie ihren Mann gerne ziehen. Ein erfrischter zufriedener Gatte ist auch für sie eine Wohltat, ausserdem würden weniger Gäste und Studenten an ihrem Tisch sitzen, wenn der Hausherr nicht anwesend ist. Beinah freut sie sich auf einen frauendominierten Haushalt während seiner Abwesenheit.

Heinrich bereitet alles vor; auf seine Stellvertreter kann er sich mit gutem Gewissen verlassen. Er kommt sich verschwenderisch vor, als er in einer Kutsche mit einer Kiste voller Bücher und der

Truhe mit seinen Kleidern ein paar Wochen später nach Urdorf fährt. Der Rat hat darauf bestanden, der Antistes von Zürich habe es verdient, vornehm zu reisen.

🌷

Der Zürcher Zunftmeister Steiner hat das Kurhaus und Badhotel in Urdorf vor einem Jahrzehnt bauen lassen. Man sagt, das Wasser enthalte neben Schwefel auch Alaun und Kupfer. Heinrich verbringt dort fröhliche, ungezwungene Wochen. Sechs bis acht Stunden sitzt er täglich im Wasser, sodass seine Haut die erwünschte Rötung aufweist. Diese gilt als Zeichen, dass die Kur ihre Heilkraft entfaltet. Mit seinen Gästen nimmt er Speis und Trank im Bad ein. Die ausgelassene Stimmung hilft Heinrich, seine Sorgen hinter sich zu lassen. Die Nähe sowohl zu Bremgarten als auch zu Zürich ermöglicht vielen Freunden und Bekannten sowie seinem Bruder, ihn zu besuchen. Einige schliessen sich ihm für ein bis zwei Wochen an und geniessen ebenfalls eine erholsame Kur in dem ländlichen Bad. Sie sind sich einig:
Der best schatz ist guott gsellen han
Das befand David am Jonathann
Diesen Spruch über den biblischen David, der im Königssohn Jonathan einen treuen Gefährten fand, lassen Heinrich und seine Badegefährten auf einer bunt bemalten Glasscheibe festhalten. Vier Szenen stellen kunstvoll dar, wie Jonathan seinen Freund David heldenhaft vor König Saul, dem Widersacher, beschützt. Darunter hat der Glasmaler die zwölf Familienwappen auf der Scheibe verewigt. Feierlich überreicht Heinrich die wertvolle Scheibe seinem Gastgeber in Urdorf als Dank für die gute Bewirtung.

Die aufbauende Gesellschaft, bestehend aus wichtigen Männern seiner Gesinnung, stärkt ihn. Aber nicht nur die Freunde sind eine Quelle der Kraft. Wie schon beim letzten Mal in Urdorf lassen sich über 200 Leute die Tradition des «Badenschenkens» nicht nehmen. Heinrich wird überhäuft mit Naturalien, aber auch Goldkronen und kleinen Liebes- und Ehrengaben. Die Bedeutsamkeit eines Bürgers wird nach wie vor an diesen Geschenken gemessen. Die Zürcher Obrigkeit möchte diesen Brauch eigentlich unterbinden, weil er nicht vereinbar ist mit dem Grundsatz der Reformierten: Die Bescheidenheit gilt als höchstes Gut, Prunk wird verurteilt. Trotzdem ziehen die Leute zu dem Badenden, um ihm ihre Dankbarkeit zu zeigen und Respekt zu erweisen. Heinrich ist gelegentlich zu Tränen gerührt, da er in seinem Alltag keine Musse findet, diese Zuneigung wahrzunehmen. Er ist kein eitler Mensch, aber die Anerkennung tut ihm sehr wohl. Tatsächlich kann er seine Erschöpfung und leise Schwermut schnell abschütteln, indem er Zeit mit seinen Verwandten und Freunden verbringt und über die Familienereignisse sprechen kann. Weitere Besucher folgen: Theologen und Pfarrer, Zürcher Ratsherren und Kaufleute machen ihm ihre Aufwartung. Ein Badeaufenthalt bietet eine gute Gelegenheit, ausserhalb der Stadt über Politik und die Entwicklung des Handels zu sprechen.

Die letzten Jahre haben an Heinrich gezehrt. Trotzdem erkennt er bald, dass er sich mit 43 Jahren noch nicht alt fühlen muss. Ohne diesen Aufenthalt wäre er bestimmt nicht so leicht wieder ins Lot gekommen. Er ist seiner Hausfrau dankbar für den weisen Rat, zur Kur zu gehen.

Drei Wochen ist er bereits in Urdorf. Die Heimreise rückt näher, als ihn Laurenz besucht. Der Wirt ist ein diskreter Mann und weiss, wann er eine ruhige Ecke für seine Gäste finden muss. Neben dem grossen Gemeinschaftsbad gibt es einige kleinere Bäder, wo die beiden sich zurückziehen können. Seit dem Tod der Bullinger Eltern hat sich der Abt nur noch selten im Pfarrhaus des Zürcher Grossmünsters gezeigt. Heinrich weiss, dass Anna lose in Kontakt mit ihm bleibt. Obwohl Heinrich nur gute Erinnerungen an ihn hat, sind Annas Besuche bei Laurenz für ihn problematisch. Als Verfechter der neuen Sittengesetze sieht der Reformator es nicht gern, wenn sich eine Frau allein mit einem Mann trifft, erst recht nicht die eigene. Vor der Eheschliessung hatten Anna und er oft darüber gesprochen, welche Pflichten sie beide eingehen würden. Weil er ihren Wissensdurst und ihre klaren Gedanken schon damals schätzte, vereinbarten sie: Neben ihren Pflichten als Hausfrau könne sie über einen kleinen Anteil ihrer Zeit selbst verfügen. Immer vorausgesetzt natürlich, dass ihre Handlungen mit Heinrichs Lehre vereinbar waren. Die so entstandene Idee der Mädchenbildung gefiel auch ihm. In Bremgarten konnte sie diese einfach umsetzen, der kleine Haushalt erlaubte es ihr, den wöchentlichen Unterricht abzuhalten. Annas Liebe zu Büchern und ihre Klugheit erfüllt ihn auch jetzt noch mit Stolz. Deshalb soll sie ihr Interesse an Bildung für alle mit dem Abt besprechen können. Heinrich vertraut auf Annas Moral und Verschwiegenheit.

Die beiden Männer betrachten sich kurz, bevor sie sich freundschaftlich umarmen. Heinrich ist bewusst, dass Laurenz zu den Schildnern zum Schneggen gehört und aus diesem Grund gut informiert ist über die Machenschaften in der Stadt Zürich. Noch immer führen dort viele Fäden zusammen, und vielleicht ist genau diese Zusammenarbeit zwischen den katholischen Junkerfamilien und den reformierten Ratsherren ein Teil des Erfolgsrezepts. Die beiden Kräfte, die sich gegenseitig tolerieren, halten sich die Waage.

«Lieber Laurenz, erzählt mir von Eurem Neubau in Bremgarten. Was ich bis jetzt gehört habe, scheint da ein eindrückliches Gebäude zu entstehen.» Laurenz schaut ihn belustigt an, Heinrich Bullinger scheint nicht nur überregional, ja über die Landesgrenzen hinaus beinah allwissend zu sein, sondern verfolgt auch alles, was in seiner alten Heimat läuft. Der Sohn seines Freundes hängt noch an: «Anna ist entzückt über die Aussichten auf eine Gelehrtenrunde, unabhängig der Konfessionen.»

Laurenz verbirgt seine Irritation und erwidert lächelnd: «Das freut mich zu hören, mich interessiert auch, was du davon hältst.» Ist es möglich, dass Anna Heinrich zwar detailliert über seine Baupläne berichtet, aber bis jetzt mit keinem Wort ihr gemeinsames familiäres Geheimnis erwähnt hat? Und ist ihre Verschwiegenheit zu seinen Gunsten, oder will sie nur sich selbst schützen?

Wie erwartet, ist Heinrich ein wenig skeptischer seiner Idee gegenüber: «Die Absicht gefällt mir ausgesprochen, auch mein Vater hätte seine helle Freude daran gehabt. Der humanistische Gedanke lässt auch mich nicht los, dennoch kann ich mir nicht vorstellen, dass Eure Glaubensgenossen in Muri das zukünftige Fürstenzimmer befürworten. Mir ist zu Ohren gekommen, dass vor ein paar Jahren ein Sohn meines ehemaligen Widersachers, des früheren Bremgarter Schultheissen Honegger, dem Kloster beigetreten sei. Ich habe kaum einen hitzigeren Altkatholiken kennengelernt, der sich mit so viel Enthusiasmus hinter den Ablasshandel stellt. Und nun, da das Konzil von Trient diesen Leuten recht gibt, befürchte ich, dass sich die Papsttreuen noch stärker gegen den Humanismus richten werden. Ist Euch übrigens auch aufgefallen, dass nicht nur die Schweiz, sondern auch Polen und Ungarn nicht in Trient vertreten waren? Krakau, eine wichtige Universität in Europa, hat Kopernikus, einen der hellsten Köpfe unserer Zeit, ausgebildet. Nachdem er anschliessend in Bologna Astronomie und in Padua Medizin studierte, hat er vor vier Jahren sein heliozentrisches Weltbild veröffentlicht. Was geschieht mit solch einer Theorie? Man belächelt sie als Hirngespinst, und das zu seinem Glück! Wäre er nicht kurz darauf gestorben und hätte er gewagt, seine Weltauffassung öffentlich zu vertreten, ich bin überzeugt, er wäre von der Kirche als Ketzer verbrannt worden.»

Laurenz ist ein wenig überrascht, wie heftig Heinrichs Redeschwall auf ihn niederstürzt. «Ja, du magst recht haben. Unsere Zeit ist für mutige Querdenker nicht weniger gefährlich geworden. Doch die Gefahr kommt nicht nur aus unseren Reihen. Obwohl ihr Reformatoren klar gegen den Aberglauben vorgeht, seid ihr nicht abgeneigt, Frauen als Hexen zu verbrennen. Ich bedaure ausserordentlich, dass auch der neue Glaube zu solchen Mitteln greift.»

Heinrich wird übel bei der Erinnerung an die Hexenprozesse. Er hat nichts dagegen unternehmen können. Die Ratsherren von Zürich haben sowohl vor acht als auch vor drei Jahren die schändlichen Methoden der Befragung angewandt. Drei Frauen aus Weiach waren von ihren Nachbarn der Hexerei beschuldigt worden. Unter den schrecklichsten Foltern haben sie immer wieder dieselben Vorkommnisse eingetrichtert bekommen, bis sie endlich zusammengebrochen sind und gestanden haben. Ja, sie seien von einem kleinen Mann in schwarzem Gehrock besucht worden, ja, er habe sich Hänsi genannt. Ja, dieser habe ihnen versprochen, sie würden reich. Ja, sie gäben zu, dass sie mit diesem Mann getanzt und scheussliche Unzucht getrieben und sich ihm widernatürlich hingegeben hätten. Und ja, sie hätten jemanden verhext und einen Wetterzauber angewandt. Ja, das müsse wohl der Teufel gewesen sein. Die zwei «Nachgänger», welche die Geschehnisse untersucht haben, sind ebenfalls Mitglieder des Zürcher Rats. Der Grossteil der Bevölkerung von Weiach ist begierig gewesen, diesen Männern Auffälligkeiten zu berichten. Alle wollten noch etwas beobachtet haben und sich wichtig machen. Heinrich verbirgt sein Gesicht in den Händen. Natürlich hat er damals den Ratsherren erklärt, was in einer kleinen Gemeinde abläuft, wie stark Argwohn und Neid das alltägliche Nebeneinander prägt. Dass die Not die Menschen dazu bringt, Vergeltung zu suchen. Die angestaute Wut über das eigene schwere Los muss irgendwohin gerichtet werden. Die kollektive Fantasie schmückt wilde Geschichten aus, anfangs hinter vorgehaltener Hand. Und irgendwann kommt der Durchbruch. Die Trugbilder und Verleumdungen finden ihren Weg in die offene Konfrontation. Die Frauen werden beschuldigt, geächtet, beleidigt und misshandelt. Kleine Details werden zu Beweisen für Schandtaten. Unerklärliches wird harmlosen, oft auch älteren Dorfbewohnerinnen angelastet. Die Macht über Krankheiten, Tod oder auch das Unwetter schreibt man ihnen zu. Diese Fähigkeiten können die Frauen nur durch den Pakt mit dem Teufel erlangen, darin ist sich die Bevölkerung einig. Von da an schreien alle nach Gerechtigkeit, nach Strafe. In den kleinen Gemeinden werden die Menschen mehr als in der Stadt von ihren Nachbarn auf Schritt und Tritt beobachtet. In dieser Enge hört man, wann die Nachbarin aufsteht und den Nachttopf aus dem Fenster leert. Man beobachtet, wie sie sich auf die schmale Parzelle begibt, wo sie etwas Getreide anpflanzt. Man sieht sie dort schwitzend mit ihren Kindern schimpfen, den schmerzenden Rücken reibend. Die angestaute Ohnmacht der einfachen Leute entlädt sich immer an den Schwachen.

Die Bilder stürzen über Heinrich ein. Sein Kampfgeist ist augenblicklich in sich zusammengefallen. Wieder sieht er Anna weinen, als die Zürcher Bevölkerung und all die Schaulustigen aus den Dörfern johlend durch die Strassen zogen, um dem Spektakel auf der Kiesbank an der Sihl beizuwohnen. Auch wenn die Stadt weniger anfällig für derartige Anschuldigungen ist, so lassen es sich auch die Zürcher nicht nehmen, eine Hinrichtung zu begaffen.

Mit aufrichtigem Bedauern hat er sich geschworen, stärker gegen diese schrecklichen Verleumdungen vorzugehen. Er muss bei den Ratsherren und auch in den Gemeinden deutlichere Worte finden, um die Hexenprozesse zu verhindern. Anders als Zwingli hat er heute keine Entscheidungsgewalt mehr. Aber er hat sich das Recht, angehört zu werden und einen Rat abzugeben, erkämpft.

Wenigstens hat Heinrich bei der letzten schlimmen Pestepidemie verhindern können, dass in Zürich eine unschuldige Frau dafür verantwortlich gemacht worden ist. In der Stadt ist es einfacher, die Menschen über die Vernunft anzusprechen. Alle Fälle der Hexenverfolgung kommen aus dem ländlichen Umfeld, aber der Zürcher Rat urteilt dann oft gemäss der gängigen Meinung dieser Dorfbewohner.

Laurenz erkennt, dass er Heinrich stärker getroffen hat, als er beabsichtigt hatte. Dieser ist in sich zusammengesunken. Bereits tut es ihm leid, sich auf diese Konfrontation eingelassen zu haben.

Er selbst kennt das Gefühl, an anderen versagt zu haben, gut genug und weiss, wie es sich in die Seele hineinbohrt.

Da schaut Heinrich ihn wieder an: «Ich werde mein Bestes geben, um einen Gesinnungswandel herbeizuführen. Aber Ihr könntet genauso wichtig sein bei diesem Prozess. Die Constaffel beeinflusst nach wie vor sowohl die Zürcher Regierung als auch die katholischen Gebiete im Umland. Da könntet Ihr doch auch versuchen, die Herren zu überzeugen, dass dieses Vorgehen unchristlich ist.»

Die beiden Männer schweigen und fühlen die Last ihrer Verantwortung. Trotz des unerwartet angespannten Gesprächsverlaufs tut es gut zu sehen, dass sie in vielen Anliegen am selben Strick ziehen.

Heinrich schlägt versöhnliche Töne an: «Lieber Laurenz, ich kenne Euch seit meiner frühen Kindheit, Ihr seid immer ein Mann gewesen, den ich hoch schätze. In Eurem Vorhaben des Fürstenzimmers erkenne ich Erasmus von Rotterdams Ideen, was mich sehr freut und ich mit Begeisterung mittragen möchte. Ich bitte Euch gleichzeitig inständig: Seid auf der Hut. Schaut mit Bedacht, wem Ihr trauen könnt.»

Jeden Abend steige ich nach dem Zähneputzen die Holztreppe hoch. Sie liegt im Herzen des Hauses, hinter einer leichten Tür mit zwei kleinen Glasscheiben. Hier oben befinde ich mich in einem anderen Reich. Ich gehe den schmalen, finsteren Gang entlang. Rechts davon ist das ehemalige Esszimmer meiner Grosseltern, seit Opas Tod unbenutzt und geschlossen. Ich beeile mich, den Lichtschalter in der Mitte des Gangs zu erreichen. Eine Sekunde bevor ich den Schalter betätige, stellen sich mir die Nackenhaare. – Die schwache Lampe macht einen Umkreis von einem Meter dürftig sichtbar und erlöst mich kurzfristig.

Mit wenigen Schritten erreiche ich das Gästezimmer und den nächsten Lichtschalter. Weiter, im hinteren Teil befindet sich die Tür zu meinem Schlafzimmer. Sie kommt hinter einem mächtigen Kleiderschrank zum Vorschein. Ich reisse die Tür auf: Licht an! Jetzt muss ich nochmals den ganzen Weg zurück und ein Licht nach dem andern wieder löschen. Das Herz schlägt mir bis zum Hals, ich renne von Schalter zu Schalter. Endlich schliesse ich hinter mir die Schlafzimmertür. Nur langsam beruhige ich mich, hier fühle ich mich beschützt. Neben mir in der Kapelle wacht Anna selbdritt über die Toten.

Schattenspiele im Fürstenzimmer

Von Urdorf ist es zu Pferd eine Stunde zurück nach Bremgarten, wohin es Laurenz sofort wieder zieht. Er möchte nichts verpassen: Der Bau seines neuen Amtshofs ist weit fortgeschritten. Es wird nicht mehr lange dauern, und er kann einziehen. Repräsentativ thront das Gebäude über der Reuss. Die grösseren Fenster und die massive Steinkonstruktion sind eine deutliche Verbesserung gegenüber dem Riegelbau, der viel dünnere Wände gehabt hat. Wie von einem Schloss aus kann er aus den Zimmern gegen Süden auf die Brücke hinunterschauen und beobachten, was sich tut. Hier wird er sich sicher fühlen. Das hohe mehrteilige Kellergewölbe mit den rundbogigen Arkaden, wo er die Zehnten sowie seinen Wein perfekt lagern kann, hebt das erste Stockwerk 15 Fuss an. Die Eingangshalle, die Zimmer, alles ist fertiggestellt. Er durchschreitet die ausladende Halle, rechts führt eine Treppe in den zweiten Stock. Diagonal gegenüber dem Eingang öffnet er die Tür zur grosszügigen Amtsstube. Drei Doppelfenster geben den Blick frei auf den Fluss. Zwei Wände sind vorbereitet für riesige Wappenfriese: Befreundete Kurfürsten, Herzöge, Grafen und Freiherren sowie Dienstmannengeschlechter sollen hier geehrt werden, was dem gegenseitigen Bündnis dient. Die meisten Zusagen hat Laurenz bereits, seine Kontakte reichen weit nach Deutschland, Österreich und Frankreich. Erst von diesem Raum aus schreitet er zu seiner Linken durch eine grosszügige doppelflüglige Tür ins Prunkstück. Das Licht strömt durch eine Fensterfront von der Reussseite her in das Fürstenzimmer. In zwei grossen Bogennischen, die sich über die ganze Raumbreite ziehen, sind dreiteilige Stapfelfenster angeordnet. In der Mitte stützt eine sorgfältig gehauene Säule aus Sandstein die beiden Bögen. Ihre organische Form verdankt sie schuppenartig angeordneten Herzblättern, die sich wie ein Kelch nach oben ausladend gestalten. Links und rechts davon lockt die prächtige Aussicht. Laurenz stellt sich vor, wie er an der runden Tafel sitzen wird, während ihm die Säule wie ein symbolisches Abbild gegenübersteht: Dort, in einem Fünfpassrahmen, prangt das Wappenpaar von Muri und Laurenz von Heidegg als Relief, darüber symbolisiert eine Mitra, die Kopfbedeckung von Würdenträgern mit eigener Rechtsbefugnis, seine Macht. Auch der Krummstab fehlt nicht, doch dieser sieht eher wie eine Helmzier aus. Laurenz findet in dieser Darstellung seine Persönlichkeit gut zum Ausdruck gebracht. Er ist ein Abt, der sich seiner adligen Herkunft bewusst ist und diese auch zu nutzen weiss.

Die Holzverkleidung ist nun fertiggestellt, ein Maler bringt noch die feinen Blumenverzierungen an den Fensterfriesen in den Farben des Hauses Heidegg an: Schwarz und Goldgelb auf dem weiss getünchten Verputz. Die hellen Flächen in den Nischen fangen das Licht auf und lassen den Raum freundlich erscheinen.

Selbstvergessen betrachtet Laurenz das Relief. Wie in einem Hochzeitswappen sind er und Muri einander zugeneigt: die weisse Mauer auf rotem Hintergrund und sein senkrecht geteiltes, halb goldenes, halb schwarzes Wappen der Familie von Heidegg. Ist er ein guter Abt? So fragt er sich immer wieder. Dient er der Kirche oder den Menschen? Die ersten Beschlüsse des Konzils von Trient haben auch ihn enttäuscht. Heinrich hat recht, die engstirnigen konservativen Kräfte werden Aufwind erhalten. Dennoch freut er sich auf zukünftige Treffen mit Gelehrten in seinem neuen Amtshof. Er hofft, dass er sein Versprechen Anna gegenüber einhalten und auch Frauen einladen kann. Zunächst wird er aber seine neue Rolle als Förderer eines umfassenden Humanismus langsam und mit Zurückhaltung aufbauen. Er will mit den Kurfürsten, sowohl den geistlichen als auch den rein weltlichen, und mit den Herzögen von Württemberg und Savoyen sowie den Markgrafen von Baden beginnen.

Sein Sohn ist unterdessen erwachsen. Er hat ihn selten gesehen, aber sichergestellt, dass er eine angemessene Ausbildung erhält und später Pfarrer sein kann. Nikolaus scheint seine Berufung sehr ernst zu nehmen. Gelegentlich erhält Laurenz einen Brief von Margarete, worin sie etwas über ihn erzählt. Noch hat er ihn nicht offiziell als Sohn anerkannt. Wie wird sein Orden darauf reagieren? Die Zeiten haben sich geändert, er findet es zunehmend schwierig, sich der Wahrheit zu stellen. Er verflucht die Reformation; mit dieser ist die Gesellschaft strenger und kleinlicher geworden. Davor wäre ihm ein Leben in Würde möglich gewesen. Natürlich stand ein uneheliches Kind nie im Einklang mit der katholischen Kirche, aber damals unterschied man zwischen Doktrin und Alltag. Die Keuschheit war Teil der Ausbildung gewesen, für Laurenz ein wichtiger Schritt in seiner Entwicklung zum Mann. Das Gebot hat ihn viel über sich selbst gelehrt. Aber, wie fast alle Geistlichen, die er kennt, hat er einen gesunden Pragmatismus entwickelt. Seine Kirche war in der Frage der Leibeszüchtigung duldsam und vergebend: Wer sich nicht zu einem Leben in Keuschheit berufen fühlte, wurde trotzdem akzeptiert. Heute gibt es diese Freiheit nicht mehr, niemand weiss, wie sich die Stimmung gegen die Kinder von Geistlichen entwickeln wird. Hätte er sich anders entscheiden und sich dem neuen Glauben anschliessen müssen, damit Nikolaus offiziell als sein Sohn gelten kann? Trotz dieser Unsicherheit ist er überzeugt, in seiner Funktion als Abt von Muri mehr erreichen zu können, als wenn er in einer reformierten Gemeinde irgendwo predigen würde. Er versucht sich selbst einzureden, dass er die Entwicklung der Gesellschaft positiv beeinflusst, indem er die Klosterschule und die Bibliothek wiederaufgebaut hat. Auch mit dem Plan, Gelehrte zu vernetzen, rechtfertigt er seine Entscheidung. Dennoch lassen ihn die Zweifel nicht mehr los. Er steht im rechten Fensterbogen seines Fürstenzimmers und beobachtet die aufgewühlte Reuss.

Wenn Laurenz durch sein neues Gebäude schreitet, überfällt ihn gelegentlich eine dumpfe Beklemmung. Einerseits durchströmt ihn Dankbarkeit und Demut für die Gnade, dass er einen solchen Bau hat verwirklichen können, andererseits kommt es ihm vor, als ob ein Schatten darüber läge. Unerwartet dringt aus einzelnen Nischen eine nicht greifbare Bedrohung. Abends mahnt ihn das flackernde Kerzenlicht an Heinrichs Warnung. Seine Gedanken drehen sich im Kreis. Er darf den Einfluss der Familie Honegger in Bremgarten nicht unterschätzen. Das Amt des Schultheissen geht immer wieder an ein Mitglied dieses Geschlechts, und Laurenz ist sich bewusst, dass er sich vor Johann Honegger in Acht nehmen muss. Dieser hat sich schnell emporgearbeitet und ist unterdessen sein Prior. Laurenz ist nicht entgangen, dass vor allem die Novizen und jungen Mönche eine hohe Achtung vor ihm haben. Sein Vater war vor dem Ersten Kappeler Landfrieden ein mächtiges Mitglied des Bremgarter Rats, er genoss das uneingeschränkte Vertrauen Luzerns. Während der Krisenzeit gehörten sie beide dem geheimen Rat für die inneren Orte an. Beim Treffen im Kloster Oetenbach, als die Priorin zu einem gemeinsamen Essen eingeladen hatte, lernte er ihn als feurigen Katholiken kennen. Das ist zwanzig Jahre her. Der alte Honegger musste damals an geheime Informationen der reformierten Heerführer gekommen sein. Er intrigierte zünftig und warnte die Luzerner. Bern bekam Wind davon, und er musste sich in Baden vor Gericht rechtfertigen. Es heisst, er habe selbst unter der Folter standgehalten und seine Quelle nicht verraten. Darum musste man ihn wieder freilassen. Hat er die Familie Honegger unterschätzt? Vielleicht ist er selbst zu friedfertig, zu wenig misstrauisch. Auch bei Johann Christoph von Grüt ist er sich immer wieder unsicher. Hat er sich bei dessen Förderung geirrt? Er schätzt den jungen Mann nach wie vor, aber seine nicht durchschaubare Art und die Beflissenheit, mit der er alles tut, ist Laurenz manchmal beinah unheimlich. Etwas mehr Widerstand wäre ihm sympathischer.

Laurenz steht immer noch in seinem Fürstenzimmer, tief in Gedanken versunken. Er reisst sich gewaltsam aus dem Sog seiner düsteren Stimmung und lässt den Blick durch den Raum schweifen.

Ruckartig hält er inne und tastet mit den Augen nochmals den Weg zurück in die Ecke unter dem rechten Fensterbogen. Sind da nicht merkwürdige Zeichen an der Wand gewesen? Nein, er hat sich getäuscht, es muss ein Schattenspiel gewesen sein. Er meint, drei Schlingen nebeneinander gesehen zu haben, und kneift seine Augen zusammen, um den Blick nochmals zu schärfen. Nichts. Und doch überkommt ihn wieder dieses Unbehagen.

🌷

Johann von Grüt ist unterdessen Custos im Kloster Muri. Die sakralen Gegenstände zu pflegen und ihnen die gebührende Achtung entgegenzubringen, empfindet Johann als wertvolle Aufgabe, der er sich liebevoll widmet. Sein Seelenheil vertraut er aber nicht dem Abt, sondern dem Prior an. Johann Honegger verleiht ihm die Sicherheit, in Gottes Augen würdig zu sein. Er bestärkt ihn in seiner Zurückhaltung dem Abt gegenüber. Schon vor vielen Jahren, als dieser ihn zum ersten Mal mit nach Bremgarten nahm, fühlte er sich unwohl im Muri-Amthof. Zum einen strahlt der Abt dort eine Lockerheit aus, die unpassend ist für seine Position, zum anderen ist es dieser wiederholte Frauenbesuch, den Johann nie aus dem Kopf bekommen hat. Die Vertraulichkeit zwischen den beiden verwirrte ihn damals völlig. Natürlich liess er sich nichts anmerken. Als Drittgeborener hatte er in seiner Jugend Strategien entwickelt, seine Geheimnisse vor den anderen zu hüten. – Seine frühe Vorahnung bezüglich Laurenz scheint sich zu bewahrheiten: Ihm ist das Gerücht zu Ohren gekommen, der Abt habe einen Sohn. Sollte sich das bestätigen, will Johann ihm nicht länger dienen. Er fühlt sich als Berufener, dem die Ordensregeln heilig sind. Wie könnte er seinen Abt ernst nehmen, wenn der sich sittenlos benimmt? Wie sein Vater, der sich vor der Reformation in Zürich öffentlich gegen die Priesterehe der Neugläubigen gewendet und gegen Zwingli gekämpft hatte, so will auch Johann sich für seinen

Glauben stark machen. Der alte von Grüt war lange vor dem Ersten Kappeler Landfrieden im Zürcher Rat Zwinglis ärgster Gegner gewesen, ausserdem war er damals das einzige Ratsmitglied, das lesen und schreiben konnte. Auch das passte Zwingli nicht. Kurz nach der Reformation der Stadt, noch im Frühjahr 1523, musste von Grüt Zürich verlassen. Dank seiner Kenntnisse und der guten Beziehungen erhielt er eine Stelle als Schullehrer in Rapperswil, wo später auch Kaspar Göldli ansässig wurde. Von Grüts Söhne waren gut gebildet, Johann konnte bereits mit fünf Jahren eine äussere Klosterschule besuchen. Neben dem Elementarunterricht in Lesen, Schreiben, Rechnen und Singen lernte er Latein, las täglich in der Bibel und vertiefte sich in die liturgischen Abläufe. Der Glaube hat Johann immer inneren Halt gegeben. Die Vorstellung, er könnte sich schuldig machen, indem er einen verdorbenen Geistlichen deckt, ist ihm unerträglich.

Neben dem Prior Honegger und von Grüt schliessen sich drei andere Mönche der inneren Bruderschaft an. Immer wieder kommt einem von ihnen eine Information zu, die sie darin bestärkt, ihrem eigenen Abt Laurenz von Heidegg nicht zu trauen. Was hat er genau vor mit diesem «Fürstenzimmer» in Bremgarten? Soeben hat er den schönen Bau fertig gestellt. Ein herrschaftliches Anwesen hoch über der Reuss.

Sie beginnen, sich «Innere Bruderschaft» zu nennen, und wollen ihr Kloster vor undurchsichtigen Machenschaften retten. Schon als Schüler und Novizen ist ihnen die weltliche Seite ihres Abtes verdächtig vorgekommen. Sein enges Verhältnis zur Familie Bullinger ist ihnen ein Dorn im Auge. Wie kann ihr Klostervater seinen Orden dermassen hintergehen?

Immer wieder hat der Abt versucht, auch Johann in die Bewegung einer humanistischen Auslegung des Evangeliums hineinzuziehen. Nicht alle Brüder sind genug standhaft, um diesen Ideen zu widerstehen, so gibt es einige unter ihnen, die den Abt mit seiner weltlichen Anschauung grossartig finden. Johann jedoch und seine

Mitstreiter für eine reine Glaubensgemeinschaft können nicht verstehen, wie es soweit hat kommen können. Genau solche Kleriker in ihren eigenen Reihen bilden die grösste Bedrohung für die römisch-katholische Kirche. Aber auch ein Erasmus von Rotterdam, warum wurde dieser nicht exkommuniziert? Er hatte die Kirche, vor allem die Pfarrer und Bischöfe aufs Schändlichste angegriffen und beleidigt. Gleichzeitig sprach er sich für einen Frauensenat aus, das ist lächerlich. Erasmus wie auch ihr eigener Abt sind alte Männer auf Irrwegen. Als Erasmus starb, war die Erleichterung gross.

England zittert

Wieder einmal schaut ganz Europa gebannt auf die Insel im Nordwesten. Es ist das Jahr 1547. Der mächtige König, der es gewagt hatte, seine eigene Kirche zu gründen, ist gestorben. Heinrich VIII. war sechsmal verheiratet. Mit seinem Tod geht eine Ära zu Ende. Die Welt ist gespannt, wie sich das Land entwickeln wird.

Seit zwei Tagen erwartet Heinrich einen Brief von Thomas Cranmer, dem Berater des Königs. Er ist begierig, endlich zu erfahren, was die Thronfolge für den Glauben bedeutet. Heinrich weiss bereits, dass der «Act of Succession» von 1544 gilt: Heinrichs neunjähriger Sohn Edward wird in Kürze gekrönt werden. Die grosse Frage ist aber, ob er sich eher von seinem Vormund, Onkel Seymour, einem Protestanten, oder von seiner Halbschwester und Patin Mary Tudor beeinflussen lässt. Sie trägt das Erbe ihrer katholischen Mutter mit Stolz, und es ist zu erwarten, dass sie sich an ihrem Vater post mortem rächen wird für die Schmach, die er seiner ersten Frau und auch ihr angetan hat. Thomas Cranmer, der schon seit 20 Jahren im engen Kontakt mit Heinrich Bullinger in Zürich steht, trieb die Gründung der neuen anglikanischen Kirche voran. Muss er bald fliehen? Er erklärte die Ehe zwischen Heinrich VIII. und Katharina von Aragon nach 24 Jahren für ungültig.

Heinrich erinnert sich an die schrecklichen Tage, als er realisierte, wie fatal sich diese Entscheidung nach nur drei Jahren gegen Anne Boleyn, der zweiten Gemahlin, richtete. Jetzt fürchtet er um seinen Freund Cranmer, weil das Gleichgewicht in England sehr labil ist. Mary Tudor, die Tochter aus erster Ehe, hat zwar nach langem Zögern die Kirche ihres Vaters anerkannt, aber ihre Beziehungen zu den alten katholischen Familien sprechen gegen dieses Lippenbekenntnis.

Erst am Abend erlöst der ersehnte Brief Cranmers Heinrich:

Mein hochverehrter Freund,
wir feiern unseren neuen König, der sich voll hinter die Reformation stellt. Sein Vormund hat ihn zu einem treuen Anhänger der anglikanischen Kirche erzogen, und wir müssen seinerseits nichts befürchten. Die Kräfte sind stabil, zumal auch die Halbschwester Elisabeth, nunmehr 14-jährig, einen positiven Einfluss auf unseren jungen König ausübt. Er liebt seine Patin Mary innig, sieht aber in ihrem katholischen Eifer, den sie nicht ganz verbergen kann, ihre grösste Schwäche. Mein hochverehrter Heinrich, wir sind zuversichtlich. Bereits gehören zwei Eurer Schriften, die, wie Ihr wisst, auch in die englische Volkssprache übersetzt sind, zu den Lieblingswerken des jungen Königs: ‹Der alte Glaube› und ‹Der christliche Ehestand›. Wir warten auf weitere Werke aus Eurer Feder. Euch und den Euren wünsche ich eine gute Gesundheit. Lang lebe der König!
Euer ergebener Thomas Cranmer.

Erleichtert lässt sich Heinrich auf die Stabelle sinken. «Jetzt stossen wir auf den neuen König in England an!», ruft er fröhlich in das emsige Treiben in der Pfarrstube.

Anna ist froh über die gute Nachricht, aber erkennt im selben Moment, dass sie sich weit entfernt hat von der jungen Frau, die sie einmal gewesen ist. Das Weltgeschehen hat nicht mehr viel mit ihr zu tun. Wie wichtig war ihr früher die Politik gewesen. Mit Überzeugung hatte sie sich für die Schriften anderer Frauen in Gefahr gebracht. Heute reicht die Kraft dafür nicht mehr aus. Sie nimmt die Ereignisse in Europa wahr, aber ihre Aufgaben im Haus, Tausende Handgriffe und Hunderte Gedanken rund um die Kinder, die Gäste und das Essen trennen sie vom Leben ausserhalb. Durch den Tod ihrer beiden Söhne vor sechs Jahren hat sich eine Türe geschlossen, hinter der ein Teil ihrer Persönlichkeit für sie unerreichbar geworden ist. Mit jeder der drei folgenden Geburten hat sich ein zusätzlicher Riegel zugeschoben. Hinter der Türe ist die öffentliche Anna verschwunden und immer weiter in die Ferne gerückt. Sie erschrickt über das Bild. Will sie dieses Leben? Auf einen Schlag sieht sie sich in Oetenbach, wie sie gezögert und ihr Schicksal abgewogen hatte. Ohne es zu merken, ist sie in genau diese Falle geraten, vor der sie sich damals gefürchtet hatte. Sie und ihre geistigen Fähigkeiten sind untergegangen in den Pflichten der Hausfrau und Mutter. In diesem Augenblick entscheidet sie sich, dass sie keine weiteren Kinder mehr gebären wird. Hat sie nicht schon bei Veritas gedacht, sie überstehe Schwangerschaft und Geburt nicht mehr? Trotzdem hat die Fortpflanzung nicht aufgehört. Bei den letzten zwei sind ihr die Beine so sehr angeschwollen, dass sie kaum noch gehen konnte. Elf sind genug! Sie liebt jedes einzelne ihrer Kinder, aber jetzt muss sie ihr Leben wieder neu betrachten. Veritas ist vier Jahre alt, Dorothea zwei und ihr Jüngster, Felix, erst ein paar Monate. Mit 43 ist sie eine alte Frau, ausgezehrt von den vielen Schwangerschaften. Hat sie nicht vor über 15 Jahren sowohl Heinrich als auch Laurenz verkündet, die Männer allein könnten keine neue gerechtere Gesellschaft aufbauen? Aber wenn die Frauen zunehmend schweigen, wird genau dies geschehen. Die Welt wird sich nur aus dem Blickwinkel der Männer und nach deren Bedürfnissen und Gutdünken gestalten. Sie möchte endlich wieder ein wenig von ihren Idealen träumen und für sie kämpfen. Dafür muss sie auch ihre Briefkontakte wieder aktivieren, und sie braucht eine kleine Kammer in ihrem Kopf, nur für sich.

Damals, als Laurenz ihr offenbarte, dass sie möglicherweise seine Tochter, also eine von Heidegg sei, empfand sie das als Bestätigung für ihr Mitspracherecht. Wie andere adelige Frauen in ganz Europa wollte sie weiterhin ihre Bildung nutzen, um über die Geschehnisse nachzudenken und sich für ihre eigene Meinung einzusetzen. Wie schnell wandelte sich jedoch ihr Leben in Zürich. Für ihre Leidenschaft, das Unterrichten der Mädchen, fand sie bald keine Zeit mehr. Sie erinnert sich, warum sie sich entschieden hatte, Heinrich nichts von ihrer unklaren Abstammung zu sagen. Es schien ihr zu wenig wichtig angesichts der enormen Herausforderungen, die er zu bewältigen hatte. Die neue Tatsache hätte ihn durcheinandergebracht. Sie war damals überzeugt, dass sie alle mehr Schwierigkeiten bekämen, würde ihre Geschichte irgendwo durchsickern. Dass Laurenz von Heidegg ihr Pate war, hatte sie Heinrich bei der ersten Gelegenheit berichtet. Ist nun der Zeitpunkt gekommen, ihm das ganze Geheimnis anzuvertrauen?

Anna weiss, was sie zu tun hat. Noch am selben Abend unterrichtet sie Heinrich über ihren Entschluss, keine Kinder mehr auf die Welt zu stellen. Eigentlich ist sie nicht erstaunt, als dieser sie fest in seine Arme schliesst und erleichtert zugibt, dass er auch schon an diese Möglichkeit gedacht habe. Er hat ihre Veränderung, vor allem ihre Erschöpfung, mit grosser Sorge beobachtet und fühlt sich schuldig. Einerseits weil er sie beinah Jahr für Jahr geschwängert hat, andererseits weil er sie keinesfalls durch eine Geburt verlieren will. Natürlich erkennt er seine Selbstsucht darin.

Dank seiner umfassenden Seelsorge kennen sie auch zwielichtige Personen. Und obwohl die Prostitution in ihrem Glauben verboten ist, kümmert er sich auch um Frauen, die ihren Körper verkaufen müssen. Die Not dieser oft verzweifelten Dirnen geht ihm nah, und er spricht nachts gelegentlich über sie; Frauen aus allen Schichten, die keinen anderen Ausweg mehr finden. Nicht selten sind sie krank oder verstümmelt, immer werden sie geächtet, sodass sie keinem anderen Erwerb nachgehen können. Anna muss dann immer an Odilie, ihre liebe Mentorin in Oetenbach, denken. Seit diese nach Luzern geflohen war, um weiterhin in einem Kloster leben zu können, haben sie keinen Kontakt mehr gehabt. Trotzdem sind Anna und Heinrich sich einig, dass die von den Reformierten vorangetriebene Schliessung der Frauenhäuser ein wichtiger Schritt in Richtung Sittlichkeit und Aufwertung der Ehe gewesen ist. Jetzt hat sie sich aber entschieden, das geheime Wissen der geächteten

Frauen zu nutzen: Sie muss herausfinden, wie sie sich vor ungewollten Schwangerschaften schützen kann.

Auf Britta kann sich Anna vollkommen verlassen. Sie bittet ihre treue Magd zu einer ehemaligen Prostituierten beim Kratzturm hinter dem Fraumünster zu gehen. Von dieser Frau würde sie erhalten, was Anna benötigt. Seit die Frauenhäuser verboten sind, bieten die Dirnen ihre Dienste wieder dort in den Gassen an. Es ist die schmutzigste Gegend Zürichs, wo auch die Scharfrichter und Totengräber wohnen. In verbretterten Schopfanbauten hausen beim Fröschengraben die Ärmsten Zürichs. An allen Ecken kann man Rotwelsch, die Gaunersprache, hören. Anna mahnt Britta nochmals, ihren ältesten, zerschlissenen Überhang mit Kapuze zu tragen und gut auf den Geldbeutel zu achten. Sie könnte Britta auch in die Gasse der Apotheker und Bader schicken, aber das möchte sie nicht. Anna hat gehört, dass diese für eine unverschämt grosse Münze auch gewisse Pulver abgeben. Weil dieses Geschäft verboten ist, liefert sich eine Frau, die darum bittet, dem Sachkundigen aus. Das ist Anna viel zu gefährlich, sie darf sich nicht erpressbar machen. In erster Linie muss sie auf ihren guten Ruf achten. Die Frau des Antistes, die ihre Magd losschickt, um ein solches Mittel zu besorgen, wäre bald in aller Munde. Ausserdem vertraut sie in dieser Sache lieber den Rezepten, die von Frau zu Frau weitergegeben werden.

Tatsächlich kommt Britta mit verschiedenen Kräutern nach Hause. «Die Frauen haben Angst, darüber zu sprechen», berichtet sie Anna. «Niemand darf erfahren, von wem wir die Kräuter haben! Schau hier: Die zerstossenen Petersiliensamen musst du zusammen mit der Poleiminze zu einem Aufguss bereiten. Einen Teelöffel gibst du in eine Tasse Wasser, sechs Tage lang trinkst du drei Tassen am Ende deiner Monatsblutung. So solltest du für ein paar Tage geschützt sein. Ich habe auch noch diese Samen der Wilden Karotte erhalten. Falls du lieber eine Medizin das ganze Jahr hindurch nimmst. Auch diese musst du mit einem Mörser zerstossen und täglich einen Teelöffel mit kaltem Wasser einnehmen. Verschämt gibt sie ihr auch die Ratschläge des Koitus interruptus und der Enthaltsamkeit weiter. Ungläubig, mit aufgerissenen Augen starrt Anna die Magd an, deren Gesicht sich verschmitzt lächelnd entspannt. Die beiden reifen Frauen beginnen, unkontrolliert zu kichern.

Muri
Busse für den Sohn

Laurenz hört eilige Schritte an seinem Abtzimmer vorbeigehen. In Muri sitzt er jetzt oft in seiner privaten Studierecke, von wo er die Tür und den ganzen Raum überblickt. Bleibt jemand auf dem Gang stehen, versucht er die Stimmen zu identifizieren. Der Tod Heinrich VIII. und die Krönung des jungen Edward in England haben bei ihm etwas in Bewegung gebracht. Er ist Mitte 60 und fühlt sich zunehmend alt. Obwohl er gesund ist, dreht und wendet er die eigene Endlichkeit nachts in seinen Gedanken, wenn er nicht schlafen kann. Es drängt ihn, sein Leben in Ordnung zu bringen. Er will nicht länger warten, sondern seinen Sohn trotz der Bedenken möglichst bald offiziell anerkennen. So kann er ihm vielleicht eine Kollatur, das Recht auf die Besetzung einer geistlichen Stelle, verschaffen. Laurenz setzt am nächsten Tag ein entsprechendes Dokument auf und sendet dieses dem Bischof.

Die Aufregung im Kloster ist gross. Wie Laurenz vorausgesehen hat, kann er nicht auf eine grosszügige Haltung zählen. Im Zug der Gegenreformation will die katholische Kirche beweisen, dass sie zu Unrecht beschuldigt wird, sich nicht an die Ordensregeln zu halten. Während der Bischof mit einer hohen Geldstrafe noch gnädig ist, beantragen Prior Honegger und seine Anhänger eine strengere Busse. Laurenz ist hin- und hergerissen: Soll er sich diesem Verdikt beugen oder seinem strengen Prior und den anderen bigotten Moralpredigern die Stirn bieten? Er begegnet einer Feindseligkeit, die er nicht für möglich gehalten hat.

Johann Christoph von Grüt überfällt eine ohnmächtige Wut. Seine Fantasien haben ihm also nichts vorgegaukelt. Der Abt hat einen Sohn gezeugt, vielleicht sogar mit dieser Pfarrershure, die ihn in Bremgarten besucht hatte. Es war damals einfach gewesen, herauszufinden, wer die Frau war. Ein wenig herumhorchen auf dem Markt, und schon wusste er, dass es sich bei der Besucherin um Anna Bullinger handelte. Dass sie sich nach der Gegenreformation erdreistet, gelegentlich in die Reussstadt zu kommen, erstaunt ihn; ihrem Mann ist es bis heute strikte verboten zurückzukehren. Noch immer gibt es zu viele Sympathisanten.

Johann steigert sich richtiggehend in die Vorstellung hinein, wie die zwei es im Muri-Amthof getrieben haben. Dass die Bilder ihn erregen, erzürnt ihn noch mehr. Er wird sich am Abend in seiner Zelle geisseln. Nur durch den körperlichen Schmerz kann er seine Schwellung loswerden. Genug oft hat er erlebt, wie die Beule ihn plagt, und manchmal ejakuliert er, wenn er sich züchtigt. Halb hofft er darauf, halb fürchtet er sich davor, denn danach quält ihn das Gewissen, gesündigt zu haben. So undurchdringlich und beherrscht er gegen aussen hin wirkt, so ungestüm tosen manchmal seine Emotionen im Inneren. Niemand weiss um seine Kämpfe, um seine cholerischen Anwandlungen, die er mit sich selbst austrägt. Die Fassade bleibt neutral. Nachdem er sich wieder gefasst hat, geht er zu Prior Johannes Honegger.

«Hochwürdiger Herr Prior», mit einer tiefen Verneigung erweist er Honegger die Ehre. «Bitte, Ihr müsst etwas unternehmen! Der Abt hat Schande über uns gebracht, über den ganzen Orden.» Von Grüt spricht mit versteinerter Miene. «Er hat nicht nur mit seinen humanistischen Hirngespinsten – bitte verzeiht meine Offenheit – die Bruderschaft entzweit. Jetzt wagt er es sogar, seinen Sohn offiziell anzuerkennen. Stellt euch vor, was die Bewohner von Bremgarten denken, wenn herauskommt, dass er ihn in seinem Muri-Amthof gezeugt hat.» Honegger hat den scheinbar emotionslosen Mönch aufmerksam beobachtet. Es ist ihm nicht entgangen, wie aufgebracht der Jüngere in seinem Innern sein muss. Auf diesen Moment hat er gewartet. «Du bist ein verantwortungsvolles Mitglied der Bruderschaft, Johann Christoph von Grüt. Das Kloster kann stolz auf dich sein. Wie gut, dass du die Zeichen der Verdorbenheit, des Zerfalls unserer heiligen katholischen Kirche erkennst. Ich erteile dir jetzt einen geheimen Auftrag: Die Innere Bruderschaft muss zusammenkommen. Nachts um 2 Uhr treffen wir uns in der Sakristei. Lass es die anderen wissen.» Bevor Honegger Johann mit einem Wink zu verstehen gibt, dass die Unterredung beendet ist, hat er an der Türe gehorcht. Niemand darf sie in nächster Zeit alleine zusammen sehen. Es soll kein Verdacht aufkommen.

Die Sakristei ist schwach beleuchtet, eine einsame Kerze flackert in der Nische, wo die fünf Klosterbrüder stehen. Der Prior hat einen Plan ausgeheckt. Das Wichtigste dabei ist die Verschwiegenheit, sie leisten sich deshalb gegenseitig einen Eid: Jedes Mitglied der Inneren Bruderschaft verpflichtet sich, gegen ketzerische und sündhafte Elemente zu kämpfen. Langsam und unauffällig soll der Abt aus dem Leben scheiden. Er ist schon alt, der körperliche Zerfall soll ganz natürlich erscheinen. Sie schwören alle fünf, dem Abt bei jeder Gelegenheit kleinste Mengen Arsenicum ins Essen, ins Getränk, auf die Oblate, zwischen die Kleider zu streuen.

Letzte Reise 1549

«Calvin!» Noch immer spuckt sie den Namen mehr aus, als dass sie ihn spricht. Anna schaut ihren Mann herausfordernd an. Indessen weiss sie, dass die Reformierten in der Eidgenossenschaft eine Übereinkunft brauchen. Heinrich muss sich mit Calvin über die Bedeutung des Abendmahls einigen. Noch immer ist sie wütend auf den grossen Calvin, der vor zehn Jahren eine bedeutende Frau wie Marie Dentière öffentlich lächerlich gemacht hat. Heinrich konnte seine Frau damals nicht unterstützen, weil zu viel auf dem Spiel stand. Seine diplomatische Beziehung zu diesem arroganten Genfer bildet den Grundstein für eine einheitliche Lösung im Streit um das Abendmahl. Seit zwei Jahren haben Heinrich Bullinger und Calvin um eine gemeinsame Formulierung gerungen: Der *Consensus tigurinus*, die Zürcher Übereinkunft, hält fest, dass die eidgenössischen Reformierten nicht an die Realpräsenz des Leibs und des Bluts Christi im Abendmahl glauben. Brot und Wein sind Brot und Wein, nur symbolisch bedeuten sie Leib und Blut Christi. Dies steht im Widerspruch zu Luthers Auffassung. Mit seiner Überzeugung der Realpräsenz durch die Einweihung lehnt er sich viel näher an die katholische Lehre an. Auch sie behauptet, dass Brot und Wein durch die Weihe eine Wesensverwandlung durchmachen und sich so tatsächlich in den Leib und das Blut Christi transformieren.

Anna ist stolz auf ihren Gatten. Er hat nicht nur die eidgenössische Reformation gestärkt, sondern auch für viele Gläubige ein Dilemma gelöst. Überall in Europa wird auf dem *Consensus tigurinus* aufgebaut, auch in England. Nur in Deutschland und nördlich davon bleibt man bei Luthers Lehre. Dennoch ärgert sie, dass Heinrich dabei mit Calvin am selben Strick ziehen muss.

Unterdessen ist Heinrichs Büchlein *Vom einzigen und ewigen Testament oder Bund Gottes* in viele Sprachen übersetzt worden und dient als Grundlage für den neuen Glauben. Anna gefällt, wie die Selbstverantwortung des Menschen dadurch bestärkt wird. Bei Luther hat sie das Gefühl, die Gläubigen werden wie Kinder behandelt, ganz in der Tradition der Katholiken. Wenn nun aber von einem Bündnis mit Gott ausgegangen wird, so muss und kann der Mensch immer auch selbst entscheiden. Nur Mündige können ein Bündnis eingehen. Obwohl die Hausarbeit nie ausgeht, nimmt sich Anna nun wieder diese wertvollen Momente, in denen sie ihren Kopf für anderes als Essen, Gastfreundschaft, Hygiene, Kindertrost und -erziehung nutzt. Bereits der Entschluss, sich diese Zeit zu nehmen, hat in ihr eine kleine verborgene Reserve an Kraft zum Vorschein gebracht. Es ist erstaunlich, wie sich ihr Selbstbild zaghaft wieder an ihr altes Ich erinnert.

Heinrich freut sich darüber, wie Anna in letzter Zeit aufgeblüht ist. Sie scheint beinah aufgedreht, weil sie seit Jahren wieder einmal etwas unternimmt. Natürlich will er wissen, was sie vorhat. Anna nimmt sein schönes Gesicht in ihre Hände und betrachtet ihn für einen Moment stumm. Erstaunt und erwartungsvoll blickt er sie an. Es scheint ihm, als stände die junge, leicht geheimnisumwobene intelligente Frau vor ihm, in die er sich vor über 20 Jahren verliebt hat. Sie, nur sie hat er immer gewollt, und trotz ihrer Fältchen und der einzelnen grauen Haare sieht er ihre Schönheit heute wie damals.

«Ich fahre nach Bremgarten, um Abt Laurenz einen Besuch abzustatten.» Ungläubig zieht Heinrich seinen rechten Mundwinkel nach oben, worauf Anna in ein fröhliches Lachen ausbricht. «Wie lange habe ich dich nicht mehr so überraschen können!», ruft sie vergnügt. «Mein Pate hat mich eingeladen, sein neues Fürstenzimmer zu begutachten. Er legt grossen Wert auf meine Meinung», ergänzt sie schelmisch.

Heinrich liebt es, wenn seine Frau mit ihrem gesunden Selbstvertrauen auftritt, und er nimmt sie zärtlich in seine Arme. «Pass bitte gut auf dich auf», flüstert er ihr augenzwinkernd ins Ohr. «Du weisst, dass unser verehrter Herr Pate einen Sohn hat.»

Ja, die Nachricht hat sich schnell verbreitet, als Laurenz seinen Sohn letztes Jahr endlich anerkannt hat. Anna weiss, wie sehr Margarete Göldli gelitten hatte, weil sie nicht sicher sein konnte, ob Laurenz es tatsächlich wagen würde. Da Nikolaus jetzt offiziell ein von Heidegg ist, kann er gewiss sein, dass seiner Laufbahn nichts im Weg steht. Er ist unterdessen ein erwachsener Mann, wer seine Mutter ist, kümmert niemanden. Sowohl Neider als auch Freunde sprechen gerne über Laurenz' öffentliche Vaterschaftsanerkennung. Anna ist zunächst erstaunt gewesen über den Zeitpunkt dieses Bekenntnisses. Doch bei näherer Betrachtung scheint es ihr logisch. Mit dem Fürstenzimmer und der Absicht, die noblen Herren zu sich einzuladen, hat Laurenz die Lücke zwischen seiner Person als Geistlichem und der als Adligem geschlossen. Und somit kann er die Ahnenlinie der von Heidegg – oder vielleicht auch nur sein Herz als Familienmensch – nicht länger ignorieren. Anna ist mit Nikolaus in Kontakt und weiss, dass er schon lange darauf gehofft hatte. Auch Margarete hatte viel früher damit gerechnet, aber die Umstände hatten sich in den letzten zwei Jahrzehnten völlig verändert, nicht zuletzt wegen der Reformation. Aus diesem Grund können beide Frauen verstehen, warum Laurenz sich mit diesem Schritt so schwergetan hatte.

Anna kommt es wie eine Ewigkeit vor, seit sie zum letzten Mal nach Bremgarten gereist ist. Änni ist unterdessen 19 Jahre alt und bereits verlobt mit Huldrych, Zwinglis Sohn. Die beiden haben sich vom ersten Augenblick gemocht. Im selben Haushalt aufgewachsen, haben sie ihre Vertrautheit über viele Jahre aufbauen können. Heinrich und Anna haben die beiden schon als Kinder verstohlen als Paar gesehen, weil sie sich charakterlich so ähnlich sind. Margaretha und Elisabeth mit 18 und 17 Jahren sind ebenfalls wichtige Stützen im Haushalt. Vor lauter Freude und Freiheitsdrang summt Anna eine Medodie, während sie gespannt auf die Kutsche wartet.

Sie werde abgeholt, heisst es in der Einladung. Diese Fahrt wird ein Vermögen kosten, es gibt noch nicht viele dieser bequemen Gefährte. Die meisten Menschen gehen zu Fuss oder sitzen hinten auf einem Fuhrwerk, ob offen oder geschlossen. Aber Anna muss sich keine Sorgen machen, denn Laurenz hat die Reise organisiert.

In der Kutsche sitzt ein älterer Herr. Seine Kleidung ist schlicht und elegant, der Stoff von hoher Qualität. Die ausladende Robe ist dunkelgrün und endet bei den Ärmeln in einem schwarzen samtenen Abschluss; aus demselben Material umrahmt der üppige Kragen den Hals ihres Gegenübers. Der Mann trägt eine Gelehrtenmütze, und darunter blicken zwei aufmerksame Augen zu Anna hinüber. Sie errötet, da sie diesen fremden Herrn so ausgiebig betrachtet hat, und schaut schnell weg.

«Ihr müsst Anna Bullinger sein», spricht er sie zögerlich an.

Obwohl er höflich und keinesfalls bedrohlich wirkt, zuckt Anna zusammen. Sie ist immer wachsam, denn noch immer erhalten sie, auch wenn selten, feindselige Briefe. Bereits will sie an die Holzwand klopfen und dem Kutscher signalisieren, er solle anhalten.

«Entschuldigt, wie unhöflich von mir. Bitte erlaubt mir, mich vorzustellen: Mein Name ist Heinrich Loriti, bekannt als Glareanus. Ich lehre Poetik, Geschichte und Geografie in Freiburg, nördlich von Basel, ausserdem fasziniert mich die Musikwissenschaft. Unser gemeinsamer Freund Abt Laurenz von Heidegg hat mich eingeladen und gebeten, Euch auf meiner Reise von Glarus her, wo ich noch einen Teil meiner Familie habe, ab Zürich mitzunehmen.»

Immer noch bleich vor Schreck, versucht Anna, das Gehörte einzuordnen.

«Es tut mir leid, Euch so viel Furcht eingeflösst zu haben. Wie ungeschickt von mir!» Langsam entspannt sich Anna wieder. Der Mann wirkt tatsächlich untröstlich und in seiner Not etwas unbeholfen. «Ihr habt recht, ich bin Anna Bullinger. Und ja, ich bin erschrocken. Dennoch freut es mich, Euch kennenzulernen. Euer Name ist in unserem Haus geläufig. Mein Mann ist immer ein grosser Verehrer von Erasmus gewesen trotz der Differenzen, und auch Eure Geschichtsschreibung interessiert ihn brennend, da er sich auch als Historiker versteht. Ein Theologe, so sagt er, komme nicht darum herum, die Heilige Schrift als Zeitdokument anzuschauen. Menschen hätten sie verfasst, also müsse das Studium derselben sich auch mit den Menschen ihrer jeweiligen Epoche auseinandersetzen.»

«Weise gesprochen und klar formuliert, Ihr habt eine Begabung dafür, schwierige Sachverhalte zu erklären. Abt Laurenz, Euer Pate, hat mir nicht zu viel versprochen.»

So viel Lob ist Anna sich nicht gewohnt, und es ist ihr beinah unangenehm. Sie hat nicht prahlen wollen. Mit Heinrich über solche Dinge zu sprechen ist selbstverständlich, auch wenn selten, darum kommen ihr die Worte so leicht über die Lippen, aber dass ein Fremder sie deswegen würdigt, scheint ihr ein wenig unangemessen.

Wiederum spürt Glareanus ihre Beklemmung und wechselt schnell das Thema. «Laurenz hat nicht nur uns zwei eingeladen. Er hat von meinem Werk über die Modi in der Musik gehört und möchte, dass ich sie demonstriere und erläutere. Soviel ich weiss, werden ebenfalls zwei Musiker kommen, um meine Noten zu spielen. Mögt ihr Musik?»

«Oh, ich liebe Musik, wir singen viel zu Hause. Mein Mann hat eine wunderbare Stimme. Schon als Student verdiente er sich sein Brot, indem er auf der Strasse sang. Sein Vater Heinrich Bullinger, der Ältere, selig füllte seine Kirche als Organist. Auch die Gesänge aus meinem früheren Klosterleben begleiten mich heute noch.»

«Dann wird Euch meine Entdeckung bestimmt interessieren.»

Die Reise ist für Anna so kurzweilig wie nie zuvor, nach einer guten Stunde fahren sie die Schwyngasse hinunter in Richtung Muri-Amthof. Anna ist aufgeregt, sie sieht erst die Mauer, noch zeigt sich der Neubau nicht. Ein jüngerer Mönch, den sie noch nie gesehen hat, öffnet das Tor und lässt sie in den Hof. Und dann erblickt sie das Gebäude! Herrschaftlich wie eine Burg, weiss getüncht, steht es vor ihr. In der Mitte der mächtigen Fassade führen ein paar Stufen hinunter zum grossen zweiflügligen Holztor in einem Rundbogen. Dahinter muss der Zehntenkeller sein. Über eine Treppe an der Hausmauer links gelangen sie zum Eingang, der sich etwa 15 Fuss über dem Boden befindet. Ein massives rundes Eichenportal versperrt ihnen den Weg ins Hausinnere. Der Mönch holt einen schweren Schlüssel unter seinem Gewand hervor. Als die grosszügige Eingangshalle sichtbar wird, erkennt Anna dasselbe Lichtspiel, wie sie es schon früher beobachtet hat. Während der Gast vor dem Betreten gut sichtbar draussen im Licht steht, zeichnet sich der Abt in der Mitte der Halle nur schwach ab. Gegenüber dem Eingang, am anderen Ende der Halle, befindet sich eine Fensternische mit Sitzbank. Wie bei ihren früheren Begegnungen ist Laurenz' Gesicht noch nicht zu erkennen, während er sich langsam auf seine Gäste zu bewegt. Das Gegenlicht vom Fenster erhellt seinen Umriss. Erst als er nah vor ihnen steht, nimmt sie sein Lächeln wahr. Die warmen Augen schauen von ihr zu Glareanus und wieder zurück. Sein Gesicht jedoch ist hager geworden, seine Haut blass und wächsern. Sosehr sie sich freut, ihn wiederzusehen, Anna ist zutiefst erschrocken. Auch Glareanus betrachtet seinen Gastgeber nachdenklich.

Dessen ungeachtet begrüsst dieser sie herzlich: «Willkommen unter meinem neuen Dach! Wir werden zwei wunderbare Stunden miteinander verbringen. Lieber Glareanus, Ihr habt nun bereits das Vergnügen gehabt, mit Anna Bullinger zu plaudern. Bestimmt wollt Ihr Euch zuerst im Schlafgemach im zweiten Stockwerk frisch machen.» Zu Anna gewandt fügte Laurenz hinzu: «Mein hochverehrter Gelehrtenfreund bleibt drei Tage hier, bevor er den beschwerlichen Weg nach Freiburg auf sich nimmt. Wir sind nicht mehr die Jüngsten, da soll man sich beim Reisen ein bisschen mehr Zeit lassen.»

Seit ich oben gleich neben der Hauskapelle und den Urnen schlafe, meide ich sie. Auch die unscheinbare Tür, die in diese fremde Welt führt, versuche ich nicht zu beachten.

Wie vor Jahren, wenn wir vier Geschwister auf dem Estrich gespielt haben und zum Essen nach unten gerufen wurden, stürme ich jedes Mal durch den Gang und die alte Treppe hinunter. Die schwarz gebeizten Holzdielen sind in der Mitte völlig ausgetreten, ein Teppichläufer bedeckt sie. Dank des jahrhundertealten Handlaufs und der Mulde in den Stufen kann ich halbwegs hinunterrutschen.

Zwei Mönche haben die Reisetruhe heraufgeholt und weisen Glareanus den Weg zur Treppe, die sich schräg gegenüber dem mächtigen Eingangsportal hinter einer schwarz gebeizten zweiflügligen Tür befindet. Erst jetzt nimmt Anna den Raum wahr. Roter Klinker in länglicher Wabenform verleiht der Eingangshalle eine warme Atmosphäre. An der linken Wand beherrscht eine mächtige Feuerstelle die grosszügige Halle. Daneben verspricht eine ausladende Tür den Zugang zu einem wichtigen Zimmer. Rechts des Eingangsportals sind drei gleich grosse Türen zu erkennen.

«Wie schön, Euch wiederzusehen, Abt Laurenz!», bringt sie nun endlich hervor. «Ich bin überwältigt von diesem Empfang. Die Frage, wie es Euch geht, liegt mir jedoch schwer auf dem Herzen. Ich möchte nicht unhöflich sein, aber wenn ich Euch sehe, mache ich mir ein wenig Sorgen um Eure Gesundheit.»

«Liebes Kind, ...» – ein kurzer Seitenblick zum Mönch, der soeben wieder durch die Treppentür hereinspaziert, zeigt Anna, dass die Bezeichnung durchaus zweideutig gemeint ist. Natürlich darf er als Abt alle seine Schäfchen «Kind» nennen – «... es sind nur die Magenschmerzen, die mir zu schaffen machen. Die Koliken, die mich seit ein paar Wochen plagen, zehren an meinen Kräften. Aber mein Verstand funktioniert nach wie vor. Also gibt es keinen Grund, mich traurig anzusehen und wie einen Todgeweihten zu behandeln.»

Die Worte widerhallen in Annas Kopf. Spürt er, dass er bald sterben wird? Ihr Magen zieht sich zusammen.

«Kommt, ich zeige Euch jetzt das Prunkstück.» Er nimmt sie kurz bei der Hand, da spürt sie ein Brieflein in seiner Handfläche. Geschickt lässt sie es in ihrem Gewand verschwinden. Glareanus ist soeben wieder die Treppe heruntergekommen. Mit einer stolzen Bewegung öffnet Laurenz die Tür neben der Feuerstelle. «Ah, Ihr kommt gerade rechtzeitig.» Der Anblick ist überwältigend: drei grosse Fenster gehen auf die gegenüberliegende Reussseite. Es sind keine Butzenscheiben wie bei Anna zu Hause in Zürich, sondern

Rechteckfenster, die den Blick in die Weite ermöglichen. Der Weg nach links in Richtung Hermetschwil, auf dem man in gut zwei Stunden Fussmarsch Muri erreicht, sowie rechts das Tal Reuss abwärts sind gut sichtbar. Dahinter erstreckt sich der Wald. Sie will näher ans Glas treten, doch wie sie in den Raum schreitet, erblickt sie zu ihrer Linken das prächtige Fürstenzimmer. Noch nie hat sie etwas so Harmonisches gesehen. Die zwei Fensterbogen mit der Säule in der Mitte wirken organisch lebendig. Dank einem fein gezeichneten Doppelrahmen in Schwarz und Goldgelb bekommen die Nischen eine zusätzliche Tiefe und bilden einen perfekten Übergang zwischen innen und aussen. Sie blickt zu den beiden Männern und bemerkt Glareanus' Ergriffenheit. Laurenz strahlt trotz seines schlechten Zustands. Er liebt dieses Zimmer, das sieht sie sofort.

«Ihr habt nicht zu viel versprochen! Euer Fürstenzimmer lädt dazu ein, dass sich die hellen Geister gegenseitig befruchten können.» – «...und im Fluss bleiben!», ergänzt Glareanus lachend. Gemeinsam treten sie in die Nische, von wo aus sie die reissende Reuss nicht nur hören, sondern auch beobachten können. Das Rauschen verstärkt die Wirkung des Ineinanderfliessens von innen und aussen.

In Anna kämpfen Freude und Traurigkeit miteinander: Laurenz von Heidegg hat dem Humanismus einen prächtigen Ort des Gedankenaustauschs geschenkt, aber noch bevor das Fürstenzimmer seine Bedeutung entfalten kann, ist seine Existenz gefährdet. Sie zweifelt nicht daran, dass er sein Versprechen hat halten wollen. Bestimmt hätte er versucht, auch Frauen in seinen Gelehrtenzirkel einzuladen. Heinrich hat unterdessen ebenfalls mit etwa 30 Frauen in fast ganz Europa Briefkontakt, und obwohl sie ihn manchmal deswegen neckt, ermuntert sie ihn in seinem Bestreben, auch ihr Geschlecht vielfältig zu Wort kommen zu lassen.

«Es freut mich zu sehen, wie Euch mein Zimmer verzaubert. Jetzt wollen wir uns aber in die ruhige Bibliothek im oberen Stock begeben, wo mein Freund Glareanus uns in die neusten Erkenntnisse der Musikwissenschaft einweihen wird.»

Sie steigen die Treppe hinauf, wo sie ein schmaler Gang empfängt. Hier gibt es zur Rechten auf der Flussseite drei private Räume. Sie wenden sich nach links und schauen gegen Norden, wo die Zimmer auf den Hof blicken. Geradeaus befindet sich die Bibliothek. Zwei Mönche mit Laute und Cembalo erwarten sie.

Glareanus klatscht in die Hände: «Wunderbar, Ihr kennt natürlich die neuen Entwicklungen in der Musik südlich der Alpen. Es hat sich die Idee herausgebildet, dass die Musik menschliche Affekte wiedergeben kann, dies hat eine Fülle an Neuerungen gebracht. Nun habe ich mich zwei Grundstimmungen gewidmet: der Melancholia, also der Schwermut einerseits, und dem Sanguinischen, der unbeschwerten Fröhlichkeit andererseits. Mit einer kleinen Verschiebung der Tonfolgen können diese in allen Variationen in der Musik durchlebt werden. Ich nenne den einen Modus «ionisch» und den anderen «äolisch». Während wir uns unten aufgehalten haben, konnten die beiden Herren sich bereits mit den Noten vertraut machen. Nun möchte ich mit Eurer Erlaubnis ein kleines Experiment durchführen. Ihr hört drei verschiedene kurze Stücke und sagt mir anschliessend, welches zu welchem Modus gehört.»

Sie setzen sich auf die zwei Sitzbänke mit den Strohmatten, die mit einem verzierten Wollstoff bezogen sind. Links und rechts gibt es weiche kostbare Federkissen. Nach kurzer Zeit erfüllt eine liebliche Melodie, die Anna augenblicklich fröhlich stimmt, die Bibliothek. Nach den traurigen Gedanken von vorhin wirkt die Musik wie Balsam auf sie. Doch als die Musiker das zweite Stück anstimmen, legt sich genauso unvermittelt eine dunkle Decke über sie. Die Töne ziehen sie erneut in ihre Traurigkeit. Ihre Augen füllen sich mit Tränen, und sie stellt mit Erstaunen fest, dass auch diese Empfindung, untermalt von der Musik, schön ist. Eine Sehnsucht ergreift sie, gerne hätte sie sich dieser noch lange hingegeben. Anna wagt einen schüchternen Blick in Laurenz' Gesicht, und sie fühlt ein starkes Bedürfnis, diesen Mann, der ihr so vertraut und doch auch fremd ist, zu berühren. Auch sein Gesicht ist tränenfeucht. Weich und verletzlich sitzt er da. Und trotz der Intensität dieses Augenblicks ist sie dankbar für die folgenden tröstenden, offenkundig «äolischen», Töne, die sie erlösen. Nachdem die Musik verklungen ist, müssen sich Anna und Laurenz zuerst wieder fassen. Etwas Göttliches hat sich ihnen offenbart, mit dem sie nicht gerechnet haben, und dass sie dieses Erlebnis miteinander teilen können, erfüllt beide mit einer tiefen Demut. Ohne einander anzuschauen, verbindet sie dieser Moment, und sie sind dem nichts ahnenden Glareanus dankbar. Die Gewissheit breitet sich in ihnen aus: Dies ist ihre letzte Begegnung.

Die Freude steht dem Wissenschaftler ins Gesicht geschrieben: «Ihr seid ein grossartiges Publikum! Der Affekt hätte sich nicht schöner zeigen lassen. Ich glaube, wir haben nun alle einen Schluck Wein verdient.»

Sie kehren zurück in das Fürstenzimmer. Glareanus ist ein guter Dozent. Mit wenigen Worten umreisst er, wie diese Melodien aufgebaut sind: Wir haben hier zwei neue Tonleitern mit definierten Tonabständen. Die C-Ionische Tonleiter und die A-Äolische besitzen beide acht Stufen. Die Rahmentöne sind massgebend, darin sind die verschiedenen Skalen festgelegt. Anna versucht sich auf Glareanus und seine Ausführungen zu konzentrieren. Auch wenn sie ein starkes Bedürfnis verspürt, mit Laurenz über viele andere Dinge zu sprechen, erkennt sie, dass dieser Nachmittag nicht anders ablaufen soll. Alles hat sich verändert. Laurenz' Wunsch, in seinem grandiosen Muri-Amthof noch freier zu sein als früher, wird sich nicht erfüllen. Die Mauern bezaubern zwar mit ihrem Glanz; sie spiegeln eine Welt des offenen Geistes, aber das Innenleben ist brüchig.

Laurenz spürt Annas forschenden Blick, erkennt sie das Ausmass? Abt Laurenz ist nicht mehr der unberührbare Vorsteher seines Klosters, er ist krank und fühlt sich bedroht. Seine Feinde haben ihn zu Fall gebracht, wobei die Anerkennung seines Sohnes Nikolaus bestimmt dazu beigetragen hat. Wer alles zu seinen Widersachern gehört, ist ihm aber bis heute nicht vollständig klar.

Bei der Abreise erwähnt Glareanus seinen Neffen Jost Loriti. Bestimmt werde dieser einmal Stadtschreiber wie dessen Vater. Ob sein Neffe sich einmal bei den Bullingers melden dürfe. Ihr Haushalt und ihre Gastfreundschaft hätten einen hervorragenden Ruf weit über die Grenzen der Eidgenossenschaft hinaus. Wie er gehört habe, seien auch «Henrician Refugees» bei ihnen untergekommen, Religionsflüchtlinge aus England. «Verehrte Anna, mein Neffe könnte viel bei Euch lernen. Ich sehe es gerne bei den jungen Gelehrten, wenn sie möglichst umfangreiche Erfahrungen sammeln.» Anna versichert ihm, dass Jost jederzeit willkommen sei. Mit einem innigen Händedruck bedankt sie sich bei Laurenz und verabschiedet sich von beiden Männern. Dann steigt sie in die bereits wartende Kutsche.

Das Gefährt setzt sich in Bewegung, Anna sitzt allein, in Gedanken versunken, in einer Ecke. Sie ist sich diese Ruhe nicht gewohnt, wann hat sie zum letzten Mal Zeit gehabt, um über Erlebtes nachzudenken? Obwohl der Nachmittag so reich gewesen ist, fühlt sie sich leer. – Mit Schrecken kommen ihr die Bücher in den Sinn, die sie dem Abt anvertraut hat. Wie konnte sie diese nur vergessen? Ebenso gross wie ihre Trauer über Laurenz' erbärmlichen Zustand ist die Furcht, diese Werke könnten in die falschen Hände geraten. Mit zittrigen Händen sucht sie in ihren Kleiderfalten nach dem Brieflein, das er ihr zugesteckt hat. Zögerlich öffnet sie es:

Meine liebe Anna, liebes Kind!
Du wirst unterdessen verstanden haben, dass ich bald sterbe. Seit ein paar Wochen breitet sich eine merkwürdige Krankheit in mir aus. Ich werde mein Versprechen halten und deine Bücher sicher aufbewahren. Leider kann ich im Kloster niemandem mehr trauen, deshalb wirst du sie nicht jederzeit zurückerhalten können. Glareanus weiss Bescheid. Bitte bleib im Kontakt mit ihm. Er ist, wie du gesehen hast, ein grossartiger Mensch.
Du hast mir viel Freude bereitet, und ein Teil meiner Seele wird bei dir und Nikolaus bleiben. Nun, da er mein offizieller Sohn ist, werde ich

ihn auch noch einmal sehen können. Für eine Kollatur in seinem Namen habe ich bereits alles vorbereitet. Dank dieser hat er ein Anrecht darauf, eine Pfarrgemeinde zu leiten. Falls du Kontakt mit Margarete hast, würdest du meinem Geist Frieden verschaffen, wenn du auch sie meiner Liebe versichern könntest. Ihr zwei, jede auf ihre Art, habt mir Vertrauen in die Zukunft gegeben.
Dass du Heinrich nie etwas von deiner möglichen Herkunft gesagt hast, akzeptiere ich, obwohl es mich gefreut hätte, ihm nicht nur als Sohn meines teuren Freundes, sondern auch als Teil meiner inoffiziellen Familie begegnen zu dürfen. Bestimmt hast du recht in deiner Entscheidung. – Wie weise du mir immer deinen Standpunkt hast erläutern können! Ich bin unendlich stolz auf dich.
Nun bleibt mir nur noch, dich in Gedanken zu umarmen, wie ich es so oft getan habe.
Dein Laurenz von Heidegg.

Einen Monat nach diesem Besuch erreicht die Nachricht den Rat von Zürich: Abt Laurenz von Heidegg sei vor zwei Tagen, am 20. Februar des Jahres 1549, im Muri-Amthof in Bremgarten aufgrund eines altersbedingten Leidens verstorben. Für die Stadt ist dies ein grosser Verlust. Obwohl der Abt während der Zeit vor dem Zweiten Kappeler Krieg ein unangenehmer Gegner gewesen ist, hat sich Zürich auf seinen vernünftigen Umgang mit Glaubensfragen verlassen können. Niemand weiss abzuschätzen, wie sich die Zukunft gestalten wird, und mit einer gewissen Skepsis schaut der Rat der nächsten Abtwahl entgegen. Der Überbringer der Nachricht ist ein Abgeordneter der Tagsatzung. Johannes Honegger, Prior des Klosters Muri, hat ihn daran erinnert, dass das Gotteshaus selbst die Freiheit besitzt, den Nachfolger innerhalb von zehn Tagen im Beisein der Äbte von St. Gallen, Einsiedeln, Rheinau und Engelberg zu bestimmen. Der Landvogt von Glarus wiederum hat festgehalten, dass die Wahl nicht ohne Ankündigung gegenüber den acht Orten durchgeführt werden darf. Zum ersten Mal in der Geschichte bestehen die Abgeordneten der regierenden Orte darauf, bei dem feierlichen Akt anwesend zu sein. Offiziell wollen sie die freie Wahl beobachten und den geordneten Ablauf sicherstellen, doch im Hintergrund werden emsig die Fäden gezogen.

Heinrich kommt unerwartet früh von einer Sitzung im Rathaus zurück ins Pfarrhaus, er bleibt in der Tür stehen. Erstaunt hebt Anna ihren Kopf und schaut von ihrem Hausbuch auf. Sie hat sich soeben hingesetzt, um kurz ihre Ausgaben hineinzuschreiben. Auf den ersten Blick erkennt sie, welche Nachricht er ihr bringt. Mit wenigen Schritten tritt Heinrich zu ihr hin und legt seine Hand auf ihre Schulter. «Ja, er ist gestorben», bringt er leise hervor. Anna entweicht ein tiefer Seufzer. Leise löst sich eine Träne. «Ich weiss, du hast ihn gut gemocht, er war ja auch dein Pate.» Unfähig etwas zu sagen, nickt sie kurz und steht auf, um über die Laube in den Hof hinunterzugelangen. Dort lehnt sie sich an die grosse Linde. Erst jetzt fliessen die Tränen ungehemmt. Sie weint um ihren Paten, um den Freund, der ihre Geheimnisse gehütet hat und um den aufgeschlossenen Katholiken mit dem gesellschaftlichen Wunschbild, das sie sogar ein wenig mitgeprägt hat. Der Schmerz um ihre Verluste hüllt sie ein. Sie weint um ihre Eltern, um deren und ihre Geschichte und schliesslich um ihre verstorbenen Söhne.

꽃

Sieben Anwärter treten am 17. März 1549 zur Wahl in die Sakristei der Klosterkirche Muri an. Darunter befinden sich zwei bekannte Gesichter: der Prior Honegger selbst und der Custos Johann Christoph von Grüt. Die Überraschung ist gross, als klar wird, dass der junge von Grüt die meisten Stimmen auf sich vereinigt.

Muri hat seinen neuen Abt: Der 35-jährige Johann Christoph von Grüt, in Zürich und Rapperswil aufgewachsen, hat die Wahl mit gebeugtem Haupt angenommen. Obwohl sein Vater aufgrund der Veröffentlichung einer Schrift gegen Zwingli die Limmatstadt verlassen musste, scheinen die Zürcher Abgeordneten mit der Wahl zufrieden. Ihr Hauptanliegen hat offenkundig darin bestanden, den Bremgarter Johannes Honegger zu verhindern.

❦

Ein halbes Jahr nach Laurenz' Tod an einem warmen Sommertag zieht Anna morgens um fünf ihre Reisekleidung an. Jetzt, eine Stunde später, wartet sie beim Sihlfeld auf das Fuhrwerk. Sie hat mit dem Bauern vereinbart, mit ihm nach Birmensdorf und von dort nach Oberlunkhofen zu fahren. Während der zweistündigen Reise sprechen sie kein Wort. Anna ist das recht, so kann sie ihren Gedanken nachgehen. Von Oberlunkhofen erreicht sie zu Fuss das Reussufer und geht flussabwärts bis zum Fährübergang. Nach der Überquerung findet sie bei Werd erneut ein Fuhrwerk, das sie bis Muri mitnimmt. Vier Stunden ist sie unerkannt unterwegs, bis sie endlich vor der Klosterkirche steht. Zielsicher betritt sie das Mittelschiff. Ohne die Kirche zu beachten wendet sie sich zum nördlichen Seitenschiff, wo sich der Antoniusaltar befindet. Hier versenkt sie sich ins Gebet. Vom Mittag bis am späten Nachmittag sitzt sie in einer Nische neben Laurenz' Grabstein. Als sie sich nach vielen Stunden auf den Heimweg macht, fühlt sie sich leichter.

Zeittafel

Zürich und die Reformation

1466	* Georg Göldli
1468	* Kaspar Göldli, Vater von Margarete Göldli

1476	Heinrich Göldli (*1445) wird Bürgermeister von Zürich Amtszeiten 1476–1482 und 1485
1489	Zürich: Hinrichtung von Hans Waldmann (*1435) Bürgermeister von Zürich 1483–1489, alternierend mit Heinrich Göldli

1504?	* Margarete Göldli, Tochter von Kaspar Göldli und Ursula von Breitenlandenberg

1508	Laurenz von Heidegg wird Abt von Muri

1515	Schlacht bei Marignano

Ab 1519	Zwingli predigt in und um Zürich
1521	Kaspar Göldli, Kommandant des Zürcher Fähnleins, erhält Ritterschlag
Ab 1522	Margarete Prüss, Druckereibesitzerin in Strassburg, veröffentlicht Schriften von radikalen Reformatoren, Laienpredigern, Laientheologinnen und Prophetinnen
1523	Januar: Zwinglis 1. Disputation in Zürich; Zürich schliesst sich Reformation an Nonnen verlassen Klöster, um zu heiraten Margarete heiratet den Schuhmacher Hans Germann. Ihr Vater klagt sie an der Tagsatzung an: die Ehe wird als ungültig erklärt.
1524	Äbtissin Katharina von Zimmern übergibt Fraumünster in Zürich Priorin von Oetenbach flieht nach Luzern Zwingli heiratet Anna Reinhart offiziell

Familien Bullinger und Adlischwyler

1469	* Heinrich Bullinger, der Ältere

1494?	Heinrich Bullinger d.Ä. und Anna Wiederkehr flüchten aus Bremgarten
1495?	* Hans Michael, im Roman «Johannes» Bullinger
?	* Hans Heinrich und Hans Erhard; sie sterben früh
?	* Hans Bernhard
1504	* Heinrich * Anna Adlischwyler
1506	Heinrich Bullinger d.Ä. wird Dekan in Bremgarten und lebt mit Konkubine Anna Wiederkehr und den Söhnen zusammen

1512	Hans Adlischwyler stirbt in Schlacht um Pavia

1516	Heinrich Bullinger d.J. Studium in Emmerich und Köln

1522	Heinrich Bullinger d.J. kehrt nach Studium in Köln zurück in die Heimat

1523	Heinrich Bullinger d.J. wird Lehrer im Kloster Kappel Anna Adlischwyler zieht ins Kloster Oetenbach
Ab 1523	Heinrich Bullinger d.J. trifft Zwingli und Leo Jud regelm. in Zürich

1525	Klosterbetrieb wird in Zürich eingestellt ZH führt Ehegericht ein
1526	* Niklaus von Heidegg, Sohn von Abt Laurenz von Heidegg

1529	Mai: Bremgarten Bildersturm; Stadt wird reformiert
	    Jakob Kaiser wird in Schwyz hingerichtet
	Juni: Zürich stürmt das Kloster Muri
	    Sieg der Reformierten in Kappel: Erster Kappeler Landfrieden
	Oktober: Osmanisches Reich erobert Gebiete der Habsburger,
	    Türken in Wien

1530	Strassburg bekennt sich zur schweizerischen «Confessio Tetrapolitana» Margareta Prüss veröffentlicht: Gesangsbuch, herausgegeben von Katharina Schütz Zell, erste Pfarrersgattin im süddeutschen Raum
1531	Zürcher Bibel fertiggestellt Juli: Heinrich VIII. trennt sich von Katharina von Aragon Oktober: Zweiter Kappeler Krieg / Tod Zwinglis
1533	Mai: Heinrich VIII. wird Oberhaupt der Anglikanischen Kirche
1536	Mai: Anne Boylen, 2. Gattin Heinrich des VIII. wird hingerichtet Genf wird reformiert
1538	Genf verbannt Calvin und Farel

1539	Marie Dentière veröffentlicht: Epistre tres utile faicte et composée par
	    une femme Chrestienne de Torney. Ihre Bücher werden in Genf
	    konfisziert und verbrannt

1541	Pestausbruch Genf ruft Calvin zurück
1545	Konzil von Triest
1547	Bau des neuen Muri-Amthof durch Abt Laurenz von Heidegg
1549	Februar: Tod von Laurenz von Heidegg «Consensus Tigurinus»: Einigung zw. Bullinger und Calvin

Ab 1527	Heinrich Bullinger d.J. arbeitet mit Zwingli an der Bibelübersetzung
1529	Februar: Dekan Bullinger d.Ä. bekennt sich in Bremgarten öffentlich zur Reformation Heirat Hans Michael «Johannes» Bullinger und Elisabeth Zehnder Elisabeth Stadler Adlischwyler stirbt Juli: Heinrich Bullinger d.J. wird Pfarrer in Bremgarten August: Hochzeit von Heinrich Bullinger d.J. und Anna Adlischwyler
1530	* Anna Bullinger; erste Tochter von Anna und Heinrich Bullinger d.J.
1531	* Margarete Bullinger: Tochter von Anna und Heinrich Bullinger d.J. Oktober: Flucht der Bullingers nach Zürich
1532	* Elisabeth Bullinger; Elisabeth Zehnder stirbt
1533	Heinrich Bullinger d.Ä. stirbt
1534	Heinrich Bullinger d.J. erhält Bürgerrecht von Zürich * Heinrich Bullinger
1536	* Hans Rudolf Bullinger
1537	* Christof Bullinger
1539	* Hans Bullinger
1541	* Diethelm Bullinger Anna Wiederkehr, Hans und Diethelm Bullinger sterben an der Pest
1543	* Veritas Bullinger
1545	* Dorothea Bullinger
1547	* Felix Bullinger, gest. 1553

Literatur

Bremgarter Neujahrsblätter, insbesondere 1997, 2004, 2005
Bucher, Adolf: Die Reformation in den Freien Ämtern und in der Stadt Bremgarten (bis 1531). Dissertation. Beilage zum Jahresbericht der Kantonalen Lehranstalt Sarnen 1949/50, Selbstverlag, Kollegium Sarnen
Bullinger, Heinrich: Verzeichniß des Geschlechts der Bullinger und was sie der Kirche zu Bremgarten vergabet haben; verfaßt durch Heinrich Bullinger, den ältern, Pfarrer bei dem großen Münster in Zürich, im Jahr 1568.
www.zwingliverein.ch/genealogie-bullinger.html
Christ-von Wedel, Christine: Die Äbtissin, der Söldnerführer und ihre Töchter. Katharina von Zimmern im politischen Spannungsfeld der Reformationszeit. Theologischer Verlag Zürich, 2. durchgesehene Auflage, 2020
Giselbrecht, Rebecca A., Scheuter, Sabine (Hg.): «Hör nicht auf zu singen» Zeuginnen der Schweizer Reformation. Theologischer Verlag Zürich, 2016
Giselbrecht, Rebecca A.: Myths and reality about Heinrich Bullinger's wife Anna. Zwingliana, 38:53-66. (2011).
www.zora.uzh.ch/id/eprint/50885/
Historisches Lexikon der Schweiz DHS
hls-dhs-dss.ch/ds
Kiem, Martin P.: Geschichte der Benediktiner Abtei Muri-Gries. Erster Band, Muris älteste und mittlere Geschichte. Stans, 1888
Knecht, Sybille: Ausharren oder austreten? Lebenswege ehemaliger Nonnen nach der Klosterauflösung. Dissertation. Universität Zürich, Philosophische Fakultät 2016
www.zora.uzh.ch/id/eprint/204633/
doi.org/10.5167/uzh-204633
Meier, Bruno: Das Kloster Muri. Geschichte und Gegenwart der Benediktinerabtei. hier und jetzt, Verlag für Kultur und Geschichte, 2011
Pizan, Christine de: Das Buch von der Stadt der Frauen. Aus dem Mittelfranzösischen übersetzt und mit einem Kommentar und einer Einleitung versehen von Margarete Zimmermann. Orlanda-Frauenverlag, Berlin, 1. Auflage, 1986
Racinet, Albert: Weltgeschichte der Kostüme. Parkland Verlag, Stuttgart, 2. Auflage, 1989
Schodoler, Wernher: Die eidgenössische Chronik des Wernher Schodoler. Um 1510 bis 1535 (2 Bde. Faksimile), Faksimile-Verlag, Luzern, 1980

Inhalt

Treffen im Muri-Amthof	9
Annas Kindheit in Zürich – Die Schatten Waldmanns und Göldlis	36
Im Kloster Oetenbach	49
Margarete in Hermetschwil	61
Veränderungen im Kloster Oetenbach	76
Bremgarten – Spielball zwischen Zürich und Luzern	104
Im Kloster Hermetschwil	125
Erster Kappeler Landfrieden	136
Neues Zuhause in Bremgarten	148
Bekenntnis über der Reuss	189
Zweiter Kappeler Krieg und eine Enthüllung	202
Welt aus Zürcher Sicht	223
Gegenreformation	233
Zürcher Bürgerrecht	247
Spannungen im Kloster Muri	252
Erschütterungen in London und Basel	260
Schriften im Bremgarter Exil	268
Zürich – Geständnisse und Unheil	277
Badenschenken in Urdorf	289
Schattenspiele im Fürstenzimmer	301
England zittert	308
Muri – Busse für den Sohn	314
Letzte Reise 1549	317
Zeittafel	332
Literatur	336
Dank	338

Dank

Mit meiner Idee, einen Roman über den Muri-Amthof zu schreiben, bin ich auf grosses Wohlwollen gestossen. Gleich zu Beginn meiner Recherchen habe ich wertvolle Unterstützung von Peter Hägler, Archivar der Bibliothek im Kloster Muri, erhalten. Vielen Dank für die tollen Quellen.

Das Unterfangen bedingte ein Quäntchen Verrücktheit, eine Umgebung, die viel Geduld aufbringt, und eine sture Hartnäckigkeit seitens der Autorin. Darum gilt mein erster Dank meinem Liebsten Reto Suter, der das Manuskript unzählige Male gelesen und kritisch hinterfragt hat. Ich danke meiner Familie, die an mein Vorhaben geglaubt hat, allen voran meiner Tochter Loya sowie meiner Schwester Simone und ihrem Mann Giovanni, die ebenfalls früh als Testleserin und -leser gedient haben. Dem Wunsch meines Bruders Mathias nach mehr Schilderung habe ich Rechnung getragen. Mein Vater Hans-Ulrich Meyer hat mir verschiedene Dokumente zur Verfügung gestellt. Seine positive Rückmeldung auf die ersten dreissig Seiten wie auch die meiner Mutter Graziella Panizzon und meines Bruders Lukas haben mich sehr gefreut.

Weitere Personen, die mit sorgfältiger Kritik und Anregungen beigetragen haben, sind Susanne Fischer, Janine Kern, Rosmarie Brunner, Claudia Bosshard und Ingrid Kunz Graf. Manche liebe Freundinnen und Freunde haben mitgefiebert und Ideen zur Umsetzung geliefert, erwähnen möchte ich Sandra Gaiser, Anette Wettstein und Benno Hungerbühler. – Euch allen gilt mein grosser Dank.

Mehrere Wochen konnte ich mich in die Einsamkeit zurückziehen und im Adlerhorst von Esther Maag über dem Lago Maggiore schreiben. Danke für diese grossartige Schreibretraite.

Dass der Roman nun in dieser Form in Ihren Händen liegt, beruht auf der Zusammenarbeit mit meiner Verlegerin Doris Stump und der Lektorin Katharina Neuhaus. Vielen Dank für die intensive Auseinandersetzung.

Catherine Meyer wurde 1965 in Basel geboren. Einen wichtigen Teil ihrer Kindheit und Jugend verbrachte die Autorin in Bremgarten. Ihr reformierter Ururgrossvater hatte im Jahr 1870 den Muri-Amthof gekauft. Schlossgleich thront das Gebäude aus dem 16. Jahrhundert heute noch über der Reuss. Mit fünfzehn zog sie zu ihrer Mutter nach  Basel, wo sie nach der Matura Germanistik, Anglistik und Geschichte studierte. Sie arbeitete gegen zwanzig Jahre als Lehrerin an der Handelsschule KV Basel sowie an Gymnasien. Seit 2003 ist sie als selbständige Erwachsenenbildnerin tätig.

Veröffentlichungen

Meyer, Catherine: Über den Körper und die Einkörperung.
In: Systemische Erlebnispädagogik
Kreativ-rituelle Prozessgestaltung in Theorie und Praxis.
Hrsg. Konstanze Thomas, Astrid Habiba Kreszmeier,
Verlag Ziel, Augsburg, 2007

Alder, Barbara; Gerber, Brigitta; et al.: Geschichten aus der Empore.
Auf den Spuren jüdischer Frauen in Basel
Hg. Verein Frauenstadtrundgang Basel, eFeF Verlag, Bern, 1999

eFeF-Verlag

Linda Stibler
Das Geburtsverhör

Die Geschichte von Anna Weibel, einer jungen Frau im Baselbiet des 19. Jahrhunderts, die unverheiratet schwanger wird und vom Vater des Kindes verleugnet wird. Sie muss deshalb während der Geburt ihres Kindes das Geburtsverhör über sich ergehen lassen. Die Verhörrichter sind die örtlichen Bannbrüder der Kirchgemeinde. Sie handeln im Auftrag der Obrigkeit, um zweifelsfrei die Vaterschaft zu ermitteln. Diese folterähnlichen Befragungen wurden an vielen Orten in der Schweiz bis zur Mitte des 19. Jahrhunderts durchgeführt.

176 Seiten, gebunden
ISBN 978-3-905561-71-5

Mara Meier
Vorläufig

Menschen am Rand der Gesellschaft werden in diesen Texten ins Zentrum gerückt. Asylsuchende in der Schweiz, Indigene in Chile oder Kinder, denen es die Sprache verschlagen hat, erhalten eine Stimme und gewähren Einblick in ihre Welt.

160 Seiten gebunden
ISBN 978-3-906199-22-1

Helen Brügger
Tauben fliegen immer heimwärts

Der Roman schlägt einen kühnen zeitlichen Bogen vom Ende des 1. Weltkriegs über die Zeit des aufkommenden Faschismus und des 2. Weltkriegs bis zur heutigen Flüchtlingskrise. Trotzig setzt das Buch dem verbrecherischen Wahnsinn des Kriegs Menschlichkeit, Solidarität und Poesie entgegen.

176 Seiten Broschur
ISBN 978-3-906199-15-3

www.efefverlag.ch

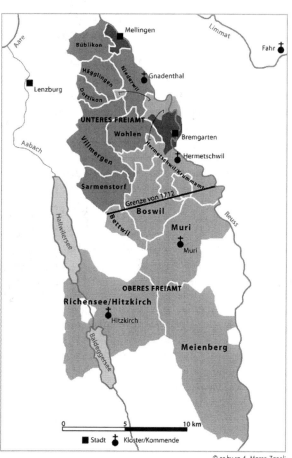

© cc-by-sa 4, Marco Zanoli

Landvogtei Freie Ämter 1435–1798

- «Niederamt»
- übrige Ämter
- Gebiete der Städte Mellingen und Bremgarten

Parteien im Zweiten Kappelerkrieg 1531

- Reformierte Partei
- Neutrale Orte und Gebiete
- Katholische Partei